『贯』之以行

浦东新区中本（高）贯通专业建设成果案例集

赵春芳　董永华　主编

U0367336

上海交通大学出版社
SHANGHAI JIAO TONG UNIVERSITY PRESS

内容提要

近年来,浦东一直在高水平改革开放、打造社会主义现代化建设引领区的道路上稳步前进。浦东职教集团充分发挥自身优势,在现代职业教育体系建设中创建了中高(本)贯通专业,形成了纵向贯通的人才成长体系,为"引领区"提供高技能人才。本书聚焦学校在中本(高)贯通专业人才培养过程中的专业建设成果,重点撰写学校在质量监控、两校统筹、学生管理、联合教研、师资共享、实习实训、品牌打造等方面的创新做法、实践经验和成果成效,展现了学校专业教学条件的高规格、课程教学改革的高水准、专业教师队伍的高素质、教学运行管理的高效率、校企合作机制的高效能和社会服务能力的高层次。

本书可供从事中本(高)贯通教学的一线教师阅读,对学校建设贯通专业具有一定的指导和启发意义。

图书在版编目(C I P)数据

"贯"之以行:浦东新区中本(高)贯通专业建设
成果案例集 / 赵春芳,董永华主编. -- 上海:上海交
通大学出版社,2024.7 -- ISBN 978-7-313-31144-3

Ⅰ. G719.2

中国国家版本馆 CIP 数据核字第2024WT2599号

"贯"之以行——浦东新区中本(高)贯通专业建设成果案例集
GUANZHIYIXING——PUDONGXINQU ZHONGBEN(GAO) GUANTONG ZHUANYE JIANSHE CHENGGUO ANLIJI

主　　编:赵春芳　董永华

出版发行:上海交通大学出版社　　　　　地　　址:上海市番禺路 951 号

邮政编码:200030　　　　　　　　　　　电　　话:021 - 64071208

印　　刷:浙江天地海印刷有限公司　　　　经　　销:全国新华书店

开　　本:710mm×1000mm　1/16　　　　印　　张:17.5

字　　数:277 千字

版　　次:2024 年 7 月第 1 版　　　　　印　　次:2024 年 7 月第 1 次印刷

书　　号:ISBN 978 - 7 - 313 - 31144 - 3

定　　价:78.00 元

版权所有　侵权必究

告 读 者:如发现本书有印装质量问题请与印刷厂质量科联系

联系电话:0573 - 85509555

编委会成员

主　编：赵春芳　董永华

副主编：薛士龙

编　委：（按姓氏笔画）

王凤娟　王海英　杨晓红　张黎明　陆旭东

赵春芳　董永华　韩晓明　薛士龙

序

党的二十大报告指出,"统筹职业教育、高等教育、继续教育协同创新,推进职普融通、产教融合、科教融汇,优化职业教育类型定位",进一步明确了现代职业教育的发展方向,坚定了职业学校持续探索人才培养模式改革的信心。上海自 2014 年启动中本贯通模式以来,2024 年已是中本贯通招生的第 11 个年头,目前共有 76 个专业点。中本(高)贯通培养应用型人才是新时代构建我国现代职业教育体系的重要内容。实现有效贯通的长学制一体化培养模式有利于满足经济社会对高技能复合型人才的需要,尤其像上海这样的国际化大都市,无论是为了城市自身的高速发展和产业的升级换代,还是为了服务国家扶贫战略和助力全面小康社会建设,都需要大量既具有一定理论基础又掌握复合技术技能的高素质人才,可以说时代的发展需要促使了中本(高)贯通人才培养模式的发展。

职业教育是我国从人力资源大国迈向人力资源强国的重要环节,与经济社会发展共生共长,关系到科技创新、技术发明等能否转化为实实在在的生产力。近年来,我国职业教育以促进经济社会发展为主线,围绕现代职业教育的高质量发展出台了一系列政策,探索科学化、多样化的人才培养新模式。特别是从 2014 年 6 月教育部等六部门印发《现代职业教育体系建设规划(2014—2020 年)》提出职业教育体系内部"在确有需要的职业领域,可以实行中职、专科、本科贯通培养",到 2022 年 4 月《中华人民共和国职业教育法》进一步明确国家建立健全"不同层次职业教育有效贯通,服务全民终身学习的现代职业教育体系",上海在国家政策引领下结合城市发展定位和产业升级需求,在积极服务国家战略中探索多样化贯通人才培养,提高职业教育适应性。浦东新区更是立足区域优势,以教促产、以产助教、产教融合、产学合作，推动形成同市场需求相适应、同产业结构相匹配的现代职业教育结构和区域布局，积累了许多弥足珍贵的理论成果与实践成果，形成了许多可复制、可推广的基本经验和融合模式。

教育改革与创新始终是国家发展的重要议题。作为改革开放的前沿，浦东新区一直积极探索、勇于实践，为中国的教育事业注入新的活力。《"贯"以行之——浦东新区中本(高)贯通专业建设成果案例集》汇聚了浦东新区中职学校中本(高)贯通专业建设立足上海、服务全国的丰硕成果，如书中选编的《浅谈中高职联合人才培养模式的探索和试点——以国家级乡村振兴重点帮扶县兰坪县为例》和《"组团式"教育帮扶下民族地区县域中职校发展困境与路径——以兰坪县中等职业技术学校为例》等案例，都是职业教育倾心、聚力、精准、重效开展帮扶工作，构建起区域系统援建、品牌整体输出、专业结对共建、师资轮岗培训、学生订制培养职教帮扶的系统呈现。同时，该案例集还通过一系列鲜活的人才培养模式改革实例，展现了浦东新区紧密对标上海"五个中心"建设，不断优化调整人才培养模式，持续深化产教融合，助力专业内涵优化、课程质量提升、师资队伍建设、教学成效凸显等，充分展现了浦东新区在中本(高)贯通教育模式上的高质量、多元化探索，可以说它不仅是对浦东新区中本(高)贯通专业建设成果的一次全面展示，更是对新时代职业教育改革和高质量发展的一次深入探讨。

教育的改革与创新是一个永无止境的过程。中本(高)贯通试点专业探索现代职业教育体系的有效贯通，是中职学校办学新的生长点，也是学生拓宽职业生涯发展之路的立足点。面对未来，职业教育人才培养模式的革新仍需不断探索、勇于实践，为中国式职业教育现代化发展注入更多的活力与智慧。

上海市职业教育协会会长　郭　扬

2024 年 1 月

前　言

　　浦东新区有7所中职校,4所学校为国家级重点中职,3所学校为市重点中职,其中又有1所国家中职示范校,2所上海市中职特色示范校,1所上海市中职优质学校。共开设9个专业大类、46个专业、74个专业点,其中有4个市示范品牌专业、6个市品牌专业,重点专业与区域产业结构及自贸区相关产业密切对接。各中等职业学校在人才培养、对口支教、职业体验、技能大赛、社会培训、就业质量、综合实力等方面沪上乃至全国知名。

　　2014年教育部等六部门联合发布《现代职业教育体系建设规划(2014—2020年)》,提出系统构建从中职、专科、本科到专业学位研究生的培养体系,在确有需要的职业领域,可以实行中职、专科、本科贯通培养。同年,上海市开展了中本(高)贯通实践探索,浦东新区响应上海市职业教育改革发展号召,也正式开始了中本(高)贯通试点实践。

　　为服务上海城市产业转型升级的需要,特别是围绕上海建设"五个中心"和打响"四大品牌"对于人才提出的新要求,浦东新区7所中职学校充分发挥自身优势,在现代职业教育体系建设中创建了"中本贯通""中高职贯通"专业,形成了纵向贯通的"中职—高职—应用本科"人才成长体系。截至2023年6月,已开设11个中本贯通和30个中高职贯通专业试点。同时,浦东新区积极落实上海市服务西部地区职业教育协作发展政策,浦东职教集团与云南怒江、青海等地合作,共同探索中本(高)贯通试点,现已开设2个中本贯通和7个中高职贯通专业试点,得到当地学生和家长的高度肯定,做到职业教育精准扶贫。

　　纵观浦东新区近十年中本(高)贯通试点改革,对于职业教育体系构建具有重大意义,浦东新区中职校吸引力明显增强,中职龙头专业特色更加凸显。在中本（高）贯通校企合作机制高效能、课程教学改革高水准、专业教师队伍高素质、专业教学条件高规格、教学运行管理高效率、社会服务能力高层次等方面取得了相应的成效。

本案例集聚焦学校在中本（高）贯通专业人才培养过程中专业建设成果，既有宏观层面教育帮扶、产教融合探索，也有中观层面专业建设、课程建设、实训环境建设，还有微观层面联合教研、以赛促学、学生管理、课程思政、教学改革等，共计31篇优秀案例，其中浦东新区中职学校29篇，重点帮扶学校怒江州兰坪县中职2篇。该案例集是浦东新区在中本（高）贯通专业试点成果的一个缩影，从一个侧面反映出浦东新区中职校在职业教育现代教育体系建设进程中的成果。希望这些案例能为兄弟学校探索中本（高）贯通专业人才培养，提供借鉴和参考。

让我们共同期待，中高（本）贯通专业试点继续开拓创新，涌现出更多的先进做法和优秀案例，为现代职业教育体系建构添砖加瓦。

浦东新区教育局高中（职业）与终身教育处处长　赵春芳
2024年1月

目　录

浅谈中高职联合人才培养模式的探索和试点

——以国家级乡村振兴重点帮扶县兰坪县为例

兰坪县中等职业技术学校　韩晓明

摘　要:在中高职联合培养试点中,不应仅仅只局限于学历教育,尤其是在国家级重点帮扶县这类首次开展中高贯通联合培养的地区,可以尝试通过中职和高职的联合培养,对当地劳动力进行基本素养和技术技能的培训,有效推进职业教育的体系贯通、校企融合、科创融汇,产生直接且实际的社会价值,实现巩固脱贫成果,达到乡村振兴的中央"组团式"教育帮扶目标。

关键词:中高职;联合人才培养;乡村振兴

一、实施背景

中职和高职贯通联合开展人才培养在上海已经进行了十多年的试点,在云南昆明这类职业教育较发达地区也已经有了七八年的推行,但是对于"三区三州"之一的国家级贫困县——兰坪县来说,由于刚刚完成脱贫攻坚,中高职联合人才培养还是一件新鲜事,家长和学生对此是不信任的,充满疑惑的——读完中职就可以直接读高职,不需要参加高考? 甚至一些常年在教育第一线的教育工作者,乃至教育管理者都充满怀疑——这会不会骗人,会不会无果而终害了孩子? 另外,在中高贯通联合培养以及现代学徒制试点中,家长担心学生在企业实践中受苦受累,或者由于长学制培养且将来企业用人需求不断改变,会导致孩子毕业就失业。就是在这样的背景下,兰坪县中等职业技术学校(以下简称"兰坪职校")曾经在 2021 年与云南一所高校的专业完成了中高贯通联合培养试点签约,结果没有一个学生报名参加,首次尝试无疾而终。

2022 年 7 月 31 日,中央"组团式"教育帮扶和"省管校用"团队入驻学校,在经过充分的学校调研和当地社会经济发展情况的调研之后,学校最终在方方面面的支持和帮助下,成功签约云南省轻纺职业技术学院等院校,落地了"服装设计与工艺"等专业,紧密配合兰坪县服装加工企业发展。

二、实施目标

在国家级乡村振兴重点帮扶县开展中高职联合培养技能人才项目的实施目标是:通过中等职业教育和高等职业教育的联合培养,为乡村振兴提供高素质技能人才支持,推动乡村产业升级和转型发展,促进农村经济社会全面进步。同时,该项目还旨在提高农村青年的职业技能和就业竞争力,促进农村人才流动和城乡融合发展,推进乡村人才培养体系的现代化和国际化。

三、实施过程

2022年7月31日,中央"组团式"教育帮扶和"省管校用"团队入驻学校,在经过充分的学校调研和当地社会经济发展情况调研之后,学校在各方的支持和帮助下,成功签约云南省轻纺职业技术学院等高校,根据兰坪县现代特色高原小浆果产业基地和永昌服饰有限公司企业急需人才的情况,联合设置了"农艺种植"和"服装设计与工艺"等专业。结合企业生产岗位,设置人才培养方案和课程。在小浆果产业基地,基于7、8月份是蓝莓、车厘子等水果采摘和蔬果生产的旺季,用工和人才培养必须用好这一有利时期,所以安排了农艺师培养的两个重要工种,高校设置了采摘和蔬果两个工种的课程,中职安排人员分工、检查质量,企业负责对人员的考核和最终产品的质量和进度监控。中高贯通联合人才培养既培养了现代农业产业需要的产业工人,又解决了产业基地技术员工短缺的窘境,双方以服务当地经济发展为目标,巩固脱贫成果。2022年5月,由学校牵头,兰坪县政府、云南省轻纺职业技术学院(以下简称"轻纺学院")以及兰坪县永昌服饰有限公司以及兰坪高原特色小浆果产业基地联合建立了兰坪县产业学院和兰坪县乡村振兴学院,着力培育兰坪县现代农业和服装行业生产、管理、经营、运维的一线高素质技能型人才。

(一)实地调研,精准定位

学校以服务当地政府和对接当地企业行业为办学目标,当好"店小二",充分发挥兰坪县职业教育力量,进行人力资源保障,尤其是应用型人才供应的服务功能,主动作为,做好人才供给侧改革。自 2022 年 10 月 10 日起,在兰坪职校牵头下,县人社局、翠屏街道等部门联合深入云南永昌服饰有限公司和云南丰盛纺织品有限公司,面对企业在人力资源方面技术工人短缺、一线员工离职率高和员工的思想状态不稳定的情况,进行了为期一周的实地调研,努力为两公司人力资源规划发展提供方向,实际解决一线生产中的人员用工和流失问题。

通过调研发现,两公司的生产情况和基本运营状态良好,人力资源的管理现状和用工问题相似。高级缝纫工等技术性工人短缺,劳动力技能和综合素质亟待提高,在人力资源规划管理和培养方面,尤其是技术性人才招聘和培养方面以及员工对企业的忠诚度以及岗位的敬畏度等尚有待提高。

(二) 协同联合,明确职责

兰坪职校和轻纺学院以及企业方三方联合做好招生工作,考虑到中职与高校同时合作,既有中职生就业,也有大学生实习,因此企业也开展与合作院校中高贯通的现代学徒制联合培养,院、校、企签订联合协议,用订单式方式为企业培养专项人才,兰坪职校和轻纺学院共同建立起了兰坪县服装人才培养的有力应对机制,加上国家对怒江州职业院校学生特殊的补助免费政策,可以切实做到"招生即招工、师傅即教师、毕业即就业",即学习期间费用全免,实习期间还有补贴,毕业之后上岗有保障。这些措施保证了学生到企业后能够稳定就业。对中高贯通服装生产与管理专业的学生,做到三点:专业锚定、双向选择、协议管理。

因为学校对学生的管理本身就有相应的规定,企业又与学生签订有单独的协议,学生就业稳定率得到了保证。就业的学生生活在企业,实现学生学习、培养、就业一体化,这就是"专业锚定";企业和学校互相选择并达成共识,学院与学校双向选择并达成合作,学生对中高贯通联合培养和企业开展双向选择,这些双向选择既包含了各方选择的民主性,又保障了被选对象的质量,这就是"双向选择";高校与中职有协议,学校和学生有协议,又有企业跟院校的协议,院校和企业同时找人用人管人,企业开展 1＋X 证书培训和认证,中职或者高职负责综合素养和毕业质量,确保学生入学和入职后,对学生的稳定性以及学习态度和学习成绩考核采取双向管理,从而保证学生在岗开展现代学徒制培养的绩效和稳定性,这就是"协议管理"。

(三)持续发力,突破难点

按照企业生产要求,以及中高贯通人才培养计划,不断加强技能要求和熟练度,在产、学、研各方面企业和院校要联合培养,解决技术性人才培养难的问题。中高贯通联合培养技术应用型人才的方案不仅要根据学生的思想状况,还要结合企业工作动态和管理的问题点,实时对标院校企联合培养目标提出培训的系统性计划,形成《岗位要求和人才培养计划》,进而通过高校设立的课程和三方制定的产、学、研一体化培训方案来组织培训,实际解决技术型人才培养的难点和难题,提升人才培养的成功率,增强企业的综合实力。

2023年2月20日,兰坪职校和轻纺学院以联合培养的形式,积极响应兰坪县县委、县政府的要求,在兰坪县人社部门的牵头下,签约云南永昌服饰有限公司,开展高标缝纫工的培训,由高校出课程、两校和企业出师资,由高校安排第三方进行考核发证,最后实施推荐上岗。目前一期118人、二期84人、三期79人完成培训任务和考证上岗任务,中高贯通联合培养实现了高校课程从理论到实践的应用,中职完成课程并在真实企业运行中的实施,企业在完成订单的同时也有效解决了企业员工综合素养不高、文化水平不行、专业技能缺乏、企业招工难的实际问题,还有效推动了县域产业的焕新和经济的发展,学校也在2023年7月被兰坪县总工会授予"兰坪县新时代产业工人高标人才培养基地"的称号。

(四)渗透思政,提升素养

在中高职贯通培养过程中,注重结合企业文化,渗透思政教育是非常必要的,因为在本项目的实施中我们发现,中高贯通联合企业实际生产不仅可以提高学生的综合素质和职业素养,还可以有效增强学生的社会责任感和企业文化认同感。结合企业文化元素,教育要不断渗透中高职贯通培养一体化的思政教育课程,可以有效解决企业员工综合素养不高、对企业忠诚度低以及岗位责任心缺乏的问题,避免了培训还未结束或者因为岗位要求等因素,学生就半途而废做了"逃兵",造成学生学校理论考试合格,但是由于怕苦怕累在企业生产实践环节不及格现象的发生。同时利用企业的实践教育,融入中高职贯通思政一体化课程建设的要求,摆正学生面对劳动生产的态度,培养敬业精神,在岗位上做到精益求精,不怕困难,主动作为,成长为企业生产所需要的应用型技能人才。

以服装工艺课程为例,这是服装专业的核心课程之一,所涉及的思政内容包括:了解国际、国内行业标准及运作规范,与时俱进,具有质量意识、产品意识、安全意识;创新意识、自主学习能力、具备可持续发展能力,综合提高应用型人才的职业素养;敬业、精益求精的工匠精神与传承精神。工艺课程相比设计课程更加需要耐心与毅力,内容没有那么有趣和丰富,因为技能的训练本来就是枯燥与单一的,严格的要求下更需要毅力。正因如此锻炼了学生的细心、耐心,提升了意志力与自控力,精益求精的工匠精神必须深入每个学生的内心!只有这样才可能完成学习任务,才可能提升整体的职业素养与敬业精神。工匠精神是中国制造的内在支撑,也是职业教育立德树人的特征和灵魂。

四、实施保障

在国家级乡村振兴重点帮扶县开展中高职联合培养技能人才项目,需要有以下保障条件:

(1)政策支持。国家和地方应当出台相关政策,支持中高职联合培养技能人才项目的实施。政策应当包括资金扶持、教育资源共享、人才培养机制创新等方面,为项目的顺利实施提供保障。

(2)教育资源共享。中等职业学校和高等职业学校应当建立合作机制,共享教育资源。中等职业学校可以为高等职业学校提供实习实训基地,为高等职业学校的学生提供实践机会;高等职业学校可以为中等职业学校的学生提供教育资源和师资支持。

(3)师资培训。中等职业学校和高等职业学校的教师应当接受师资培训,提高教学水平和能力。培训内容应当包括教育教学理论、教学方法、职业技能等方面,以提高教师的教育教学水平和职业素养。

(4)实践机会。中等职业学校和高等职业学校应当积极为学生提供实践机会,让学生在实践中学习和掌握职业技能。实践机会可以包括实习、实训、实践等形式，以提高学生的职业素养和竞争力。

（5）质量监控。中等职业学校和高等职业学校应当建立质量监控机制，对联合培养项目的实施进行监控和评估。监控和评估应当包括教育教学质量、培养效果等方面，以提高项目的质量和实效。

（6）资金保障。中等职业学校和高等职业学校应当共同承担联合培养项目的经费。国家和地方应当提供资金扶持，支持项目的实施。资金应当用于教育教学、师资培训、实践机会等方面，以保障项目的顺利实施。

综上所述，国家级乡村振兴重点帮扶县开展中高职联合培养技能人才项目，需要政策支持、教育资源共享、师资培训、实践机会、质量监控和资金保障等保障条件的支持，以确保项目的顺利实施和取得实效。

五、特色与成果

通过此项中高贯通人才培养合作，不仅实现了在校生升学有门，中职＋高职的五年一贯制实现了技术技能型人才的培养目标，而且产生了良好的社会效应，解决了兰坪县服装产业缺乏高标准缝纫工的问题，实现了从简单劳动力向技能型劳动力的转变，让山区易地搬迁到县城的老百姓实现家门口就业和增收致富的梦想，从而也打开了兰坪县学生和家长对中高贯通试点的心结，感受到了合作高校实实在在的帮助，有效地解决了学校生存与发展的难题。

（1）时代性。本项目的实施体现了乡村振兴的国家战略，通过中高职联合培养人才，不仅能落实乡村振兴战略、统筹推进乡村教育振兴和教育振兴乡村工作，也是深化发达地区和被帮扶地区各领域合作的关键环节。

（2）创新性。中高职联合培养人才在兰坪职业教育发展过程中一直处于空白状态，这其中有高职院校的地域倾向性问题，也有兰坪本地职业教育专业建设管理人才严重匮乏，缺少经验和借鉴的问题。因此本项目的实施，开创性地揭开了兰坪县中高贯通培养人才的序幕，对当地老百姓而言，拓宽了升学渠道，降低了升学难度。

（3）系统性。本项目的实施，使得中高职联合培养不仅仅限于学历方面的贯通培养，还包括了非学历方面的产业工人培育，两者的紧密耦合，构建了国家级乡村振兴帮扶县的特色现代职教体系建设，既发挥了中职院校的育训结合的作用,又体现了产教融合办学理念,践行"为党育人、为国育才"使命。

六、体会与思考

中高职贯通人才培养模式的实施可以提供更多就业机会,帮助贫困地区的学生更好地融入就业市场。通过培养学生的实际技能和职业素养,他们将更有竞争力,更容易找到稳定的就业机会,从而改善自身和家庭的经济状况。在本案例实施过程中,我们收获了经验,可以为其他类似教育帮扶地区的职业教育发展提供理性思考和经验借鉴。

(一)实施体会

(1)打破原有疑惑。在兰坪县这样的边远民族地区,许多初中生家长受自身教育和认知水平的限制,对职业教育普遍存在着偏见,又处于教育各类政策落实的末梢基层单位,因此首先要通过招生宣传、政策解读、组织报考走访高校、高校教师到校讲学等形式,建立起中高职互动的组织氛围,优先解决社会和家长对中高联合培养试点的认知问题,否则即使我们教育帮扶团队完成了中高合作的协议,也只会遭遇有了五年一贯制专业但是没有学生报名的尴尬。

(2)树立跨界思维。在兰坪县这样的国家级重点帮扶县,当地社会经济发展相对落后,职业教育不但能解决教育问题,还具有改善地区产业人力资源质量的作用,因此在中高职贯通联合培养试点中,除了扎实推进中高贯通的学历教育,还可以在非学历的职业技能培训这一领域发挥重要作用,有效推动当地经济发展以及满足企业行业对高技能高素质应用型人才的需求。

(3)活用上海经验。开展中高贯通联合培养,对于首次实施,又是特殊的边远民族地区,学生生源、教师资质、实训条件等方面都存在着短板,联合培养的组织和运作经验也不足,因此上海经验可参考,但不能复制,必须因地制宜,把上海开展中高贯通培养的优秀做法进行本地化适配,方能取得事半功倍的效果。来自浦东职教集团的教育帮扶团队三位成员都有着这方面丰富的经验,而且在中高联合培养试点之初就深度引入了企业的师资力量,企业主导、资源共享,校企深度合作,贯彻"做中学、学中研、研中创"的人才培养理念。

(4)深化合作内涵。目前合作的内涵和跨度还不够,后续学校将进一步推进联合办学工作。质量方面,编制中高贯通的五年一贯制人才培养方案,建立中高贯通的联合教研机制;数量方面,扩大联合办学的高校和专业数量,做到学校开设专业的全覆盖;层次方面,将进一步开展中职+本科的人才贯通培养模式试点;范围方面,尝试和省外高校开展产学研训等方面的多元合作。

(二)实施思考

此次中高职联合培养人才的尝试,对积极有效推进体系贯通、校企融合、科创融汇有着直接而实际的社会价值,老百姓实现家门口的就学和就业,也解决了政府实现东西部劳动力转移和提高劳动力就业的实际问题,达到"双赢"或者"多赢"的目标。但是在未来的推进过程中,还可以结合当地情况和学校目前实施的其他项目,同步开展以下方面的探索:

(1)基于现代学徒制的中高职联合培养人才方面的实践探索。兰坪职校 2022 年底申请了 2 个专业的云南省现代学徒制人才培养项目,通过现代学徒制对教学组织、教学评价方式和管理模式等进行变革,以提升中高职贯通人才培养质量。因此,依托现代学徒制推动中高职贯通不失为一种有效的办法,现代学徒制通过深化校企协同育人,充分发挥企业的重要主体作用,有助于真正推动专业人才培养与岗位需求衔接,人才培养链和产业链相融合。具体而言,在现代学徒制人才培养的实施过程中,可以促进职业教育资源跨界整合,为中高职贯通提供资源保障;促进人才培养精准定位,为中高职贯通提供源头保障;促进工学交替的有效实施,为中高职贯通培养提供过程保障;促进评价模式改革,为中高职贯通提供质量保障。

(2)基于 1+X 证书制度的中高职联合培养人才方面的实践探索。兰坪职校目前已经引入了汽修和酒店服务 2 张 1+X 证书,后续将逐渐覆盖到所有专业,确保一个专业,对标一所高校专业、一张 1+X 证书、一家沪滇合作企业。"1+X"证书制度与中高职联合培养两项试点工作结合起来后,不但能够有效地改善以往传统职业教育模式关注单一而专项的学历和技能培养模式,转变成更加注重深化和多元技能教育教学的模式,而且可以促进中高职院校在完成校内教育培养任务的同时与社会各类职业认证类机构紧密融合,结合社会所需,培养学生一人多证,并采取培训和考核分开进行的模式,加大了证书的专业价值,受到广泛关注。同时还可以为有专业技能人才需要的企业采取定向培养和输送的模式,很大程度地提升中高职教育的教育教学水平,社会各界的信任水平也得到有效提升。

(3)基于"大思政"教育观的中高职联合培养人才方面的实践探索。兰坪职校在针对中高联合培养的五年一贯制学生开展思想政治教育工作时,发现他们普遍理想信念比较淡薄,对今后自己人生的职业规划和前途比较迷茫,在行为上表现为得过且过混日子,学习缺乏主动性,这就使得长学制的五年培养过程中学生流失率会增加。因此要将思政教育贯穿学生整个教育教学的全过程,尤其要发挥专业教师与学生联系紧密,学生对专业教师往往更尊敬和信任的优势,让专业课教师在日常教学中融入对学生的思政教育,例如职业道德教育、理想信念教育、团队精神教育等,往往会取得更为显著的效果。

(4)基于产业学院与乡村振兴学院的中高职联合培养人才方面的实践探索。为落实云南省教育厅近日颁布的《现代职业教育体系建设行动实施方案》精神要求,兰坪职校目前已和县人民政府、云南轻纺职业学院及云南永昌服饰有限公司分别签订了联合共建产业学院和乡村振兴学院的协议,后续四方将进一步深化产教学研融合,实现四方协同发展。具体来说,就是要推动中高职共建产业学院,围绕当地优势产业和新兴产业的人才需求,开展专业设置、课程开发、师资培训、实训基地等方面的合作,提高人才培养的针对性和适应性;同时也要推动中高职共建乡村振兴学院,围绕乡村振兴战略的重点领域和关键环节,开展人才选拔、能力提升、项目支持、成果转化等方面的合作,提高人才培养的创新性和实效性。

总而言之,在国家乡村振兴战略推进的进程中,作为"组团式"教育帮扶对象的兰坪县面临着产业更新、劳动力流动、族际交往模式、自然资源开发和传统文化演进等方面的新发展态势,职业教育需要根据区域发展的新态势和新需求,进一步探索中高职联合培养的合理路径,构建具有民族区域特色的现代职业教育体系。目前兰坪职校的中高职联合培养模式创建不久,中高职衔接还存在许多问题和困难。只有解放思想、打破常规,才能有效促进中高职一体化人才贯通培养模式的改革,使欠发达地区职业教育获得可持续发展。

参考文献

[1] 王艳梅.广西中高职联合培养高职生的现状、问题及对策[J].广西教育,2022(12).

[2] 周鹏生.全面推进乡村振兴背景下教育帮扶管理体制的问题与重构[J].中小学校长,2023(04).

[3] 江星玲,李小勇.嵌入式治理:东西部协作教育"组团式"帮扶的内在机理[J].广州大学学报,2023(22).

"组团式"教育帮扶下民族地区县域
中职校发展困境与路径
——以兰坪县中等职业技术学校为例

兰坪县中等职业技术学校(中央"组团式"教育帮扶团队成员)
冯国群
兰坪县中等职业技术学校　彭小东

摘　要:在"组团式"教育帮扶背景下,以兰坪白族、普米族自治县的县域中职校为例,通过地域、政策和实践三方面的背景阐述,说明了县域中职校发展的必要性和可行性,并且总结了"组团式"教育帮扶下目前取得的三方面成效,重点分析了县域中职校发展面临的职教自身乏力、周边产业落后、政策资金缺位、合作停留浅表等困境,以及造成这些困境的原因,进而提出了依托省内高校和依托两地企业双管齐下的实施路径。

关键词:"组团式"教育帮扶;民族地区;县域中职;发展路径

2022年开始,中央组织部、教育部等八部委联合开展国家乡村振兴重点帮扶县教育人才"组团式"帮扶工作,这是贯彻习近平总书记关于扶贫开发、乡村振兴重要论述的具体举措和生动实践。探索民族地区的县域中职校发展的有效路径,是充分发挥教育帮扶、阻断贫困代际传递作用的重要实践,也是推动民族地区经济发展,提升当地百姓文化素质水平和脱贫致富能力,促进经济繁荣和社会稳定的迫切诉求。

一、实施背景

(一)地域背景

兰坪白族、普米族自治县(以下简称"兰坪县")隶属云南省怒江傈僳族自治州,地处中国西南边陲怒江、澜沧江、金沙江"三江并流"世界自然遗产核心区,是全国唯一的白族、普米族自治县,少数民族人口占总人口的

95.09%。2021年8月中共中央办公厅、国务院办公厅在综合考虑各项社会经济指标,统筹考虑脱贫摘帽时序、返贫风险等因素后,将云南省的27个县列为国家乡村振兴重点帮扶县,数量位居全国之首,兰坪县也隶属其一。这里集"边疆、民族、贫困"为一体,受自然地理条件的限制和历史文化环境的制约,亟待通过教育帮扶,尤其是职业教育的特色推进作用,实现当地产业发展、百姓求学就业的根本性转变。

(二)政策背景

为贯彻落实党中央关于推动巩固脱贫攻坚成果同乡村振兴有效衔接的决策部署,中央组织部、教育部等八部委2022年7月起从东部省份选派了247位优秀干部,会同东西部省份共同配备的中层干部和一线优秀教师,每校组建了10人左右的帮扶团队,对县域的两所高中阶段学校进行全面帮扶,带动当地教育质量整体提升。

民族地区的县域中职校是我国整个教育体系中最基层和最末梢的教育单位,这支政治素质好、年富力强、作风扎实、教学经验丰富的帮扶团队,为兰坪县这类民族地区的县域中职校带来了前所未有的生存希望和发展活力,改变了过去支教人员人单力薄、难以形成教育整体质量提升力的短板。

(三)实践背景

2022年7月由浦东职教集团根据浦东新区对口帮扶怒江州的统一部署,选派了3名干部和教师组成了中组部"组团式"教育帮扶队伍。与此同时云南省教育厅也建立了教师"省管校用"对口帮扶机制,从怒江州民族中专选派了5名干部老师组成"省管校用"帮扶队伍。两支队伍合力组成教育帮扶团队进驻兰坪县中等职业技术学校(以下简称"兰坪职校"),一年来的实践探索,又重新焕发了当地百姓对职业教育的信任,当地企业对产业发展的希望,当地政府对职业教育的重视。

二、实施目标

近年来,民族地区的县域中职校尽管取得了一些改善和进步,但由于处于整个职业教育体系的末梢,帮扶政策惠及少而薄,周边社会生态不匹配,导致其发展仍面临着诸多的现实困境,因此通过"组团式"教育帮扶,进一步开展多区位的政企院校深度合作,缓解当地中职校建设政策与经费的缺位,解决职业教育缺乏吸引力和持续力的问题,提升当地产业的规模化和丰富性。

三、实施过程

县域中职校是国家乡村振兴战略的最基层的重要支撑之一,是培养适应帮扶县发展需要的技术技能人才的重要基地。为了实现县域中职校的跨越式发展,提高办学质量和水平,促进乡村人才资源的优化配置,可以"双管齐下"开展实施:

(一)依托省内高校,形成引领带动效应

高校是县域中职校发展的重要支持力量,可以为县域中职校提供人才培养、专业建设、教学资源、学生升学等方面的帮助。为了加强高校与县域中职校的合作交流,提升县域中职校的人才培养层次和质量,可以采取以下两种方式:

(1)以"双立交"提升人才培养层次——中高贯通、中本衔接。所谓"双立交",就是指建立起中等职业教育与高等职业教育、高等职业教育与本科教育之间的贯通机制,实现人才培养的纵向延伸和横向拓展。具体来说,就是要推动省内高校与县域中职校建立起中高贯通的升学渠道,为有意愿继续深造的中职毕业生提供更多的升学机会,同时也要推动省内高校与县域中职校建立起中本衔接的合作模式,为有能力直接进入本科层次学习的中职毕业生提供更多的选择空间。

目前兰坪职校以五年制3+2联合办学的中高贯通人才培养模式已经初步构建,后续将进一步抓质量强内涵,试点中本衔接的七年制培养形式。

(2)以"双学院"深化产教学研融合——产业学院、乡村振兴学院。所谓"双学院",就是指在省内高校和县域中职校之间建立起以产业为导向、以乡村振兴为目标的两类合作学院,实现人才培养与产业发展、乡村振兴的紧密结合。具体来说,就是要推动省内高校与县域中职校共建产业学院,围绕当地优势产业和新兴产业的人才需求,开展专业设置、课程开发、师资培训、实训基地等方面的合作,提高人才培养的针对性和适应性;同时也要推动省内高校与县域中职校共建乡村振兴学院,围绕乡村振兴战略的

重点领域和关键环节,开展人才选拔、能力提升、项目支持、成果转化等方面的合作,提高人才培养的创新性和实效性。

为落实云南省教育厅近日颁布的《现代职业教育体系建设行动实施方案》中"推进中职学校调整优化,破解县级职中困境""探索举办'高职院校＋企业＋县级政府＋县级职中'产业学院"的意见,兰坪职校目前已和县人民政府、云南轻纺职业学院及云南永昌服饰有限公司分别签订了联合共建产业学院和乡村振兴学院的协议,后续四方将进一步深化产教学研融合,实现四方协同发展。

(二) 依托两地企业,调动产教融合动力

"组团式"教育帮扶下民族地区县域中职校基本都属于国家乡村振兴重点帮扶县,在国家的乡村振兴战略和东西部协作机制支持下,东西部两地政府充分调动当地企业资源,对接帮扶中职校,开展产教融合工作。目前兰坪职校正积极调动两地企业产教融合的参与热情和动力,探索在专业建设、课程设置、技能实训等人才培养模式方面帮助学生提升就业能力。

(1)依托当地企业开展深度工学结合,实现本地就业。民族地区的县域中职校应充分利用当地企业的资源优势,与当地企业建立稳定的合作关系,开展深度工学结合模式的人才培养。具体来看,兰坪职校可以与当地企业共建实训基地、共享实训设备、共派指导教师等,为学生提供充分的实践机会和条件;可以与当地企业共制课程标准、共编教材教案、共定考核方式等,为学生提供贴近企业需求的教学内容和方法;可以与当地企业共招生源、共定培养目标、共保就业渠道等,为学生提供有保障的就业前景和发展空间。这样,兰坪县中等职业技术学校既可以提高学生的专业技能和综合素质,又可以促进当地产业的转型升级和经济社会的发展,同时也解决了一部分学生家长"养家顾家"顾虑。

(2)依托东部企业开展现代学徒培养,实现高薪就业。民族地区的县域中职校应充分利用东部企业的用人需求,与东部企业建立互惠的合作关系,开展现代学徒制模式的人才培养。具体来看,兰坪职校可以与东部企业签订协议或协作意向书,明确双方在人才培养方面的权利和义务;可以与东部企业确定合适的人才培养方案和计划,按照"订单式"或"定向式"方式进行招生;可以与东部企业安排学生在校内和校外进行"1.5＋1.5"年的

理论学习和实践锻炼,形成"双师制"或"双导师制"的指导模式;可以与东部企业建立长期稳定的就业合作关系,为学生提供高薪就业机会和职业发展路径。通过这些形式,帮助这里的孩子获得走出大山的能力,实现高薪就业的理想。目前兰坪职校已有汽修和酒店专业的45名学生在上海进行现代学徒制的人才培养,实习津贴均已达到每月3 500元以上,相关企业也承诺学校合格学生毕业即就业,届时将真正达到"职教一人,幸福一家"的职教帮扶目标。

四、实施保障

各级政府是县域中职校发展的主导力量,应该从宏观层面规划县域中职校的发展方向、规模和特色,制定相应的政策措施和法规制度,提供必要的财政支持和监督保障。具体来说,可以从以下几个方面入手。

(1)规划发展方向、规模和特色。各级政府应该根据国家和地方的经济社会发展战略,结合县域的实际情况和需求,科学合理地确定县域中职校的办学定位和目标,明确县域中职校的数量、布局、规模、层次、类型等基本情况,突出县域中职校的特色和优势,形成差异化和多样化的办学格局。政府可以通过调研、评估和专家咨询等方式,为学校提供科学的发展建议,确保发展方向与地方经济社会发展相契合。

以目前兰坪职校的发展定位情况,政府应进一步处理好与地级职教中心的地位关系,实现错位发展,做好校园的长远布局规划,为学校跨越式发展绘制出蓝图。

(2)支持产教融合和育训结合。各级政府应该推动县域中职校与当地产业、企业、高校等各方深度合作,建立稳定的合作机制和平台,实现人才培养与经济社会发展的良性互动。各级政府应该鼓励和引导县域中职校开展订单培养、现代学徒制、双证书制等多种形式的育训结合模式,加强实践教学和技能考核,提高学生的就业创业能力。同时,政府还应支持学校作为职业培训机构,与政府的各职能部门组织联合开展培训,提高当地劳动力的技能水平和就业竞争力。2022年国家发改委印发的《"十四五"新型城镇化实施方案》就提出了逐步将农业转移人口纳入流入地中等职业教育保障范围,扩大职业院校面向农业转移人口的招生规模,探索通过技能水平测试等对农民工进行学历教育学分认定等一系列措施。

在政府的积极牵线组织下,兰坪职校在产教融合方面,应该在现有的服装和农业基础上,拓展到旅游和电商领域;在育训结合方面,除了和现有的人社、工会、社区等部门开展合作之外,逐步拓展到卫生、教育、文旅等职能部门。

(3)提供帮扶专项资金。各级政府应该加大对县域中职校的财政投入力度,设立专项资金或专项项目,支持县域中职校改善办学条件、提升师资水平、开展教育教学改革创新等方面的工作。政府应该建立健全县域中职校的经费保障机制,按照公平、透明、高效的原则,合理分配和使用经费,有效监督和评估经费使用效果。对县域中职校提交的优秀项目和创新举措给予重点支持,优先安排资金,鼓励学校在师资建设、实验设备采购、校舍建设、科研创新等方面进行创新实践。此外还应鼓励多元筹资,除了政府提供帮扶专项资金外,还可以鼓励县域中职校积极寻求其他资金来源,如企业捐赠、社会捐助、校友捐助、商业贷款等,形成多元化的资金支持体系。

目前兰坪职校的发展已经争取到了沪滇协作项目资金的大力支持,还有云南翰文教育投资集团与上海海川剑鑫教育集团的捐助,后续学校将根据发展情况,进一步争取各级政府的资金支持,优先对标《中等职业学校设置标准》,完成达标工程。

五、特色与成果

作为教育体系中最基层和最末梢的教育单位,民族地区的县域中职校在专业之困、生源之困、教师之困和投入之困的四重困境之下,单靠其自身的"原生态"发展必然是艰难异常的,必须依靠诸如"组团式"教育帮扶等外部力量,为其"输血",助其"造血",使其"满血"跟上全国职教高质量发展的节奏。尽管"组团式"教育帮扶机制建立只有短短一年,但给像兰坪职校这样的民族地区县域中职校带来的变化成效是显著的。

(一)软硬件方面建设带来陆续改善

"组团式"教育帮扶在显性方面是教育人才团队的流入,但隐形的是随着教育人才的进驻带来了专业建设的信息流、政策流、资源流和资金流。兰坪职校在"四流"的支持下,发挥沪滇两地教育帮扶团队的人才优势和专业特长,开展各项职普融通、产教融合、科教融汇的项目申报,专业建设的软硬实力得到了"点化";利用沪滇协作项目的政策、资源和资金,开展学校综合素能提升工程,不仅涵盖了专业实训室、食堂、宿舍等硬件建设,还包括了教师双师专业技能培训和赴上海开展通识培训等软实力提升。

（二）现代职教人才培养接续构建

中高贯通、中本贯通、五年一贯制、现代学徒制这些现代职业教育的人才培养模式在职业教育领先地区早已探索普及,试点实施多年。然而由于项目政策信息闭塞、教改专长老师缺乏、高校合作态度不屑等原因,使得这些有利于解决百姓对高质量职业教育期盼、企业对高素质人才发展需求的项目始终无法在兰坪职校这类民族地区县域中职校里落地开花,惠及百姓和企业。"组团式"教育帮扶团队带来了人才培养的先进经验和项目运作师资,在各级主管部门的政策倾斜下,一年来成功地和3所云南高校的6个专业开展了五年一贯制培养合作,成功申报了2个专业的云南省职业教育现代学徒制人才培养项目,申报的教育部首批职业教育现场工程师专项培养计划联合培养项目也获得了省级审核通过。

（三）服务当地社会发展持续开展

新修订的职业教育法明确,职业教育包括职业学校教育和职业培训。"组团式"教育帮扶团队改变了兰坪职校过去单一的学校教育运作模式,充分发挥学校的人才资源、专业技术和培训资质优势,为地区经济发展提供全面的技术、咨询和培训服务。以为兰坪县服装产业人才培养为例,在县人社部门的牵头下,兰坪职校组织开展高标缝纫工的培训,先后三期共培养深山异地扶贫搬迁群众281名,参培对象实现从每月800元的福利岗收入增加到每月2 800元的就业岗位收入。县域中职校服务当地社会开展的培训项目,有效缓解了企业招工难,老百姓就业难的实际问题,实现了异地扶贫搬迁群众家门口就业的愿望,有效推动了县域经济的发展。

六、体会与思考

民族地区县域中职校处于政策、资金、师资、产业的边缘化地区,是国家乡村振兴重点帮扶县教育体系的根基和关键所在,而振兴的最大抓手在于发展民族地区中等职业教育。"组团式"教育帮扶成为民族地区职业教育发展的新举措,对中国民族地区教育发展的影响是深远的,考虑到云南民族地区教育与东部地区之间的差距,引入外力促进民族地区教育发展应当成为一项长期坚持的战略方针。面对国家乡村振兴的总要求,民族地区中职校需加快发展步伐,促进民族地区传统产业转型升级和新兴产业支持,提升民族职业教育的社会服务能力,为乡村振兴增能。然而目前民族地区中职校在办学、师资、专业建设等方面还面临诸多问题,民族地区也存在极为严重的乡村空心化问题,亟待厘清民族地区职业教育与乡村振兴的耦合逻辑,精准实施乡村振兴战略下民族地区中职校的发展路径。

参考文献

[1] 高岳涵,刘向梅.民族地区职业教育产教融合的现实困境与优化路径[J].民族教育研究,2022(2):153-159.

[2] 李梦卿,邢晓.我国民族地区职业教育精准扶贫的价值、困境及路径研究[J].中国职业技术教育,2019(33):14-24.

[3] 马君.欠发达地区职业教育发展面临的现实困境与路径选择——以甘肃省为例[J].中国职业技术教育,2018(28):23-29.

[4] 方艳.乡村振兴战略下欠发达地区职业教育发展路径研究——以广东省河源市为例[J].河北职业教育,2018(5):5-8.

[5] 廖远兵.乡村振兴战略下广东欠发达地区职业教育发展路径研究[J].广东技术师范学院学报,2019(2):12-17.

[6] 张晨.职业教育"东西部扶贫协作"中的问题与实践研究——以上海对口支援喀什地区为例[J].教育发展研究,2018(7):40-45.

[7] 李瑾瑜.从"塌陷"到"振兴":县域教育"组团式"帮扶的方法论逻辑[J]创新人才教育,2023(2):37-40.

以技创美　以艺传美　课程协同　一体培养
——群星—天华中本贯通数字媒体艺术专业
思政一体化的实践与探索

上海市群星职业技术学校　杨晓红

摘　要:随着中本、中高职贯通办学力度的加大,职业院校对贯通专业思政一体化的探索不断深入。本文主要聚焦思政目标和专业育人目标,凸显职业院校思政一体化育人的特点和特色,探索一条贯通专业中每位老师都是思政工作的主体,各类学科课程和主题实践活动与思政课同向行、同频共振,实现纵向衔接、横向贯通、循序渐进、螺旋上升的思政一体化育人之路。

关键词:贯通专业;思政一体化

一、实施背景

党的十八大以来,习近平总书记围绕"培养社会主义建设者和接班人"作出一系列的重要论述。习近平总书记提出了要完善课程体系,解决好各类课程和思政课相互配合的问题。同时,《关于深化新时代学校思想政治理论课改革创新的若干意见》明确提出,大中小学思政课一体化建设需要深化,统筹大中小学思政课一体化建设,推动各类课程与思政课建设,形成协同效应。

近几年,随着职业院校中本、中高职贯通办学力度加大,办学规模增加,中职校和高职、本科院校之间的贯通协同工作机制基本形成,对于贯通专业思政一体化的工作越来越重视。但是,贯通办学模式下的思政课程一体化到底如何实现,思政一体化跨校的教师教研机制如何建立以及贯通专业各个年级其他各类课程和各类活动如何与思政课形成圈层合力,如何更好地凸显专业的育人特色是职业院校贯通专业思政一体化探索中亟待思考和解决的问题。

学校自 2017 年开始与上海师范大学天华学院联合招收中本贯通数字媒体艺术专业学生,两校建立了贯通工作机制和联合教研机制。为进一步落实立德树人根本任务,有效开展思想政治理论教育、统筹推进贯通专业的思政一体化建设,两校于 2020 年 12 月 29 日签订了思政一体化工作的共建协议,探索一条贯通专业中每位老师都是思政工作的主体,各类学科课程和主题实践活动与思政课同向行、同频共振,并能够实现纵向衔接、横向贯通、循序渐进、螺旋上升的思政一体化育人之路。

二、实施目标

(一)总目标

根据中本贯通数字媒体艺术专业技艺并创、立美传美的特点,确立一条思政一体化主线,同时进行横向贯通、纵向连接,通过全员、全过程、全方位贯穿所有年级、所有课程和所有活动。一方面根据学生的认知规律和学段目标,充分发挥思想政治理论课在立德树人中关键课程的作用,循序渐进、螺旋上升地开设好中本贯通专业的思政课程,提升思政课教学的实效性,实现知、情、意、行的统一。另一方面,注重落实"所有课程都具有育人功能、所有教师都负有育人职责"的要求,在教学创新中深挖专业课程和活动课程的思政元素以及课程的德育资源,形成"思政课程"加"课程思政"的圈层效应,努力让各类课程和各类活动与思政课同向同行,通过全员、全过程、全方位合力育人,共同推进思政一体化工作,提高贯通专业学生的社会认同感和责任感,培养全面发展的社会主义建设者和接班人。

(二)具体目标

(1)构建一条聚焦思政目标和专业育人目标的贯通专业思政一体化主线,找准横向贯通和纵向衔接的要点,探索点线相结合的贯通专业思政一体化路径,凸显职业院校思政一体化育人的特点和特色。

(2)通过课程合力、师资合力、教研合力,形成贯通专业思想政治课程一体化、其他学科融合一体化、思政教学研究一体化、主题实践活动一体化的育人圈层效应,提升两个院校之间贯通专业思政课程和课程思政共同育人的连贯性、衔接性、针对性和实效性。

(3)打造贯通专业思政一体化培养的工作机制、模式图和典型案例,对职业院校其他专业或其他学段的思政一体化实施形成推广和借鉴。

三、实施过程

（一）制定全套工作机制，确保两校思政一体化有序和持续开展

两院校的思政一体化工作需要从顶层进行设计，群星和天华两院校共同建立思政一体化的领导小组和工作小组，签订中本贯通数字媒体艺术专业思政一体化共建协议，制定中本贯通数字媒体艺术专业思政一体化实施方案、中本贯通数字媒体艺术专业思政一体化教师教研工作方案、中本贯通数字媒体艺术专业全员导师制实施方案，从而确保两院校思政一体化工作持续、有效的开展（见图1）。

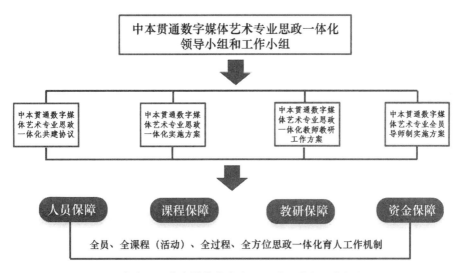

图 1　中本贯通数字媒体艺术专业思政一体化工作机制图

所有的工作方案形成了系统性的工作机制，围绕思政一体化主线，聚焦五个思政重点内容，既抓住教师队伍"主力军"、课程建设"主战场"、课堂教学"主渠道"，在人员、教学、教研和资金方面有所保障，又凸显了职业院校中本贯通专业思政一体化的特色，从机制上保障两校的所有教师、贯通的所有课程都承担好育人责任，守好一段渠、种好责任田，形成协同效应，把思想政治教育贯穿在贯通专业的人才培养体系中。

(二) 确定思政一体化主线，凸显职业教育专业的育人特色

思政教育就是要引导学生立德成才，成为社会主义建设者和接班人。职业学校的专业有着不同的人才培养定位，我们将思想政治核心素养＋专业特色＋专业人才培养目标作为关键词，形成思政一体化的主线。根据中本贯通数字媒体艺术专业培养中"技、艺、美"的主要特点，确定了"以技创美、以艺传美，培养有美好心灵、全面发展的社会主义数字媒体艺术人"为中本贯通数字媒体艺术专业思政一体化的主线(见图2)。有了主线，一方面能使思政教育的目标和专业人才培养的定位融合，在提升培养实效性的过程中更好地突出职业教育专业思政一体化的特色和亮点；另一方面，可以在全员全过程全方位思政育人的过程中更为聚焦、更为精准，保证其他课程和活动课程在育人的过程中与思政课程同行统一方向、共振统一频率，引导中本贯通数字媒体艺术专业的学生立足时代、扎根人民、深入生活，树立正确的艺术观和创作观，以美育人、以美化人，积极弘扬中华美育精神，自觉传承和弘扬中华优秀传统文化，全面提升审美和人文素养，增强文化自信，实现所有课程的思政教育在同向同行和同频共振中相互支撑、合力育人。

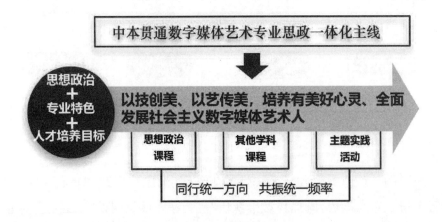

图2　中本贯通数字媒体艺术专业思政一体化主线图

（三）聚焦四个方面一体化，打造圈层合力模式图

进行思政一体化的实践探索，一方面要坚持思政课程在课程体系中的政治引领和价值引领作用，另一方面，要推动各类课程、活动与思政课形成协同效应，注重连贯性和协同性。我们在实践探索的过程中，打造了全员、全课程（活动）、全过程、全方位思政一体化育人的圈层合力模式图，提升育人的合力效应（见图3）。

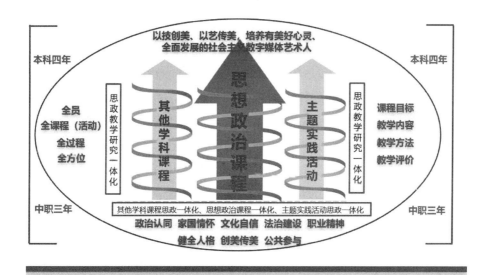

图3 中本贯通数字媒体艺术专业思政一体化圈层合力模式图

圈层合力模式图主要围绕一体化人才培养主线，在横向上以思政课程为关键课程，尝试以思政课程的五个核心素养（政治认同、职业精神、法治意识、健全人格、公共参与）和凸显该专业特点的三个课程思政元素（家国情怀、文化自信、创美传美）作为思政一体化的核心指标，各门学科课程和各种主题实践活动聚焦八个核心指标，深入挖掘课程和活动中蕴含的思想政治教育资源，从而形成中本贯通思想政治课程一体化、其他学科融合一体化、德育实践活动一体化、思政教研一体化四个方面的一体化，实现全课程（活动）同向同行、相互支撑的大思政体系课程；在纵向上根据教育教学规律和专业人才培养规律，分年级、分课程、分过程进行各门课程和活动在教学目标、教学内容、教学方法、教学评价等维度上进行思政一体化衔接，

从而实现全员(中职和本科的教师、导师、德育管理人员等)、全课程(该专业中职和本科所有的课程和活动)、全过程(中职和本科七年一贯制)、全方位(中职、高校、企业、社区和社会)同频共振、循序渐进、螺旋上升的思政一体化育人路径。

(四)注重同向同频,开发课程(活动)思政一体化实施方案

思政一体化建设对于引导学生立德成人、立志成才有着重要意义。我们围绕本专业"以技创美、以艺传美,培养有美好心灵、全面发展的社会主义数字媒体艺术人"思政一体化的主线,在价值引领、共同理想、价值观念、道德风范的知识传授和能力培养过程中,形成了"系统性、一致性、连贯式、递进式"的思政一体化课程设计理念,在思政重点内容的目标设定上追求同向,在课程目标、教学内容、教学方法、教学评价方面追求同频,开发思政课程、其他学科课程和主题活动思政一体化实施方案(见图4)。各门课程(活动)思政和思想政治同向,围绕思政课程的核心素养(政治认同、职业精神、法治意识、健全人格、公共参与)和专业培养中的重要思政元素(家国情怀、文化自信、创美传美)进行目标设定,从而在教学设计和教学目标上达成系统性和一致性的同向同行。

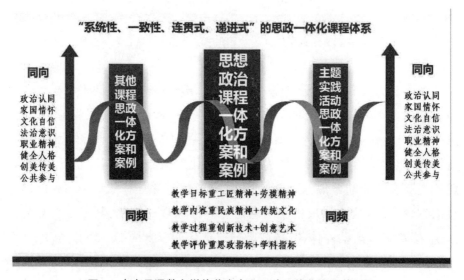

图4 中本贯通数字媒体艺术专业思政一体化课程体系图

同时,各课程和各活动思政一体化的实施方案在教学目标上更注重工匠精神＋劳模精神、在教学内容上更突出民族精神＋传统文化、在教学过程中更凸显创新技术＋创意艺术、在教学评价中更关注思政指标＋学科指标,达成"系统性、一致性、连贯式、递进式"的同频共振,共同完成"有美好心灵、全面发展的社会主义数字媒体艺术人"的培养。

四、实施保障

(一)组织保障

由两院校的主要领导和主要部门负责人组建领导小组,共同签订《中本贯通数字媒体艺术专业思政一体化共建协议》,确保学校层面全力支持贯通专业思政一体化各项工作的实践探索。领导小组下设工作小组,各工作小组制定《中本贯通数字媒体艺术专业思政一体化实施方案》《中本贯通数字媒体艺术专业思想政治课程一体化实施方案》《中本贯通数字媒体艺术专业其他课程思政一体化实施方案》《中本贯通数字媒体艺术专业思政一体化主题实践活动建设方案》等具体实施方案,明确要求和责任,保障思政一体化各项工作的全面落实和顺利推进。

(二)教研保障

为了确保不同学校、不同学科、不同类型的教师能够顺利开展思政一体化教研活动,达成育人目标,凸显专业育人特色,两校共同制定《中本贯通数字媒体艺术专业思政一体化教师教研工作方案》《中本贯通数字媒体艺术专业全员导师制实施方案》,对教研活动的内容、形式、时间等做出明确规定和要求。

(三)经费保障

学校将此项目作为校级重点课题进行研究,按学校教科研工作条例的相关规定给与一定的经费支持,主要用于调查研究、专业指导和案例开发。同时,根据学校财务要求,强化节约意识,提高项目效益和目标达成度,按标准进行支付相关费用,形成科学规范的项目资金运营机制。

五、特色与成果

(一)确定主线,锚定育人目标

根据思政目标＋专业特色＋人才培养目标的思路,确定了中本贯通数字媒体艺术专业"以技创美、以艺传美,培养有美好心灵、全面发展的社会主义数字媒体艺术人"为思政一体化的主线,并围绕主线,形成了中职—中本思想政治课程一体化、其他学科融合一体化、德育实践活动一体化、思政教研一体化等四个方面的一体化,打造的全员、全课程(活动)、全过程、全方位思政一体化育人的圈层合力模式图以及制定中本贯通数字媒体艺术专业思政一体化共建协议、思政一体化实施方案、教师教研工作方案、全员导师制实施方案等工作机制,对其他专业的思政一体化探索提供了解决思路和经验样本。

基于这个思路,学校的其他贯通专业也进行了思政一体化主线的设置,如:艺术设计与制作贯通专业的思政一体化主线是:慧临摹、慧原创、慧传承,培养绘美和慧美全面发展的社会主义艺术设计制作人;计算机平面设计贯通专业的思政一体化主线是:技艺共创、绘设融创,培育爱绘美、能创美、善传美全面发展的社会主义平面设计师等等。

(二)圈层合力,坚定育人方向

思政一体化育人圈层合力路径图的形成更好地把握了其他学科课程、主题实践活动和思政课程的方向和节奏。一方面,各学科、各活动在课程思政和活动思政的目标一体化的设计过程中,更能聚焦专业人才培养的特点,凸显职业院校专业育人的特色,增强思想政治教育的针对性和适切性;另一方面,圈层合力路径图确保了其他学科和主题实践活动的思政教育在落实的过程中没偏差、不偏离,目标更加明确,步伐更加统一,增强了其他学科课程、主题实践活动与思政课程的深度融合性和同向一致性。

与此同时,各学科教师在探索课程思政和活动思政的过程中,教师在教育教学课程思政的实践探索和研究中,不单单考虑本学科的情感态度、职业素养,更会围绕政治认同、职业精神、法治意识、健全人格、公共参与等思政教育重点内容和专业育人目标,关注本课程和思政目标、专业目标的一致性和同步性,更多地考虑本学科与思政目标和专业育人目标同步,共同形成育人合力。如:中本贯通数字媒体艺术专业打造的微电影制作项目就是在专业实践活动中充分考虑了思政目标和专业育人目标同步,在微电影的制作过程中注重主题育人、团队育人、过程育人和评价育人。2021年至今,教师们撰写的《"立匠心 修匠技 炼匠艺",课程思政三融入——以

〈社区"疫"起帮 IP 形象设计与制作〉为例》《从"耦合"到"融合":"思政＋电竞"教学模式的现实意义与实践》《基于革命文化融入的音乐单元教学实践与研究——以中职合唱拓展课程为例》《创美润心　自驱成长——中职校园文创活动设计与实践探索》等论文,都是关于课程思政和活动思政在教育教学方面的实效性探索,而所运用的策略都是将课程思政、活动思政和专业育人目标进行了深度融合。

(三)资源建设,促进教学融合

根据"系统性、一致性、连贯式、递进式"的思政一体化课程设计理念,各学科和主题活动聚焦政治认同、家国情怀、文化自信、法治建设、职业精神、健全人格、创美传美、公共参与等八个核心思政指标,融入各门课程和各项活动的各个阶段中进行目标设定,并根据专业育人的特色,提出了思政一体化的教学目标,注重培养学生工匠精神＋劳模精神,思政一体化的教学内容注重融入民族精神＋传统文化,思政一体化的教学过程鼓励学生创新技术＋创意艺术,思政一体化的教学评价关注思政指标＋学科指标等实践探索的要求,形成了系列教育教学案例资源。

2020 年至今,学校数字媒体艺术专业的教师荣获上海市中职班主任大赛特等奖和全国职业院校班主任大赛二等奖;思政学科、艺术学科和体育学科教师荣获上海市职业院校教师教学能力比赛特等奖和一等奖以及全国职业院校教师教学能力比赛二等奖和三等奖;专业课教师参加上海市职业院校教师教学能力比赛两个特等奖、一个二等奖以及全国职业院校教师教学能力比赛三等奖;数字媒体艺术专业师生联合拍摄的抗疫微电影《不灭的微光》荣获上海市中小学"劳动最美丽、抗疫同成长"微电影大赛剧本、视频两个金奖;纪念建党百年的微电影《追寻》荣获"我的中国梦——上海中小学喜迎建党 100 周年影视作品展"一等奖,2021 年"未来杯"上海市高中阶段学生微电影大赛一等奖。

六、体会与思考

(一)思政一体化的路径和范围需要进一步优化和拓宽

围绕思政教育＋专业特色＋人才培养目标的思路形成的思政一体化主线,既凸显了职业院校思政一体化专业育人的特色,聚焦人才培养的目标和未来的职业生涯,具有更强的育人针对性。同时,围绕思政一体化主线所形成的系列方案和制度,也体现了较强的顶层设计。但是,在今后思政一体化的实践探索过程中,需根据思政教育、专业特色和人才培养目标的要求,对学校的所有专业(不仅仅是贯通专业)都设置一条思政一体化主线;同时,还需要对接初中思政教育目标和要求以及国家社会对人才培养的要求,对思政一体化主线进行不断优化和完善。

(二) 思政一体化的实施方案和典型案例需要与时俱进

聚焦主线,打造的全员、全课程(活动)、全过程、全方位思政一体化育人圈层合力路径图增强了思政一体化实施的直观性和操作性。一方面,以思政课程、其他课程、主题实践活动为横向贯通的点,形成了中职—中本思想政治课程一体化、其他学科融合一体化、德育实践活动一体化等实施方案,另一方面,以课程目标、教学内容、教学方法、教学评价等为纵向衔接的点,并对各个点做出了明确的要求,点线结合形成合力育人、协同育人的可行、有效的实施路径。但是,由于思政课程的设置在各个年级属于刚性开设,因此,对于中职三年级和大学三、四年级的思政课程的开设还需进一步结合专业的育人目标进一步优化和完善。在后续的实践中,还需要对接初中思政教育目标,注重衔接点的教学目标一体化,同时,对新课标下的思政教材作进一步研究,细化和优化不同学段的层次目标和教学要求,形成一批针对专业人才培养目标的高质量的各学科和各类活动思政一体化的典型案例、课程资源和教科研论文。

(三) 思政一体化工作的持续开展和提升需要长效机制

思政一体化工作需要两院校甚至共同合作,为了确保工作的顺利开展,两院校成立了领导小组和工作小组,签订了协议,制定了方案,对人员、任务、时间、资金等都做出了明确要求,从机制上形成协同效应和相应保障,确保思政一体化工作推进的同时,提升了中本贯通师资队伍的凝聚力和人才培养的融合力。但是,思政一体化工作的持续开展和有效提升需要进一步加大专项的研讨和专题的培训,后续将尝试申请内涵发展专项,有序、有质、有效地不断完善、全面推进,使思政一体化工作能更好地贯彻落实立德树人的根本任务,更扎实地培养全面发展的社会主义建设者和接班人。

参考文献

[1] 习近平主持召开学校思想政治理论课教师座谈会强调：用新时代中国特色社会主义思想铸魂育人贯彻党的教育方针落实立德树人根本任务[N].人民日报,2019-03-19.

[2] 中共中央办公厅、国务院办公厅.关于深化新时代学校思想政治理论课改革创新的若干意见[N].人民日报,2019-08-15.

[3] 刘江敏,于小越,张云洁.大中小学思政教育一体化建设的实践机理探究[J].教育文化,2021(34).

[4] 蒋玉娟,闫冰.中高职思想政治教育衔接的探索[J].高教论坛,2020(7).

"中—高—行—企"多元协同课程标准开发机制的构建

——以中高贯通"电子竞技运动与管理"专业为例

上海市群星职业技术学校　李爽

摘　要：上海市群星职业技术学校和上海电子信息职业技术学院成功申报中高职贯通电子竞技运动与管理专业。学校依托专业建设的平台与契机,协同各方在中高贯通电子竞技运动与管理专业课程标准开发过程中,共同探索出"中职—高校—行业—企业"多方协同机制,推进产教融合、特色办学和课程教学改革。

关键词：多元协同；中高贯通；电子竞技；课程标准开发

一、实施背景

为深化上海文化发展改革,全力打响"上海文化"品牌,全面提升上海城市软实力,2021 年《上海市社会主义国际文化大都市建设"十四五"规划》中指出,"推动文化创意产业创新发展,提升城市文化核心竞争力。重点聚焦'两中心、两之都、两高地',推进全球影视创制中心、国际重要艺术品交易中心、亚洲演艺之都、全球电竞之都、网络文化产业高地、创意设计产业高地建设"。2021 年,中共中央办公厅、国务院办公厅印发《关于推动现代职业教育高质量发展的意见》中指出,"鼓励学校开设更多紧缺的、符合市场需求的专业,形成紧密对接产业链、创新链的专业体系"。2018 年 11 月,上海市群星职业技术学校被市教委授牌为"上海市职业教育电子竞技专业试点学校"。2019 年 9 月开始招收第一批电子竞技学生。2021 年 1 月,上海市群星职业技术学校和上海电子信息职业技术学院成功申报中高职贯通电子竞技运动与管理专业,并于 2021 年 9 月开始招生。现正加大步伐,为新兴电竞产业输送更多的专业人才,为上海电竞之都的发展贡献力量。

学校依托专业建设的平台与契机,协同上海电子信息职业技术学院、上海市校园电子竞技运动协会、上海市电子竞技协会和多家电竞企业如完美世界教育有限公司等,共同探索中高贯通电子竞技运动与管理专业课程标准的建设,推进产教融合、特色办学和课程教学改革。

二、实施目标

推进产教融合,通过协同聚力、协调保障、协调执行与协同反馈机制,探索"中职—高校—行业—企业"多方协同机制,研究中高贯通电子竞技运动与管理专业人才培养模式,借鉴相关学科的课程体系及课程标准,为中高贯通电子竞技运动与管理专业开发本专业课程与教材,提供课程标准体系建设方案。建成上海领先、国内一流、国际有一定影响力的中高贯通专业。培养面向电子竞技赛事、场馆运维、电竞商务、电竞传媒公司等企业,掌握电子竞技内容生产、赛事策划和执行技术的,能从事内容制作、媒体运营、赛事执行、场馆运维等工作,具有一定文化素养,具有职业生涯发展基础的,具有绿色健康发展电竞生态观、能传播国民竞技精神、输出国家传统文化的知识型发展型高素质劳动者和技术型人才。

三、实施过程

由学校牵头,多方合作,采用"中—高—行—企"多元协同的课程标准开发工作机制,推进课程标准开发和实践工作(见图1)。

(一) 多元协同聚力机制

多元协同聚力机制是中高贯通电子竞技运动与管理专业课程标准开发工作的基础,有效增强了中职、高校、行业、企业间的凝聚性与协同性,切实保障了多主体的深度参与。具体而言,课题组成立了中高贯通电子竞技运动与管理专业专家指导委员会、中高贯通电子竞技运动与管理专业课程标准开发领导小组、中高贯通电子竞技运动与管理专业课程标准联合开发工作小组,制定了中高贯通电子竞技运动与管理专业课程标准开发管理制度,实现了多元协同聚力。

2020年,中高贯通电子竞技运动与管理专业专家指导委员会成立。由上海电子信息职业技术学院专家、上海市电竞协会专家、上海市校园电

图 1 "中—高—行—企"多元协同的课程标准开发工作机制

竞协会专家、职教专家、教育专家以及完美世界等多位电竞企业专家组成。在专家指导委员会全程方向指引、专业指导下,学校开展了《中高贯通电子竞技运动与管理专业人才需求调研》,制定了《中高贯通电子竞技运动与管理专业人才培养方案》,开发了系列电竞专业课程标准,开发了多本配套电竞专业教材,极大增强了中高贯通点电竞专业课程标准与高校的匹配度、与产业的跟随度。

成立中高贯通电子竞技运动与管理专业课程标准开发领导小组。构建了由中职和高校联合构成的领导小组,由上海市群星职业技术学校党支部书记、校长杨晓红、分管教学副校长、研发室主任、教学主任、教研组组长、上海电子信息职业技术学院教学处长、专业负责人、2 名电竞行业企业资深专家和 1 名课程领域理论专家组成,负责统筹规划中高贯通电子竞技运动与管理专业课程建设工作,并制定保证课程标准高效开发、有效实施的相关制度,从大方向上保证了课程标准开发工作的正确性。

成立中高贯通电子竞技运动与管理专业课程标准开发联合工作组。由学校电竞教研组专业教师、电子信息职业技术学院电竞专业课教师和电竞企业骨干组成,负责电竞专业课程建设开发工作的实施与推进,是整个开发工作的主干力量。

另外,学校还建立了《中高贯通电子竞技运动与管理专业课程标准开发管理制度》,该制度明晰了主体职责范围、工作奖惩制度等,有效保障了中高贯通电子竞技运动与管理专业课程标准开发工作的稳步落实。

以上四部分内容共同组成"中—高—行—企"多主体参与的多元协同聚力机制,从根本上凝聚多方力量,保障了中高贯通电子竞技运动与管理专业课程标准开发工作的顺利实施。

(二)多元协同执行机制

多元协同执行机制是中高贯通电子竞技运动与管理专业课程标准开发工作的关键,该机制明晰了"中—高—行—企"不同主体在课程标准开发环节需协同完成的具体任务,有效保障了中高贯通课程标准开发工作分工明确、有条不紊的实施(见图2)。

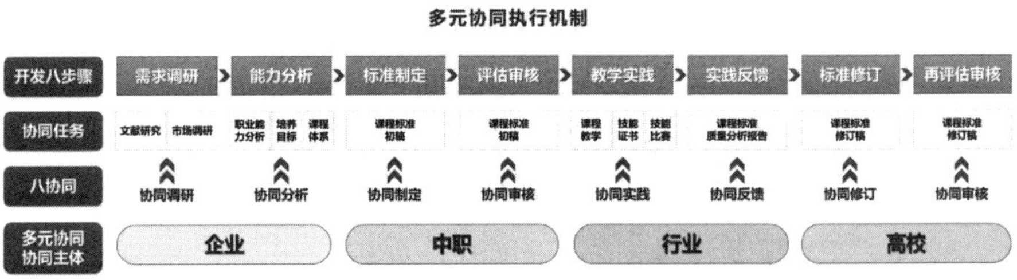

图2　中高贯通电子竞技运动与管理专业课程标准建设的多元协同执行机制

(三)多元协同反馈机制

多元协同反馈机制是中高贯通电子竞技运动与管理专业核心课程标准开发工作的保证,该机制对接"岗课赛证升"要求从不同主体视角为核心课程标准修订构建了反馈路径。

首先,在"岗—工作岗位"方面,课题组通过问卷调查企业专家对所开发的中高贯通电子竞技运动与管理专业核心课程标准的反馈意见,检验课程标准是否符合企业用人需求。

其次,在"课—课程体系"方面,课题组通过编制师生问卷调查核心课程标准应用的教学反馈,以及通过教学成绩对教学质量进行分析等,检验课程标准是否很好满足了教学需求。

再次,在"赛—职业技能大赛"方面,课题组通过师生参加电竞技能赛事成绩的反馈,检验课程标准是否较好地对接职业技能大赛要求。

之后,在"证—职业技能等级证书"方面,课题组通过分析学生参加电子竞技职业技能证书的通过率等数据,检验课程标准是否较好对接职业技能等级证书要求。

最后,在"升—升学要求"方面,课题组通过发放问卷,调查高校教师对所开发的中高贯通电子竞技运动与管理专业核心课程标准的反馈意见,检验课程标准是否实现与高校课程标准的有效对接,从而更好地发挥中职教学的基础定位。

上述反馈机制协同作用于中高贯通电子竞技运动与管理专业核心课程标准的开发工作,促进了课程标准与"岗课赛证升"的深度对接,实践期间有效提高了中高贯通电子竞技运动与管理专业的人才培养质量。

四、实施保障

多元协同保障机制是中高贯通电子竞技运动与管理专业课程标准开发工作的重点,该机制在资金支持、师资培养、教学研究、资源共享等方面提供保障,为中高贯通电子竞技运动与管理专业课程标准开发工作创造了良好的制度环境,有效促进了多主体的协同创新。

首先,在资金保障方面,为了保障课程标准开发的顺利开展,学校提供了专门的中高贯通专业项目建设经费,允许联合工作组在符合财务制度的前提下专款专用,可用来购买专业课程开发工作必备的软硬件设施、图书资料等,还可用来外聘专家、进行外出学习培训等,有效保障了课程标准开发工作的顺利开展。

其次,在师资培养方面,学校为工作组老师提供了充分的培训机会,提升专业水平。如:2020年,专业教师万一成老师、电竞班班主任葛瑞老师参加了长三角电竞专业师资培训班,深度学习了"全球电竞制度"背景下的人才培养思路等内容;2021年、2022年,专业教师朱瑞雪、祝汉威、万一成老师分别参加了电竞行业举办的"电子竞技赛事运营职业技能等级（1＋X）证书"培训师培训；2022年，专业教师高燕莉、金剑虹参加了工信部组织的高级漫画师培训和考证并通过。定期组织联合工作小组成员参加高校专家开展的课程标准开发内容有关的讲座，上述培训都极大提升了组内成员的电竞专业素养和课程标准开发能力。

再次，在教学研究方面，联合工作组每学期会组织一次大型的中高贯通电子竞技运动与管理专业课程调研会，邀请指导组专家、领导组一起充分讨论本专业人才培养方案的实施、课程建设、课堂教学实践、1＋X考证等方面工作；此外，还有课程建设讨论会、阶段问题研讨会、阶段成果梳理会等，来自中职、高校、行业、企业多方的成员可以在会议上结合自己着手的具体工作提出困惑点和疑难点，之后所有成员选择其中有价值、有共鸣的问题作为此次会议的主体研究点，并展开深入讨论，整体形成了"反思个人问题—碰撞群策群力—重构自我思考—整合解决思路"的问题导向会议模式。

最后，在资源共享方面，专家组、领导组、联合工作组建立了以云盘、微信群为载体，以科研集会、读书沙龙、成长历程为主题的资料及心得分享群，其在中高贯通电子竞技运动与管理专业课程标准开发期间发挥了重要的沟通桥梁作用，有效推进了课程标准开发工作的开展，有效促进了"中—高—行—企"不同身份背景的专家、教师、"新—老"不同成长阶段教师、"实践—科研—教学"不同擅长领域教师之间的充分交流与协同创新。

五、特色与成果

（一）创新了"中—高—行—企"多元协同课程标准开发机制

探索出"中—高—行—企"多元协同的课程标准开发的有效机制，让中职、高校、行业、企业通过协同聚力、协调保障、协调执行与协同反馈机制共同参与到课程标准开发的每个关键环节中，助推了课程标准的开发工作科学、高效运行。

（二）确定了专业人才调研报告和人才培养目标

根据"岗课赛证升"融合育人目标，结合高校的岗位要求、电竞产业链上下游企业岗位要求、电竞行业1＋X证书标准、电竞技能比赛标准四个方向开展调研,确定适合本专业人才培养定位和岗位职责要求,形成了《中高贯通电子竞技运动与管理专业人才需求调研报告》,进而确定了本专业人才培养的目标。

（三）完成了专业人才职业能力分析和课程体系构建

将"赛事执行＋制作传播"双领域对应的岗位中的典型工作任务进行分解,提炼需要具备的职业能力,从而明确本专业人才培养需要的知识与技能,形成了《中高贯通电竞运动与管理专业工作任务与职业能力表》。对应电竞核心职业能力、专业职业能力、综合职业能力进阶能力培养,将本专业课程设置为专业核心课程、专业（方向）课程和综合实训课程三类。

（四）构建了课程标准"三级五维"迭代优化的评价模型

构建了"三级五维"评价模型,经过"实践—反馈—再修订—再实践—再反馈—再修订"的迭代优化过程,撰写《课程实施的评价研究报告》,不断完善核心课程标准,使之能更好适应电竞行业发展趋势。

（五）开发了任务引领型专业课程标准,建立专业课程体系

通过"中—高—行—企"多主体协同开发机制的运行,学校开发了五门核心课程标准——《电子竞技游戏解析》《电子竞技史》《电子竞技概论》《视听语言》《电子竞技美术基础》,以及四门专业（方向）课程标准《赛事运营》《网络管理》《电竞前期拍摄》和《电竞视频剪辑》,构建了系统化的中高贯通电子竞技运动与管理专业课程标准体系。编写了任务引领型电竞教材,促进了市域电竞行业发展、指导了中高贯通专业教学的有效开展,为高校输送了人才。

六、体会与思考

（一）进一步完善课程体系建设,助力专业全面发展

继续发挥"多元融通、跨界融汇、产教融合、学做融创"模式优势,持续修订中高贯通电子竞技运动与管理专业所有的专业人才培养方案和课程标准。加大专业配套理实一体教材开发和建设力度,建设完整、完善的课程体系和教材体系。

（二）开发配套数字化教学资源,满足个性学习需求

继续加强"中—高—行—企"深度合作,针对学生做学一体,增加真实

项目实训的要求,模拟电竞赛事商务、执行和策划虚拟仿真环境,从可操作性、接近现实出发,创设电子竞技专业赛事虚拟仿真训练系统,建设《中高贯通电子竞技运动与管理专业》教学系统,建设系列电竞网络课程,运用大数据、人工智能等不断丰富数字化教学资源的多样性和交互性,从技术手段上满足学生个性化的学习需求。

（三）进一步加强电竞双师培养，提升电竞师资队伍

继续发挥"三高引领—项目实践—企业轮岗—以赛促教—科研提升"发展途径的作用,以针对电子竞技专业不同学生之间知识基础、学习能力参差不齐等特点,尤其对于已具备一定岗位技能的学生,进一步加强分层分类教学,根据课程标准,开发《电子竞技概论》《电子竞技赛事与节目解析》《视听语言》《赛事运营》《栏目包装》等课程不同层次的任务学习包,满足不同学生的学习需求,从而提高整体教学质量。

参考文献

[1] 上海市人民政府.上海市社会主义国际文化大都市建设"十四五"规划[EB/OL]. https://www. shanghai. gov. cn/nw12344/20210902/167294c60727444f8ac1d84b65fbbb70.html[2021－09－02/2023－06－26].

[2] 中央人民政府.中共中央办公厅国务院办公厅印发《关于推动现代职业教育高质量发展的意见》[EB/OL].https://www.gov.cn/gongbao/content/2021/content_5647348.htm[2021－10－12/2023－06－26].

[3] 教育部.教育部等四部门印发《关于在院校实施"学历证书＋若干职业技能等级证书"制度试点方案》的通知[EB/OL].http://www.moe.gov.cn/srcsite/A07/moe_953/201904/t20190415_378129.html[2019－04－04/2023－06－26].

中高职贯通游戏艺术设计专业教学高质量发展的实践

上海市群星职业技术学校　上海电影艺术职业学院

彭茵　高月娇　许婷

摘　要:为贯彻《国家职业教育改革实施方案》《推进现代职业教育高质量发展的意见》精神,落实《上海市教育委员会关于进一步加强职业院校中高职贯通教育的通知》要求,围绕上海打造全球影视创制中心、全球动漫游戏原创中心的目标,主动面向产业经济发展重点领域,紧贴新技术、新产业、新业态、新模式对高层次技术技能型人才的新需求,上海市群星职业技术学校与上海电影艺术职业学院不断优化中高职贯通游戏艺术设计专业建设和布局结构,加强中高职贯通培养管理工作的规范化与科学化,切实提高管理水平、教学质量和办学效益,保障"研创＋制作＋跨界＋融通"型人才培养目标的实现,全面提升中高职贯通教育游戏艺术设计专业人才培养,推动高质量发展。

关键词:中高职贯通;游戏艺术设计专业;"创、制、跨、融"型人才培养模式

一、实施背景

近年来,游戏产业呈现快速增长和多元化的态势,而中国的游戏设计行业存在过度仿制、缺乏原创等问题,人才的整体原创意识和跨界融合能力不强。产业急缺创意能力高、技术能力过硬的创作融合型人才,更需要长学制的人才培养。上海开设中高职贯通游戏艺术设计专业的院校较少,贴合行业标准的教学资源更是稀缺。

2016年上海市群星职业技术学校与上海电影艺术职业学院中高职贯通游戏艺术设计专业建立,积极探索高质量发展的路径,探索长学制人才

培养规律和方法。人才培养注重开放、创新和跨界融合,培养更富有创新力、文化力、学习力的"研创＋制作＋跨界＋融通"型复合人才,形成特色品牌专业,构建教学高质量保障体系。

二、实施目标

依托计划、执行、检查、优化 4 大阶段,构建中高职贯通专业教学质量管理循环体系。建立符合游戏艺术设计专业教学特点的教育模式,促进中高职教育的有效对接,提高教学质量和教学水平,加强对学生成长的全程指导和管理。

(一)制定适合行业的专业标准

依托承担上海市中高职贯通教育游戏艺术设计专业教学标准项目开发任务,制定适合游戏艺术设计行业的专业标准、能力本位的人才培养方案,以确保教学质量的有效提升。专业标准基于对行业发展趋势和变化的深入了解,并进行持续更新和完善,以保证教育教学与行业接轨,满足高质量人才培养需求。

(二)执行行业导向的课程体系

探索产业主导的培养模式,通过产业集群合作,构建以行业为导向、完整清晰的课程体系。引入难易度不同的代表行业发展方向的项目,进入贯通培养教学中,配套产业导师协助教学,把国际领先的制作标准对接到课程里,使教学内容、教学要求、考核标准及师资构成均具备产业特征。

(三)应用立体维度的质量监控

教学质量评价充分引入产业与行业评价,通过遴选上海动漫行业协会、上海网络游戏行业协会龙头骨干企业中的产业大师成立固定的专家理事会团队,制定完善的理事会章程和运作机制,协助贯通专业在过程质量、结果质量和效果质量三个维度对教学质量进行全方位的监控和评估。在人才培养方案、教学计划、教学内容、考核评价等多方面进行把关,确保专业课程体系在方方面面符合产业当下及未来的发展方向。

三、实施过程

(一)专业标准与职业技能等级标准并轨,提升人才培养质量

中高职贯通游戏艺术设计专业"研创＋制作＋跨界＋融通"型复合人

才培养,依托上海市动漫行业协会、上海市网络游戏行业协会和旗下典范企业,以需求为导向,探索与游戏动画产业共生共育的特色人才培养模式(见图1)。将1+X职业技能等级标准融入市级教学标准建设中,引领全市相关专业的内涵建设工作,实现标准之间的互相渗透、有机融合,有效解决了教学内容脱离产业需求的问题,实现贯通教育与产业的同频共振,完成"上海市中高职教育贯通游戏艺术设计专业教学标准"建设项目,指导新时期游戏艺术设计创制型人才的全方位培养工作。

(二)执行行业导向的课程体系,助力专业品牌打造

1. 建立行业导向一体化的课程体系

专业突出任务驱动,中高职及企业三方教师全程跟进。一二年级的教学重点是基础能力的学习,由中高职教师联合授课;三年级作为适应性过渡,根据学生个性特点对职业发展进行初步定位,主要由高职教师授课;四年级,学生进入与岗位适配的生产性工作室进行真实项目训练,通过递进式的实战,达到专业培养目标,其间教师和企业导师根据项目要求共同授课。五年级是提升期,学生进入合作企业顶岗实践,进行技能和职业素养全方位提升。通过课程一体化设计和实施,毕业生达到行业入职1~2年的技能标准。

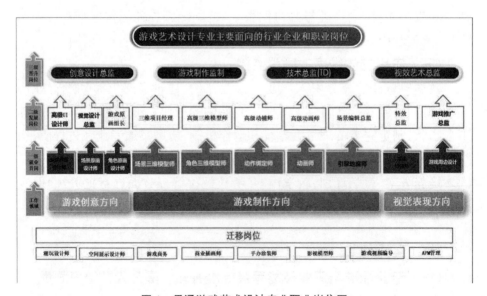

图1　贯通游戏艺术设计专业职业岗位图

　　专业根据职业资格证书与行业标准要求,对所有教学内容进行梳理,按工作逻辑体系和逻辑关系进行编排组合,使之形成新的课程结构体系,使获得两种证书所要求的学习内容有机地"融合"在一个教学计划中,"融合"之后的课程内容结构得到优化,明显提高了教学效益和教学质量。

　　2. 开发贯通特色高品质企业案例学习包

　　积极探索以工作室产教一体化为特色教学组织形式,开发高品质"企业案例学习包",利用双导师授课优势创新践行书证深度融通,在实现高质量创制型人才的培养上收到了很好成效,教学质量得到了保障。

　　专业将师生参与创制的 3A 级游戏美术设计和原创数字雕像资源,转换成难度不等的 30 个典型项目,作为"企业案例学习包"嵌入课程中供学生学习,以此构建贯通特色课程教学资源(见图 2)。在此基础上,与企业联合开发工作手册式教材和资源库,把专业发展需求、企业技术迭代需求、证书技能培训融合在一起,做到互嵌发展,相互依托,双向渗透。高品质的产教一体化项目教学,推动了具有职教特色的课程内容建设,有效解决了学生学习积极性不高的问题。

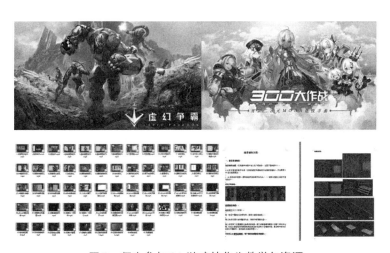

图 2　师生参与 3A 游戏转化为教学包资源

　　3. 赋能专业建设与企业共同发展

　　专业建设成果与企业发展相结合形成了校企双方互惠互利,可持续的"互嵌耦合、双向赋能"的合作育人模式,为上海乃至全国试点学校提供可借鉴的案例。

在全面对接职业技能等级标准的专业教学标准指引下,依据游戏创制流程特点,与上海纵游网络技术有限公司等研发型企业合作,两校内共建"游戏艺术与技术研创""蓝极光游戏"等 4 个工作室集群,师生协作完成3A 游戏和原创数字雕像等真实创制任务,以真实项目提高学生职业能力。近年参与的重大项目包括热门游戏《原神》《虚幻争霸》《300 大作战》《使命召唤手游》等,真正做到实训内容紧跟产业发展。两校联合工作室为学生提供完整的实践训练及 1+X 证书技能点强化训练,通过游戏美术设计与数字创意建模职业技能等级证书中级、高级考试,切实提升学生的专业技能,两张证书贯穿五年学习,"跨界+融通"能力明显提升。

(三) 对接产业的一体化设计,实施立体质量监控

实施评估制度,通过不断的评估和监控,了解和掌握游戏艺术设计专业的教学效果和市场反馈,及时调整和完善教学计划和课程设置。邀请教育行政管理部门、行业、企业等领域的专家组成专家咨询委员会,共同研究改革和发展中的重大问题,并提出意见和建议。对过程中出现的问题进行及时的整改,切实提升教学质量和专业竞争力。专业引入产业导师,成立专业理事会、行业顾问团队,搭建行业主导的教学评价系统。通过项目训练、课程与教材的合作共建、"1+X"书证融通及各类相关赛事等途径,融入行业标准,转变学科本位思维,使人才培养工作适应产业发展。

四、实施保障

(一) 四个"领域"组织保障

(1)课程设计和开发领域。保障课程标准、教学计划、课程资源、评估与考核等方面的设计和开发,旨在满足学生的学习需求,确保教学质量。

(2)师资队伍建设领域。保障教师招聘、培训、评价和激励机制等方面,旨在建立高素质的师资团队,提高教育教学水平。

(3)教学环境与实践教学建设领域。保障教学设施和技术设备的建设和更新、实训室建设,保障实践教学的组织、管理、评价等方面的工作,旨在提供优良的教学环境,为教学创造良好条件,对学生的实际操作能力进行培养和检验。

（4）质量监测和评估领域。保障教学的各个环节进行监测和评估，采取科学的方法和手段进行调查和统计分析，为测评结果提供科学依据。

通过在这四个"领域"组织保障，可以全面提升中高职贯通教育游戏艺术设计专业的教学质量，为学生提供更好的学习环境和更实际的学习体验。

（二）两个"共享"资源保障

多渠道整合办学资源，科学、合理配置资源，优先保障重点建设项目和任务所需经费需求，提高预算支出的相关性、合理性和有效性。专业实现资源共享与资源整合，多方争取联合体外办学资源，助力中高职贯通专业布局优化与发展。

（1）教师共享资源保障。通过建立教师共享资源平台，两校教师可以互相分享教材、课件等教学资源，以提高教学效率和教学质量。同时，教师还可以相互评估教学内容和教学方法，并进行交流、讨论和改进。

（2）学生共享资源保障。学生可以运用网络学习平台互相分享学习资料和笔记，以加深对知识的理解和掌握。同时，学生还可以共同讨论和解决问题，提高学习效率。

五、特色与成果

（一）研制中高职贯通专业教学质量管理循环体系路径模型

该模型基于"创、制、跨、融"型人才培养模式，依托计划、执行、检查、优化4大阶段，专业教学质量管理形成闭环循环体系（见图3），达到专业紧贴行业需求、构建实践导向的教学模式，这些特色做法可以提高学生的综合能力和就业竞争力，并且能够更好地满足游戏设计行业的需求。

（二）构建专业教学质量管理体系下的完善课程体系

专业依托"企业集群"和"工作室集群"，两个集群相辅相成。学生基于两个集群，参与了大量高品质游戏项目；专业基于两个集群，构建起"面向企业真实生产环境的任务式培养模式"。专业的课程体系正是以岗位能力为导向进行课程组合，每一组课程对接一个工作领域，由若干个工作任务组成，每个工作任务包括相应的能力要素，教师以行为导向的方式进行授课。专业通过整合建立了新的课程体系，既能体现工作流程，又能实现知

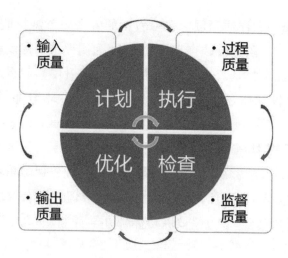

图 3　基于"创、制、跨、融"型人才培养模式的教学质量管理循环体系模型

识的综合应用学习,强调学生职业能力培养,努力使教学目标的实现达到最优化。

(三) 贯穿整个课程的实践教学以及多元化的教学评价

专业依托由产业导师组成的专业理事会对专业教学进行多元化评价,贯穿在基础教学、实践教学、毕业设计、教考分离等方面,凝聚产业力量,搭建行业主导的教学评价系统。建立科学、完善的评价制度,能够全面评估学生的综合能力,以提高学校教学质量和水平。

教学质量保障体系的实践探索特色做法能够提高教育教学质量,形成优秀的教育教学模式,进一步满足游戏设计行业的需求。

六、体会与思考

积极探索中高职贯通教育专业教学质量保障体系建设具有现实意义。中高职贯通教育旨在优化职业教育的体系、提升教育质量和水平、增强毕业生的就业竞争力。而教学质量是实现这些目标的关键因素之一,它需要一个完整、科学的保障体系来确保教育的有效性和可持续性。特别是对于游戏艺术设计等创意类艺术专业,更需要创新的教学内容、专业的师资队伍、实践型的教学模式和科学的评价方式来满足市场需求,培养有实力的专业人才。

（一）紧贴行业需求建立实践导向的教学模式

只有紧贴行业需求，才能确保专业教学的实际效果。实践导向的教学模式可以让学生更加深入地了解专业知识，并且可以更快地适应未来的工作环境。

（二）搭建行业合作平台和强化师资队伍建设

行业合作平台可以让学生更好地了解行业动态和趋势，同时也可以提供实践机会。而强化师资队伍建设则可以确保教师具备专业素养和教学能力，从而提高教学质量，进一步提高学生的实际应用能力和就业竞争力。

（三）建立评估制度和建设良好的学习环境

评估制度可以让教学质量得到有效的监控和评价，而良好的学习环境则可以让学生更专注于学习，从而提高学习效果。

总体而言，中高职贯通教育游戏艺术设计专业教学质量保障体系的实践探索具有许多特色做法和成果，这些特色做法和成果不仅提高了学生的实际应用能力和就业竞争力，同时也提高了教师的教学质量和学校的教学质量，值得借鉴和推广。

参考文献

［1］赵晓燕,袁二凯,马建华.高素质技术技能人才贯通培养的现状、问题与对策［J］.中国职业技术教育,2021(22):8.

［2］徐铭杰.产教融合视域下高职院校工匠精神培养路径研究［J］.黑龙江科学,2020,11(7):2.

［3］蒋晓莉.现代职教体系下中高职衔接问题、诉求与策略［J］.安徽电子信息职业技术学院学报,2020,19(3):4.

［4］陈建生."中高本"一体化技术技能人才培养探索［J］.教育与职业,2022(15):75-78.

［5］徐国庆.中高职衔接中的课程设计［J］.江苏高教,2013(3):3.

高校引领　联合教研　提升一体化人才培养质量

上海市新陆职业技术学校　张徽

摘　要：中本贯通联合教研是以上海市新陆职业技术学校和上海师范大学天华学院学前教育专业为衔接载体，聚焦贯通人才培养目标，在原有中本一体化设计的基础上，通过联合教研的模式解决贯通培养中遇到的实际问题，如完善人才培养方案、调整课程体系、实践教学改革、探索院—校—园三方深度合作模式、创新转段考核模式等，切实做好从人才培养目标、培养过程、实践模式、课程内容、师资队伍等方面实现真正意义上的贯通，提高中本贯通学前教育的培养质量，加速专业发展，最终使贯通班学生在毕业时达到既定培养目标和毕业要求。

关键词：中本贯通；学前教育；联合教研

根据《上海市教育委员会关于开展中等职业教育——应用本科教育贯通培养模式试点工作的通知》（沪教委职〔2014〕29 号）要求，为推进中职和应用型本科教育紧密衔接，加快培养本市经济社会发展需要的优秀一线技术人才的指示，上海师范大学天华学院与上海市新陆职业技术学校在学前教育专业开展中职与本科贯通的人才培养。中职与本科"3＋4"贯通培养模式解决了学前教育专业人才培养周期长、技能要求多而高、理论与实践一体化程度高的要求，解决了之前两个阶段教学各自的困难，为进一步提高学前教育专业的人才培养质量提供了探索的机遇和可能。

一、实施背景

依据应用型本科院校办学定位要求，学前教育专业以培养能够在幼儿园及早期教育机构等相关领域从事教育教学、管理及社会服务等工作的应用型高级专门人才为培养目标，注重学生实践能力的培养，强调实践技能的学习和应用性能力的培养。中职校以培养在第一线工作的高素质劳动者和初、中级专门人才为目标。两校在专业定位以及培养目标上存在较大差异，且两校分属于不同的办学主体，在办学理念以及教育教学资源等方面也不尽相同。因此，两校开展学前教育专业中本贯通后，在积极的实践探索中找到合适、高效的联合教研模式，强化联合两校教师之力，有的放矢地解决贯通过程中的问题，实现贯通的顺利实施，提升贯通教育质量，实现7年一体化培养人才的目标。

二、实施目标

共同打造中本贯通交流平台，保证贯通目标实现。中本贯通教师联合开展教研无疑是在打造中本两院校交流的平台。基于这个平台，两校可以以教研活动为切入点，利用双方的资源，开展各个方面的交流合作，切实解决贯通过程中的问题。

(1)对标职业岗位要求，形成7年一体化专业人才培养方案。中本贯通人才培养方案要贴近中职、高校两校实际，贴近用人单位实际，贴近岗位实际，在完善中职人才培养方案的过程中，严格按照高校师范专业认证对于毕业生的准出标准，结合行业专家对于岗位的最新解读，以及中职阶段的实际情况，构建符合高水平人才培养的方案。

(2)构建七年一体化课程体系，形成贯通课程体系框架结构。秉承七年贯通培养聚焦产出的理念，中职校和高校将学前教育专业融合为统一体，虽分段实施但目标一致。基于学前教育专业岗位职业能力，以能力为主线构建一体化课程体系，实现人才培养的连续性、衔接性与贯通性，确保中职阶段学生具备后续接受高等教育的能力。

(3)全面提升教师专业水平，打造高水平联合教学团队。联合教研以其明确的目标指向，从心理、动力等各方面提升教师专业发展的科学性，成为促进教师专业发展的有效途径，具有非常重要的现实意义。联合教研中院校教师之间的合作为促进教师专业发展提供了有效支持。

(4)深化校企合作，加强学院—中职—幼儿园合作在内涵上的对接。借助两校的校企合作平台，选择富有特色的示范园作为中本贯通班实习实训基地，深入开展合作模式探究，共同建立实习实训基地，进一步拓展交流合作的领域,实现教育效益最大化。

(5)创新转段考核模式。为适应中本贯通转段考,重点考核学生的综合能力与持续发展能力。基于七年贯通培养的共同目标,综合评价中职阶段学生综合素质水平、专业知识和能力,明确转段考的考试要求,构建以能力为导向的转段考核评价体系。

三、实施过程

(一)统筹协调成立"学前教育专业中本贯通联合教研领导小组"

领导小组组长由天华学院教育学院院长和中职校教学副校长担任,成员为高校学前教育系部负责人、中职学前教育专业部负责人、教务负责人和企业有关负责人等。定期协调解决贯通培养中的有关重大事项,审定贯通培养教学管理相关文件。

(二)完善中本贯通管理制度

为保障联合教研稳步开展,梳理、修订、制定了教学文件与管理制度10个。其中有《人才培养实施方案》《中职段学前教育中本贯通程标准》《人才培养教学计划》《教学质量监控制度及实施方案》《关于制定课程标准的指导意见》和《学生学籍管理实施细则》等,还包括改革学生考核方式的实施意见、校本教材开发及管理方案,教学、科研奖励办法,各类考试考证奖励的实施意见等。

(三)建立常态化联合教研机制

由天华学院引领,制定联合教研计划,明确每一学期教研任务和具体工作进度,定期开展教研活动,保证一体化培养方案的严格实施,及时反馈(见表1)。①联合教研室每月至少召开一次会议,两校轮流举行。②联合教研室由两校专业带头人、优秀骨干教师及幼儿园行业兼职教师组成。③联合教研室研讨内容主要包括课程体系设计、课程标准制定、教学方法研讨、教学质量监控等。

表 1　2021.9—2022.12 联合教研工作进度安排

具体时间	教研主题	工作内容	参与人员
2021.9	新生、家长见面会	新生、家长见面会工作部署	天华学院、新陆职校院、校领导、专业负责人
2021.9	统考方案研讨	1. 统考计划安排 2. 中职一年级、二年级统考科目、出题要求等	天华学院、新陆职校教务处贯通项目语文、英语、音乐教研室
2021.10	中本贯通人才培养质量评价课题研讨	课题中期总结与下一阶段研究推进会	课题组成员 天华、新陆专业教师、行业专家
2021.10	新生校园行	贯通项目新生大学校园行活动部署	天华学院、新陆职校院校领导、专业负责人、天华学生会、贯通专业学生代表
2021.11	学前教育专业贯通培养和特色教材研发交流	1. 教材建设规划 2. 教材建设研发研讨	教研室全体成员
2021.11	教学设计研讨	教学设计分享交流	教研室专业教师
2021.12	统考	巡考安排等	天华学院、新陆职校教务处
2021.12—2022.1	中本贯通高水平建设结题研讨会	高水平建设结题工作方案研讨	天华学院、新陆职校院、校领导、专业负责人、各教研室组长、行业专家
2021.1	下学期统考研讨会	下学期统考部署 发布下学期统考考试大纲	天华学院、新陆职校教务处贯通项目数学、英语、美术教研室

（四）科学设置人才培养方案

基于高校本科阶段学前教育专业认证，天华学院已经完成本科阶段人才培养方案的修订，在此基础上，也带领中职同时进行中本贯通人才培养方案的修订，以明确中本贯通人才培养目标，立足"一践行三学会"的培养要求，把学生毕业成才以及持续性发展作为出发点和落脚点，培养具有扎实理论知识和幼儿园岗位所需技术能力的高素质人才。

（五）探索一体化课程建设

注重中职和本科教育课程体系的有效衔接,接口课程为中职阶段专业技能核心课程,同时也是进入本科阶段专业学习需要进一步拓展延伸的课程。

两校借助联合教研组组建了由高校、中职、幼儿园骨干教师构成的教学标准开发团队。三方合力,共同分析确定了学前教育贯通培养艺术素养和技能,以音乐、钢琴、舞蹈、美术为例,两校共同研究开发了七年一贯制教学标准。经过团队三轮的精心开发,已经完成音乐、钢琴、舞蹈和美术中职段的教学大纲。大纲明确七年连线培养中前三年每一个学年教学的框架和内容,从中职阶段入校到转段升入高校,在艺术技能模块学生每一个阶段所学和所需达到的目标,明确每个学期的教学知识点和整体进度,同时保留每个学校教师组织教学材料的自由度。

为了均衡两段课程结构,结合学生专业成长以及未来多样化发展的可能性,重新构建和充实贯通培养艺术技能模块的课程内容。两校根据幼儿园实际岗位需求,明确了两个阶段艺术技能课程内容的适应性、连续性和螺旋式上升。

中职阶段重点做好艺术技能基础以及素养的奠基,如美术课程以素描、色彩为主,加入了其他相关的线描课、图案、装饰画类课程,每学期还加入了艺术欣赏类课程;钢琴课程六个学期涵盖三部分内容,大小调音阶琶音,练习曲和小乐曲;舞蹈课程包含芭蕾舞形体、中国古典舞身韵、中国民族民间舞,同时每一课时都有舞蹈体态和基本功训练。高校段以音乐理论基础、视唱练耳基础、舞蹈基础、美术基础对接中职相应课程进一步提升学生艺术素养和艺术技能水平。在此基础上开设即兴弹唱、实用美术应用以及学前教育艺术教育等课程加强学生的理论水平以及应用能力。课程内容的明确避免了不同阶段间学习内容重复的现象,也规避了天华一拖二衔接的两个中职间课程的差异,同时也保证了贯通模式下艺术技能课程内容的贯通性与衔接性。

（六）实行跨校、跨阶段观课评课

两校通过联合教研成立本科和中职骨干教师组成的教学督导组,开展常态化的跨校、跨阶段观课评课交流研讨活动,促进教师教学改革。具体实施如下：①天华学院每学期期初、期中、期末委派飞行督导前往中职院校听课、评课。②开放大学课堂，每学期定期邀请中职院校不同学科教师前往大学听课、评课。③跨校、跨阶段听课评课后开展联合研讨活动。④教师听课、评课关注教师对学生的能力及素质的培养。

通过三校联合教研讨论，构建了能力导向的转段考核模式，具体分类如下：

1. 能力导向考核

开展以综合能力评价为导向的转段校考。项目组通过前期考核方式的调研和确定方案考核前的培训和讲解、考核获得综合评价及反馈、考核后对教学方式的研讨和教学改革方案的目标调整，形成了综合能力评价程序。

基于综合能力评价的转段考主要有综合素质评价测试、教育热点评析两部分构成，重点考核学生的专业综合能力和持续发展能力。

综合素质评价测试要求考生以 4～5 人为一组，2 个小时内合作完成一个综合项目的设计、论证、发布和答辩。例如"幼儿园亲子运动会""幼儿就餐问题"等幼儿园实际问题，在规定时间内通过简单的调研和检索，利用所给的材料，合作完成策划方案并用展板的方式呈现出来，接受答辩。该项目考核主要考察学生的问题解决能力、科学探究能力、技术运用能力、信息处理能力、沟通能力、团队合作能力、创新能力以及艺术表达能力等。以"幼儿园亲子运动会"为例，具体要求如表 2 所示。

表 2　幼儿园亲子运动会方案设计

项目内容	具体要求
项目设计主题	为迎接世界家庭日，某幼儿园中班拟举办亲子运动会，旨在宣传家庭文化，促进家庭亲子关系和谐健康发展，请你设计关于本次亲子运动会的实施方案
项目设计要求	在规定时间内，小组成员通过简单的调研和检索，利用所给的材料，合作完成解决问题的方案并用海报的方式呈现出来
项目完成时间	3 小时
项目汇报时间	10 分钟

（续表）

项目内容	具体要求
项目汇报内容	前期准备、活动方案、反思评价

教育热点评析要求考生根据给定的教育材料(视频、图片、文字等),自选角度,撰写一篇不少于1 000字的评论。该考核项目主要考察学生的思维素质、教育理念、阅读分析和论述表达等综合能力。

2. 全程化过程性考核

为改变传统考试以一次考试为唯一标准的招生考试模式,形成贯穿前三年的过程性考核,主要包括:①在中职校负责实施前三年基础文化教学和专业技能教学的过程中,本科高校组织跨校单科联合教学调研;②音乐、美术类专业技能课在中职结束时设置跨校联合考核;③要求中职校在课程中增加问题学习导向的第二课堂教学,每学期开展综合汇报答辩,天华学院组织跨校考评。

四、实施保障

(1)组织保障。成立"学前教育专业中本贯通"联合教研工作领导小组,由高校院长和中职校教学副校长为组长,下设三个职能部门(联合工作组、课程建设工作组、教学改革工作组)和一个专家团队。在工作开展过程中,两校各个层面建立交流沟通机制,制定教研工作计划,全面负责项目运行管理,探索贯通培养的联合教研机制,制订中本教育贯通培养方案,审定中本教育贯通培养教学管理相关文件,规划实训基地建设和师资队伍培训,开展教学质量评价研究,形成教研经验与典型案例。

(2)经费保障。上海市教委、浦东新区教育局、浦东职教集团对"学前教育专业中本贯通"联合教研工作高度支持,通过市区级项目《上海市新陆职校学前教育中本贯通联合教研》《学前教育专业中本贯通模式建设》等提供资金、设备与宣传等方面的强有力保障。

(3)制度保障。新陆职校和天华学院制定了《学前教育专业中本贯通联合教研方案》。

(4)外部支持。由市区教研室研究员和学前教育专家组成专家团队,提供专业的指导和支持,监督联合教研活动方案的落地实施等,保障中本贯通联合教研的有效开展。

五、实施成果

（一）形成一体化管理机制

在原有的管理制度等文本上,结合学前教育发展趋势以及中本贯通的实践,完善《学前教育人才市场需求调研报告》《学前教育专业、中职——应用本科教育贯通培养方案》等文本,建设高水平专业的同时,保障一体化建设的完成。

（二）建成一体化课程体系

在深入学习学前教育前沿专业理论和调研行业的基础上,两校根据专业教学骨干、幼儿园专家、职教专家的建议,对人才培养方案进行了三轮修订。其中有中职阶段根据中本贯通一体化建设的要求,增设自然与人文和自然科学与基础课,根据教育部增设历史课程的要求,增设两个学期,每学期各两课时的历史课;有高校阶段为保持七年艺术技能学习的连贯性调整的课程,也有高校阶段结合综合教学反馈、前几届人才培养反馈调整的课程,更有对标教育部师范类专业认证要求将教育实习调整为教育实习与研习相结合的相关课程。从第一稿到第三稿,框架结构逐稿完善,方案内容不断充实、规范,更加贴近幼儿园岗位要求,更加突出中本贯通教育特色。

（三）课程建设成果初见丰硕

已建成在线课程《幼儿舞蹈与律动》、精品课程《幼儿绘画与手工》、市级网络课程《音乐欣赏》,三门市级课程已经结项。已建成活页式教材《0—3岁婴幼儿抚育与教育》。已建成《棱柱、棱锥的体积》课程资源。已完成艺术技能课程《钢琴》《音乐》《美术》《舞蹈》中职段教学大纲的制定。形成线上交流培训成果集、幼儿园科学教育视野和技能开发培训成果集、早期阅读指导课程、中本贯通绘本于教学的探索、中本贯通人才培养模式——基础学科教师培训成果集等。

已完成教材《幼儿卫生与保健》的改版,该教材获得首届全国优秀教材二等奖,并被评为上海市首批职业教育与继续教育类精品教材。携手高校、天虹幼儿园编写教材《国韵童风 悦阅养正》,由广西师范大学出版社出版发行。国家教育部德育学会课题《依托课程载体提升职业院校德育实效性研究——以学前教育专业中高(本)贯通学生为例》已经进入结题阶段。2020年上海高校本科重点教改项目《学前教育专业中本贯通人才培养质量评价体系构建》已结题。

(四)教师专业发展成绩喜人

三年间多名教师在职称上获得晋升,2名校级骨干教师晋级区骨干,3名教师被聘为区中心组成员。2名教师分获市、区园丁称号。

在上海市"星光计划"第八届职业院校技能大赛教学能力大赛教学设计比赛中,上海市第八届中等职业技术学校教学法评优,浦东新区第八届中等职业技术学校教学法评优,个人获奖9项。

2名专业教师获得育婴师高级职业资格证书,2名教师获得CACHE评审员资格和IQA(内部质检员)资格,17名教师获得蒙氏培训资格证书,4名教师获得奥尔夫音乐证书。

(五)院—园—校运行机制建设初见成效

深入挖掘"院—园—校"校企合作模式,探索中本贯通七年长学制见实习模式,产学研结合院—园—校深度合作,发挥两类教师(中职校指导教师和幼儿园指导教师)在校企合作中的作用,充分利用该模式,突破传统的见习为学生服务,促进两类教师的发展。其中包含从知识发展上,学术知识和幼儿园知识相结合,帮助两类教师专业知识的学习和建构,二是从课程发展上,课程理念和课程实践相结合,两类教师在携手课程开发、教材编写、大纲撰写等过程中获得专业发展。

六、体会与思考

七年一贯制的人才培养,跨越中职和本科两个阶段,涉及两个办学主体,必须达成统一,才能最终提高人才培养质量。通过组建高校、中职院校、行业专家组成的联合教研室,定期开展教研活动,建立了一个常态化模式,紧紧围绕培养目标、课程及教学内容的衔接和一体化建设,加强联合教研的力度,取得了一些实践的经验,下一阶段将从教研队伍的深度融合、课程和教材进一步开发、横向课题的方面进行进一步的联合探究,实践融通,发挥上下职业教育的合力。

"中高职贯通"背景下专业实训教学环境建设研究

——以中高贯通学前教育专业为例

上海市新陆职业技术学校　聂艺苑　张徽

摘　要:在打造 3+2 中高贯通培养模式的背景下,上海市新陆职业技术学校(以下简称"新陆职校")与上海行健职业学院学前教育专业进行合作,深入调研行业、企业、院校和学生的需求,通过对上海市中职学前教育实训室建设的现状及趋势的分析,发现多数职校学前教育实训室建设系统不够完善,不能满足教学对实训室的需求;忽视实训室的功能、文化氛围、环境布局等方面的建设,由此对学前教育专业实训室的分类、面积和功能,实训室教学设备配置,以及实训室教学管理和实施提出了发展建议,以期为"中高职贯通"背景下学前教育实训的建设发展提供参考。

关键词:中高职贯通;实训室建设;学前教育

一、实施背景

为全面落实《国家职业教育改革实施方案》《上海职业教育高质量发展行动计划(2019—2022 年)》的文件精神,着力培养上海建设"五个中心"和"四大品牌"所需要的高素质劳动者与复合型技术技能型人才。在推进职业教育高质量发展的背景下,新陆职校与上海行健职业学院学前教育专业合作,深入调研行业、企业、院校和学生的需求,共同编制完成《上海市职业学校贯通教育专业实训教学环境建设指南》。

本文主要从新陆职校参与的"上海市职业院校学前教育专业(中高职贯通及五年一贯制)实训教学环境建设指南"课题的中职学前教育的调研过程和问题进行重点阐述,以期为中职学前教育专业实训室建设提出合理建议。

二、实施目标

本次研究通过调研上海市学前教育专业行业和企业现状、教学需求与学情、教学实训场所的现有情况,深入分析目前中职学前教育实训室存在的问题,从而编制出《上海市职业学校贯通专业实训教学环境建设指南编制实施方案》,为中高职贯通、五年一贯制专业建设和实训教学环境建设提供指导建议,为相关院校进一步完善贯通专业实训教学环境建设指明方向。

三、实施过程

(一)调研的对象与方法

1. 调研对象

在本次的调研中,调研对象为上海市开设学前教育专业的中高职院校、上海市各幼教机构、学前教育专业毕业生。中职校的调研对象为上海市开设有学前教育专业中高职贯通及一贯制试点的中等职业技术学校。其中,问卷涉及 4 所上海市的国家级重点职校。同时有目的地选择较早开设学前教育专业中高贯通中上海市群益职业技术学校与上海市新陆职业技术学校 2 所中职校进行实地走访调研,深入了解 2 所学校学前教育中高职贯通的招生与就业情况、课程内容、实训项目内容与后期需求、实训设备与仪器及实训室的文化环境建设等基本情况。调研对象开设学前教育专业均有十年以上的历史,其校学前教育专业实训室建设极具代表性和先进性。

2. 研究工具与方法的相关说明

为了解行业对学前教育工作者的知识、技能素质需求,为上海市教育委员会教育技术装备中心委托的学前教育专业(中高贯通及一贯制试点)实训教学环境建设指南的编制提供科学依据,本次调研先使用自编的"上海学前教育专业实训教学环境创设需求之幼教机构负责人访谈提纲"扩散至上海市不同性质和级别的幼教机构,访谈提纲的内容涉及被访者基本信息、被访者单位信息、行业人才素质需求以及未来校企合作实训共建的展望四个维度。最终回收了 19 份访谈提纲,为后期问卷编制夯实了基础。

项目组对访谈问卷进行全面的研究和分析后,对题项设计的合理性与调查的可行性进行了初步判断。之后编制出了包含 41 个选择题和 3 个开放题的调查问卷,以"问卷星"为载体,向上海市的 16 个区各级各类幼教机构进行了扩散,最终回收有效问卷 136 份。原则上每所幼教机构的教学园长或教学负责人对问卷进行填写,所有答题信息均匿名,要求客观、完整的填写。分析采用问卷星在线 SPSS 对问卷调查数据进行统计与分析,研究者整理与归类问卷的内容并结合四家幼教机构的实地访谈数据加以深入分析。

(二)研究结果分析

1. 对学前教育专业行业、企业现状的调研分析

从目前上海学前教育的发展趋势来看,学前教育机构的数量将大量增加,学前教育的形式和种类将更加丰富和多元,对学前教育人才的需求也将大量增长。通过对上海市行业、企业的幼教负责人的问卷调查发现,幼儿教师面临着前所未有的高要求:除了需要具有教育能力外,还需要具有良好的文明礼仪素养、口语表达能力、人际沟通能力以及团队合作精神等较高的人文素养。

但就目前的幼儿教师现状来看,还难以达到相应要求。在这样的背景下,必须扩大充实幼儿教师队伍,完善学前教育师资培养培训体系。未来的教师除了扎实的专业知识和技能,还要有开阔的国际化视野和不断学习的能力,要在快速发展的实际工作中不断反思进步,满足社会对学前教育数量与质量同步提升的预期和要求。上海的学前教育行业的快速发展对学前教师教育提出了前所未有的增加数量和提高质量的双重要求。

2. 学前教育专业教学需求与学情调研分析

1)学前教育专业招生和就业情况

目前,上海市多所中职校与行健学院实行贯通培养,中高贯通培养模式得到了社会、高校和家长们的高度认可。就近几年上海市中职校高职贯通与一贯制试点学前教育专业招生工作来看,整体情况较好,与其他专业相比学生生源质量高,招生规模也在不断扩大,生源质量稳步提升。

目前中高职贯通学前教育专业毕业生供不应求,专业对口率与稳定率始终保持在 90% 以上,学生对学历的晋升意识强。

2)学前教育专业学生特点与需求情况

中高职贯通的学前教育的学生与普通高中的学生相比,学习能力和学习习惯不好,文化课成绩较差,同时又以女生为主,整体性格较为活泼,有亲和力,受专业熏陶普遍多才多艺。

从专业发展的角度来看,中职学前教育学生对文化知识的学习要求不高,而更关注于学前教育保、教育能力和唱歌、跳舞、美术、手工等职业技能的发展,以及职业道德的要求。

3)学前专业课程内容与实训项目分析

从对学前教育课程内容的问卷调查结果可以看出,钢琴、舞蹈、美术、手工、口语等仍是各中职校最基本的专业基础课程;学前儿童游戏、学前儿童卫生保健识与学前教育基础知识是专业核心课程,其次是心理学、0～3岁婴幼儿抚养与教育、学前儿童行为观察;而专业拓展课为学前儿童早期阅读、舞蹈创编、蒙氏教育等。

同时,从对4所中职校学前教育实训项目的问卷调查结果可以看出,所有中职校都认为应建设有保育专业的技能实训室,75％的中职校认为应建设钢琴、音乐、形体、美术等学前教育相关的技能类实训室。25％的中职校认为应建设有育婴、蒙氏、幼儿游戏等拓展性专业实训室。

通过对以上的问卷结果的分析可以看出,目前中职校的实训项目仍然是以保育为主,同时关注学前教育专业的钢琴、舞蹈、艺术等技能培养。少数中职校已经认识到了幼儿游戏、幼儿观察等专业知识的重要性,关注到了学生今后就业中的实用性,而不仅仅是局限于学前教育五大技能。另外,还有职校开始转向关注于0～3岁的育婴、蒙氏教育、科学等。

4)学前教育专业相对应的职业标准、专项职业能力考核情况

上海市行健职业学院正在组织中高职贯通的中职院校积极开发市级中高贯通教学标准,课程标准将对应幼儿园实际工作任务,符合相应的国家职业技能标准,以此来规范教育教学的过程。中高职贯通教育的学生除了要求通过上海市中职校学生学业水平测试,并达到行健等大专院校的素养要求外,还需要在不同的学习阶段内获得相应的等级证书,如普通话证、育婴师与育婴员证书等。

5)学前教育专业实训需求

据一项调查，为培养学前教育专业学生的各项专业技能，75％的中职校认为应建设钢琴、舞蹈、艺术、幼儿游戏等实训室；50％的中职校认为应建设音乐、美术、保育、行为观察、语言、远程教学及幼儿园仿真教室；另外，还有25％的中职校认为应建设育婴、蒙氏、科学、书法等实训室。

由此可见，中职校除常规的钢琴、舞蹈、音乐、美术等基本艺术技能实训室和育婴、保育等专业技能实训室外，还需要幼儿游戏、行为观察、幼儿园仿真教室等一线实践经验相关的实训室，以及具有教育现代化的远程教学实训室，以更好地适应社会发展的需要。

3. 学前教育专业实训场所调研分析

1）学前教育专业实训环境现状

通过实地走访群益职校与新陆职校发现，从面积上来看，两所中职校钢琴和音乐等基本技能类教室、育婴和保育等专业操作的实训室及模拟幼儿园三类实训室面积较大；从布局上来看，同一功能类实训室的位置也较为集中，布局较为合理；从选址上来看，考虑到了活动的便利性，以及相互之间互不干扰的需求。

2）学前教育专业现有实训设备现状分析

群益与新陆两所职校设置学前教育专业时间较早，也是上海市最早进行学前教育中高职贯通和一贯制试点的职校，从实地走访的情况来看，两所职校的现有实训设备较为齐全和先进，包括远程交互控制平台、录播系统、智慧黑板、计算机及语音训练与测试软件、雅马哈钢琴与各类乐器、多功能显示屏，各类活动的配套玩具、幼儿科学类材料与标本、蒙台梭利教具、各类育婴与实训操作用品等，种类齐全，基本可满足实训室各种活动的需要。

3）学前教育专业实训场所存在的问题

通过分析，发现目前学前教育专业实训场所主要存在以下两个问题。

第一，多数职校学前教育实训室建设不够系统完善，不能满足对实训室的需求。从上海市4所国家级重点职校目前学前教育实训室建设的问卷调查的结果可以看出，科学、幼儿游戏、仿真教室、语言技能类、智慧教室、书法等实训室数量较少，尤其是远程教学、信息技术、心理教育、微格录播类、幼儿行为观察、科学、感统等实训室还未真正建立起来，实训室建设有待进一步发展。同时,与问卷中为培养学前教育专业学生的各项专业技能,与中职校认为应建设幼儿游戏实训室、行为观察、语言、远程教学及幼儿园仿真教室;以及蒙氏、科学、书法等实训室的需求不符,说明目前的实训室建设仍不能满足各职校对实训的需求。

第二,忽视实训室的功能、文化氛围、环境布局等方面的建设。从问卷中关于各职校学前教育实训室整体环境布置的情况来看,对实训室的规章制度、操作流程及铭牌等方面较为关注,多数实训室忽视了实训室介绍、名人头像、标语、成果展示及环境布置等文化氛围的布置。

(三)实训室建设的改革思路及建议

通过对上海市学前教育实训室建设的现状及趋势的分析,发现目前上海市中职校的学前教育专业实训室的数量和质量参差不齐,多数中职校实训室建设还有待于进一步提高。通过分析对学前教育专业实训室的分类、面积和功能,实训室教学设备配置,以及实训室教学管理和实施提出了以下发展建议,以期为学前教育实训的建设发展提供参考。

1. 实训室的分类、面积和功能

通过问卷调查和实地考察发现,目前的实训室还不能满足中、高职校的实训需求。建议中高职校学前教育实训室建设时,可以按教学类别分为专业基础技能实训、专业核心技能实训和专业拓展技能实训。其中专业基础技能实训室包括钢琴、音乐、舞蹈、美术、口语等基本艺术技能实训室,专业核心技能实训室包括能满足育婴、保育等专业技能实训室,专业拓展技能实训要具有教育现代化的远程教学实训室,除此之外,还可以根据学校特色开设,有选择地开设蒙台梭利教育实训室、幼儿游戏实训室、幼儿科学实训室、感统训练实训室、幼儿行为观察实训室等,以更好地适应社会发展的需要,满足不同中、高职校学前教育专业特色化办学的实训需求。

在实训室面积上,建议能满足每班40人同时开展实训教学的要求,在布局上可以根据实训场景的要求既能进行大班化教学,又能满足小班实训。在实训室的功能上,要涵盖满足所有实训相关课程的需要,同时又尽量做到一室多用,如口语实训室,既能用于普通话训练,还可以用于英语口语的实训。

在实训室的通用环境方面,要考虑采光、照明、通风、电气安装、防火、安全与卫生等多方面。尤其是后疫情时代应考虑到实训室的消毒、防疫等问题。同时还应考虑到网络教学环境,确保线上教学软件及设备的正常运行。另外,通过问卷调查发现在实训室环境布置上还缺少学前教育特色文化氛围的创设,建议除实训室的规章制度、操作流程及铭牌等方面外,还应有实训室介绍、名人头像、标语、成果展示及环境布置等文化氛围的布置。

2. 实训室教学设备配置

首先,设施与设备的质量、安装使用等符合有关国家或行业标准是实训室设备配备的基本要求。其次,在数量上能满足 40 人同时实训的需求,对于大型实训装置如不能满足 40 人同时实训时,可安排学生分组分批进行实训或安排与其他大型实训装置一起轮换实训项目。各学校在保证实训教学目标要求的前提下,可根据本专业的实际班级人数和教学组织模式对实训课程进行合理安排,配备相应的仪器设备数量。

另外,设备配备与时俱进,要考虑设备的先进性,可与数字化信息技术相结合,以便学生更好地适应幼儿园一线的实际教学工作和现代化信息技术的发展。各学校也可根据地域特点、行业或企业对从业人员的具体要求,优先选择具有 ISO 标准管理体系认证等国家质量监督管理部门认可的企业所生产的相应规格、型号的仪器设备,优先选择企业所用真实设备,当真实设备很难适应实训教学要求时,可选择 VR 等虚拟仿真实训资源等。

3. 实训室教学管理和实施

规范化的实训室管理为教学与实训提供了保障。建议配备相应的实训室人员管理办法,明确实训教学岗位管理职责,定期培训和考核;建立健全实训教学设备管理制度,规范仪器设备采购、使用、维护、报废等运行环节;建立信息化管理平台,实现实训内容、空间、时间、人员、仪器设备等的高效利用和开放共享;制定安全教育制度并贯穿在日常实训教学中;还要制定实训教学突发事件应急预案与处理措施。通过有效的实训室管理实施学校理实一体化的教学。

四、实施保障

(一)组织保障

本次方案的实施管理工作由上海市教育委员会高教处、职教处领导,上海市教育委员会教育技术装备中心负责组织协调,由上海市行健职业学院、新陆职校、相关行业协会及企业负责方案具体实施。

在方案编制工作中,由上海市教育委员会教育技术装备中心牵头,组织各负责人进行积极沟通与交流,共同制定实施方案,保障项目顺利实施。

（二）经费保障

上海市教育委员会高教处、职教处领导,上海市教育委员会教育技术装备中心高度支持,使实地调研、专家评审及论证、出版等得到资金、宣传等强有力的保障。

（三）制度保障

上海市教育委员会教育技术装备中心制定了《上海市职业院校专业（中高贯通及一贯制试点）实训教学环境建设指南编制实施方案》。

（四）外部支持

在调研过程中,邀请多名幼儿园园长参与问卷调查,并提出合理化建议。在调研及编写过程中,组织相关专家进行评审及论证,提供专业指导和支持。

五、特色与成果

（一）前期调研科学、规范

前期调研充分全面。中高职教师共同参与此课题,方案编写前查阅相关文献编制问卷,并邀请幼儿园园长、高校毕业生、中职校相关负责人参与问卷调查,整个调研非常充分。

研究涉及内容广泛而细致。参考相关文献编制问卷,涉及实训需求,实训室功能、文化氛围、环境布置等各个方面。如对学前教育行业、招生、就业、课程等方面的分析;对实训室功能的详尽分类;对实训环境上的细致考量等。

（二）指南编制具有前瞻性、指导性

《上海市职业院校学前教育专业（中高职贯通及五年一贯制）实训教学环境建设指南》编制过程中,紧密对接行业、企业、高校以及中职校,对标新标准、新要求、新技术,着力培养高素质技术技能型人才,助推中高职院校紧密联合体培养模式的形成。指南文本凸显理实一体化教学理念,便于实

施,可操作性强,对于中高职学前教育专业实训室建设具有指导作用。

（三）成果

组织编制完成了《上海市职业院校学前教育专业（中高职贯通及五年一贯制）实训教学环境建设指南》并出版,为学前教育职业教育标准体系建设及贯通专业标准规范化建设提供参考依据,助推学前教育中高贯通人才培养试点工作,推动职业教育装备的现代化建设进程。

六、体会与思考

目前,在"中高职贯通"的大背景中,中职学前教育专业应积极与高职合作实现对学生各方面的贯通培养,而实训室作为学生提高实践能力的重要场所显得尤其重要。因此要重视实训室的建设,以便培养的学生更好地适应幼儿园一线的实际教学工作。由于本次研究目的是编制《上海市职业学校贯通专业实训教学环境建设指南编制实施方案》,为中高职实训室建设发展起到规范性、指导性作用,因此缺少对特色化实训室的专门介绍,各职校学前教育实训室建设也不能完全一刀切,照搬经验,可根据不同中职校学前教育专业特色化办学实训需求增设特色实训室。另外,随着出生人口的下降和后疫情时代的发展,对学前教育专业的发展以及实训室的建设提出了更高的要求,期待今后实训室建设向更加现代化、智能化、信息化方向发展。

我做过了，我理解了

——民族班"幼儿教育活动设计与实施"授课案例分析

上海市新陆职业技术学校　李青青

摘　要：上海市新陆职业技术学校学前教育中高职贯通民族班学生的培养方向是有智慧的幼儿园工作者。民族班学生汉语言文化基础和能力较弱，在专业课学习中，应根据学生的特点，选择合适的教材内容，运用合理的教学方法，为学生专业知识的学习提供有效路径。案例中，教师在失败中探索，通过反思，探求适合民族班学生的学习方法，并融入蒙台梭利的教学理念，让学生学会自主学习，实现课程教学的短期和长期目标。

关键词：民族生；学前教育中高职贯通；自主学习

一、实施背景

上海市新陆职业技术学校自 2013 年以来，承担了青海省果洛藏族自治州学生的学前教育专业教学支援工作，通过培养合格的幼儿园工作者，将上海市先进的教育理念带到果洛自治州，促进当地学前教育事业的发展。

2019 年，经青海省教育厅和上海市教委批准，上海市新陆职业技术学校与西宁城市学院联合开设了青海省果洛藏族自治州民族生学前教育中高职贯通专业。按照人才培养方案，学生在新陆职校学习两年半，三年级下学期参加转段考试和实习。转段考试的科目涵盖了基础课、专业课和综合素养，"幼儿园教育活动设计与实施"是学生中职阶段的专业核心课程，是转段考的必考科目，高职院校将从教学设计，主题活动设计，说课三个方面进行考察，择优选择具备一定能力和素养的从业人员。教学过程中，应根据学生的年龄特点、发展水平等实际情况，及时调整教学模式，让学生学会主动学习，自主学习。

二、实施目标

（一）短期目标

根据学生的年龄特点及需要，通过学习，能撰写简单的教案和设计主题活动网络图，学会说课，完成中职升入高职的考试，并为高职相关专业课学习打下基础。

（二）长期目标

提升学生的实践能力，拓宽专业视野，并能将新想法新理念应用于实际教学中，最终成长为一名合格的幼儿园工作者。对提升藏族地区学前教育发展水平，实现民族大团结，巩固教育扶贫成果，缩小地方教育差距做出贡献。

三、实施过程

（一）教材内容分析及调整

1. 教材内容分析

"幼儿园教育活动设计与实施"选用了由华东师范大学出版社出版的"新标准"学前教育专业系列教材，根据《幼儿园教师专业标准（试行）》《中小学和幼儿园教师资格考试标准（试行）》编写。课程内容梳理如表1。

表 1　课程内容梳理

章节名称	课程内容
走进幼儿园教育活动	幼儿园教育活动的概念、特点及分类
认识幼儿园教育活动设计	幼儿园教育活动设计的含义、特点、意义、理念和策略
了解幼儿园教育活动要素的设计	幼儿园教育活动目标的制定、内容的选择、组织与实施
学习幼儿园集体教学活动的设计	幼儿园集体教学活动的设计、技能设计与注意事项
学习幼儿园区角活动的设计	幼儿园区角活动的计划、设计策略

（续表）

章节名称	课程内容
掌握幼儿园各领域教育活动的设计方法	幼儿园健康教育活动、语言教育活动、社会教育活动、科学教育活动、数学教育活动、美术教育活动、音乐教育活动的设计
尝试幼儿园教育活动的实施	幼儿园教育活动实施的概述、幼儿园集体教学活动的实施、幼儿园区角活动的实施
开展幼儿园教育活动的评价	幼儿园教育活动评价的概述、幼儿园集体教学活动的评价、幼儿园区角活动的评价

通过分析课程内容可以看出,各章节之间存在明显的逻辑性,但以学科性知识为主,理论课时占比较大,约 87%,实践课时占比少,不符合中等职业学校学生的年龄特点,不适合中职阶段的民族班学生使用。

民族生转段考的过程中,高职院校将从主题活动设计、撰写教案、说课三个方面进行考察,转段考更加注重学生的实践能力。

2. 教材内容调整

2021 年,依托"民族生学前教育中高职贯通培养模式的研究"课题,我们对果洛藏族自治州民族生文化课学校状况进行了调研。调研结果显示,学生求知欲不强,缺乏交流和独立思考的能力;汉语能力弱,对汉语的理解能力较差,问答问题条理不清或者答非所问,人云亦云;对问题不会质疑等。

在此基础上,教师对教学内容进行整合,主要集中在主题活动设计与五大领域教学活动设计中,弱化了幼儿园教育活动含义、特点、意义、理念等内容,并在教学过程中渗透思政内容(见表 2)。

表 2 整合后的教学内容

章节名称	课程内容	思政目标
认识幼儿园教育活动	幼儿园教育活动的含义、特点及幼儿园教育总目标	
幼儿园主题活动设计	幼儿园主题活动设计的概念、方法与呈现方式	

（续表）

章节名称	课程内容	思政目标
幼儿园语言活动设计	幼儿语言领域目标；各年龄段幼儿语言领域发展目标；幼儿园语言活动的设计与展示	了解社会主义核心价值观的核心内容；感受中国特色社会主义制度的优越性；树立正确的人生观、价值观、职业观和职业理想；养成基本的职业意识和良好的行为习惯；乐意主动学习，并表达自己的观点；愿意合作学习，具有集体意识和团队意识
幼儿园健康活动设计	幼儿健康领域目标；各年龄段幼儿健康领域发展目标；幼儿园健康领域活动的设计与展示	
幼儿园科学活动设计	幼儿科学领域目标；各年龄段幼儿科学领域发展目标；幼儿园科学领域活动的设计与展示	
幼儿园社会活动设计	幼儿社会领域目标；各年龄段幼儿社会领域发展目标；幼儿园社会活动的设计与展示	
幼儿园艺术活动设计	幼儿艺术领域目标；各年龄段幼儿艺术领域发展目标；幼儿园艺术活动的设计与展示	
幼儿园教育活动评价	幼儿园教育活动评价的内容及实践	
说课活动的实施	说课的基本内容与实施	

（二）教学活动实施及调整

1. 教学活动实施——你讲我听

确定教学内容与目标后，教师开始组织教学活动。考虑到学生缺少专业课基础，教师准备适宜的小视频、图片和相关案例，对基础知识进行讲解，将复杂的知识简单化，学生通过视觉、听觉等方式，进行学习与练习，学习主题活动设计相关知识。

但教学过程中，存在以下问题：依然以教师讲，学生学为主；对于教师提供的案例、视频，有些学生缺少自己的思考，没有自己的想法，师生之间，生生之间互动较少；在完成主题活动设计时，以网络借鉴为主，且主题活动设计表述不明确,如以名词或动词作为活动内容等。

整个教学活动中,教师讲得累,学生学得累,学生学习兴趣不浓。

面对这些问题,我对教学活动方案进行调整,给予学生更多实践及操作的机会。

2. 教学活动调整——我的课堂我做主

按照教学计划,后续将进行"幼儿园语言活动设计"内容的学习。这一内容分成了四个课时(见表3)。第一、二课时,主要依托实践活动,梳理基础知识。第三课时,点评学生教案撰写情况,总结存在的共性问题。第四课时,学生以小组为单位选择教案其一进行演示,形成"小课堂"的模式,梳理教案撰写与步骤,帮助学生进一步熟悉教学活动设计流程。

表3　"幼儿园语言活动设计"课时安排表

	学生活动	教师活动	活动设计目的
	课前		
	观看视频片段,并按照角色牢记内容	提供不同年龄段优秀的语言活动视频片段	感受优秀教学活动中的先进理念
	课中		
第一课时	"拷贝不走样"复盘观看视频内容	观察学生表现,根据学生表现,思考提升课堂效果的方式	1. 熟悉幼儿园教育活动流程,为设计活动做基础 2. 感受不同年龄段幼儿语言发展的特点
	课后		
	根据活动流程,用自己擅长的方式总结教育活动设计流程及幼儿语言领域目标	批阅学生作业,作为第二课时开始的任务讲解	初步掌握幼儿园教育活动中语言活动教案撰写的流程

（续表）

	课前（完成第一课时课后作业）		
	学生活动	教师活动	活动设计目的
第二课时	课中		
	1. 展示幼儿语言领域活动目标及各年龄段目标 2. 展示语言领域教育活动设计流程	1. 点评学生作业 2. 小结理论基础知识	1. 学会幼儿园教案设计的基本步骤 2. 知道不同年龄段幼儿语言活动的目标
	课后		
	以小组为单位，完成幼儿园语言教育活动设计	以小组为单位，布置作业	进一步熟悉教育活动设计的内容
第三课时	学生活动	教师活动	活动设计目的
	提供教案	分析学生教案	掌握幼儿园语言活动设计的基本内容
第四课时	学生活动	教师活动	活动设计目的
	1. 演示小组教案内容 2. 小组自评或互评	在所有活动结束后，对本节课内容进行总体评价，进行提升	1. 形成团体意识和合作意义 2. 在实践中，加深对基础知识的理解

此外，为了提升学生的职业素养，每次课前两分钟，按照学号，让学生上台念一首儿歌，演示游戏或者讲绘本故事，从点点滴滴中渗透，让学生真正成为课堂的"主人"。

（三）教学实施成效

1. 直接成效：提升课堂教学效果

通过调整教学活动的实施，学生能实现主动学习。在以教师为主进行讲解时，学生无法表达自己的想法，展示自己的风采，而将课堂交给学生后，学生的积极性、参与性得到极大提升，在实践中学习，在实践中成长，在实践中加强对基础知识的理解，极大提升了课堂教学效果。

2. 间接成效：提升学生的语言与表达与思考能力

通过"小课堂"的演示及课前两分钟，学生的语言表达能力得到提升。在后续的说课中表现更加明显，学生能较为清楚地说明授课内容与过程，这对汉语言能力较弱的孩子是极大提升。在西宁城市学院考试中,学生全部都以较为优异的成绩通过该科目的测试,并获得了招办人员的极大肯定。

在模仿实践—知识梳理—撰写教案—教师辅助修改教案—自我实践的过程中,学生从单纯的模仿到撰写教案,根据教师指导再次修改教案,实践后再次整理教案的过程中,学生逐渐学会了独立思考,改变了以前在初中只听不思考的学习模式。独立思考能力的获得,对学生的长期发展,是有力的提升。

(四) 案例分析与思考

1. 活动组织失败原因分析

(1)不合理的课程结构。教学内容过于理论化,教学内容与学生学情不匹配,学生对课程内容不够理解,对课程内容的掌握度不高,导致教学效果不够理想。

(2)不成功的教学方法。虽然在前期的教学过程中,教师尽量使用了案例分析法、讨论法,直观教学法等方法来激发学生学习的兴趣,但效果不明显。学生在教学过程中,大部分时间处于只听不思考的状态,不能全身心的投入教学环节中。

(3)不存在的教学实践。著名的学前教育家蒙台梭利说过:我看过了,我忘记了;我听过了,我记住了;我做过了,我理解了。在教学中,教师和学生都过多依赖了信息技术,学生体会到了学习的多样性,但却缺少实践机会。而主题活动设计、教学活动设计以及说课,则是典型的实践活动,通过实践操作,学生可以更扎实地掌握相关内容。

2. 活动实施成效思考

(1)以学情为基础,尊重学生发展规律。以学情为基础的教育模式,在了解学生需求的基础上开展活动,可以促进学生的自主性,增强学生学习的动力和积极性,提高学习效果。中职阶段学生的理解能力和应用能力逐渐提高,学习能力增强,民族班学生和汉族学生相比,汉语基础差,理解能力弱,学习习惯有待提高,所以依据学生学情,重新设计教学内容和过程,最终取得了不错的效果。

(2)将课堂交给学生。在正确的方式引导下,学生能获得更大的进步。

真正做到以学生为主体，让学生积极主动地发现问题、研究问题和解决问题。让学生成为课堂的主人，在潜移默化中，帮助学生掌握学科知识和技能，进一步培养学生的创新能力和批判性思维，全面提高学生的综合素质。

四、实施保障

（一）组织保障

学校建立了果洛工作组，明确了校领导、课程建设领导与管理的成员构成与职能。并根据学生的需求，每周安排 6 节普通话教学课程，提升学生汉语言的学习与理解能力，为学生学习专业知识提供支持。

（二）制度保障

建立与课程教学相关的规章制度。根据学校及教务处的要求，建立课程审议制度、校本教研制度等，通过教研组和备课组的通力合作，保障民族班教学的顺利开展。

（三）资源保障

在课程实施中，整合各方力量，系统规划课程资源的合理使用，保障课程实施方案的顺利运行。如在幼儿园艺术活动设计中，学生在进行授课演示时，将音乐课上的奥尔夫教学法融入幼儿园音乐活动设计中，非常出彩。

五、特色与成果

（一）激发课堂动力

教师将教学计划和内容调整后，理论知识的学习要求降低，更注重学生的实践能力的培养，并在实践中，加深对理论知识的理解。让学生成为课堂的主人后，学生学习的积极性有较大提高；课堂上走神的人数减少，回答问题的积极性高；学生发挥自己的特长，在小组活动中积极参与；教学任务布置后，学生乐于完成。

（二）提升教学效力

课程的开展模式，对其他班级或后续民族班教学有较为直接的借鉴意义。如，后续专业课教学中，教师尝试给予学生更多的机会，《幼儿卫生与保健》教学中，学生充分发挥自己的聪明才智，用各种形式完成了八大系统的学习，有的通过绘本来讲述，有的用思维导图来描述，还有的从网络上查找到优秀的视频,打破了传统学习的模式。《婴幼儿保教育》教学中,学生通过自主学习,发现问题,课上讨论,观看操作,逐步提升的方式学习,取得了较为突出的成效,学生考证率较高。

(三)着眼学生能力

在课堂教学上,学生在学习中,逐渐发展了创造性思维、批判性思维、合作精神等素养,强调学生和社会的融入,着眼于学生的终身发展,使学生逐步成长为有自信、有责任、有创新意识的人才。

六、体会与思考

新课改提倡学生主动参与,乐于探究,勤于动手,要培养学生搜集和处理信息的能力,分析解决问题的能力等,在课堂教学中,教师应注重学生的个性发展,尊重其独特体验。鼓励学生大胆发表自己的想法,阐述自我感受,教师在学生发言的基础上,给予争取引导,帮助学生树立正确的三观,达到教书育人的目的。

近年来,随着社会的进步,对现代公民有了更高的要求,如:要具备适应社会的能力,具备学习能力和创新精神,具有合作意识、良好的文化素养和人文素养,具有开阔的视野和终身学习的能力,因此,我们传授给学生的不应该是知识,而是能力,让学生成为学习的主动者。在访谈中发现,藏族班的学生从小接受的是传统教育方式,而作为未来的教育工作者,她们的教育理念会影响到一届一届孩子,因此,我们首先应该帮助学生梳理正确的教育观,使教育教学能以有效而积极的方式得以传承。

参考文献

[1] 贾栓柱.浅谈学生自主学习的有效性[J].课程教育研究,2019(52).

[2] 邰霞娟.网络平台下高职学生自主学习数学能力的培养[J].现代职业教育,2021(08).

[3] 是丽云.信息化背景下职校自主学习模式研究[J].科教导刊(上旬刊),2018(2).

[4] 杨兆丰.职校生自主学习有诀窍[J].江苏教育,2014(36).

[5] 卜月芹.浅谈职校生自主学习能力的培养[J].中学时代,2014(21).

深化"园校"课程体系改革
提升学前教育专业品牌影响力

上海市新陆职业技术学校　魏魏

摘　要:上海市新陆职业技术学校(简称"新陆职校")学前教育专业自1984 成立以来,经过 30 多年的专业建设、人才培养模式历史变革等积累沉淀,建设成了具有中职、中高贯通、中本贯通、对口支援民族生中高贯通、中—高—本衔接等多维度的学前教育专业模式。在专业课程体系建设中,以"园校共同体"为平台,与幼儿园、托育机构等幼教行业对接、密切合作,通过工学结合,重组产教研实践基地,共定人才培养目标,设置模块化课程,实施贯通性实践课程,共同培训职业资格,共建精品课程,共同开展课题研究,共建课程资源库等一系列有效措施,取得了良好的课程体系改革成效,为开展高效的学前教育专业人才培养奠定了坚实的基础,提升了专业品牌影响力。

关键词:学前教育;课程改革

一、实施背景

上海市新陆职业技术学校不断深化合作,积极探索中高职教育的贯通培养模式。2014 年与上海师范大学天华学院牵手,共同实施学前教育专业"中职—应用型本科"教育贯通培养模式。2016 年与上海行健职业学院牵手,共同实施中高职教育贯通培养模式,推进中高职衔接的人才培养机制。2016 年,经青海省教育厅批准,与西宁城市学院联合就学前教育专业对果洛州实施教育精准扶贫工作。对在新陆职校接受完中职教育的果洛州农牧民子女,采取五年制"中高贯通"联合办学模式,开展中高职贯通培养,为藏区高质量幼儿教育创造条件,为教育精准扶贫提供人才和智力支持。

上海师范大学天华学院、上海行健职业学院、西宁城市学院作为更高一层次的学生培养主体,具有思维高度和研究深度方面的优势,需要发挥更积极的带动、引领作用。新陆职校作为基础实践能力的培养主体,要发挥实践能力方面的优势。通过与三所高校的密切合作,在中本中高一体化培养过程中,将原中职和中高中本贯通各自独立的培养目标、培养方案、教学计划、课程体系、师资队伍、实习实训等进行有效整合,合理衔接,实现学生文化基础增强、专业领域拓宽、实践能力的提升,形成相应的经验和试点成果。优势的学前教育高职资源与市中职精品特色专业强强合作,为建立中高中本贯通的人才培养模式奠定了坚实的基础。

二、实施目标

中高中本贯通的人才培养新模式,旨在综合提高学生的职业素养,体现职业教育改革的时代要求。因此,项目的开展应从试点专业的实际出发,围绕中高贯通培养目标,依托试点专业自身的资源优势和特色开展项目工作。力求体现出中高贯通试点专业的逻辑性、连贯性、提升性;实现文化课、专业课、实践实训环节的贯通;师资队伍的一体化;教学方法与创新一体化;实习就业一体化;形成贯通培养的实践经验与研究成果。以期实现学生才艺技能与理论学术俱佳、拥有国际视野和发展后劲,适合上海、藏区学前教育发展需要的应用型人才培养目标。

品牌专业建设的核心是人才培养目标的实现,学校在学前教育人才培养方案不断的调整与优化过程中,坚持把专业课程体系建设与改革作为专业建设的中心工作,以"园校共同体"为平台,与幼教行业、学前教育专家、学前课程专家合作,致力于学前教育课程体系建设与改革,从而形成了集工学结合为一体的现代中职学前教育课程体系。

三、实施过程

(一)重组园校合作产教研协同基地

随着学校学前教育专业的拓展延伸,由原来单一的中职学前教育扩展到了与上师大天华学院的中本贯通、与行健学院的中高贯通、与青海西宁城市学院的民族生中高贯通。校园合作基地也随着扩展延伸,学校成立了园校合作实践基地工作组,把学校原有的挂牌 25 所实践基地与天华学院的 36 所、行健学院的 32 所、西宁城市学院的 28 所实践基地优化组合,建立起校外产教研协同基地工作平台,成立园校协同专业建设联合领导小组,定期开展联合教研,共同探讨构建学前教育课程体系。

(二)与园所行业共同制定专业培养目标

开展学前教育、保育保教行业人才现状及需求调研,与园所共同确定人才培养目标。本专业坚持立德树人,德技并修,使学生德、智、体、美、劳全面发展。主要面向幼儿园、早教中心、托育园等学前教育机构,培养理想信念坚定,具有良好的教师职业道德和较高的科学人文素养,掌握扎实的学前教育专业知识和专业技能,具备良好的职业素养和创新精神,富有仁爱之心,学前教育理念先进,能教养医结合,从事幼儿教育、婴幼儿教养等相关工作,具有职业生涯发展基础的发展型、高素质保教人才。

(三)以幼教岗位能力划分课程模块

通过园校对接,科学划分学前教育各职业岗位(群)的能力要求,构建课程体系模块,设置了以"适用、够用"为原则的理实一体化课程体系。该体系采用了基本素质和基本技能、职业知识和技能、选修知识和技能、综合实训的结构。职业知识和技能课主要涉及学前教育必备的基础知识和技能;选修知识和技能部分主要包含了保育员、早教等方面必备的知识和技能,选修课的开设则为学生综合素质的提高及个性发展提供了空间。综合实训包含入学教育、就业指导、素质拓展实践、课外体育活动等公共实践,以及校企合作单位社会实践、教学见习、实习作品展、毕业汇报等专业实践。

(四)园校联手开展技能任务化教学

根据"素质为主,能力为本,需要为准,工种为度"的思想,采用"以学生为主体,以训练为主线,以能力为目标"的课堂教学模式为宗旨来构建课程体系,形成"校园一体的实践性教学"教学模式。

1. 联手实行双导师制

即学校专业教师与幼儿园教师密切合作,对学生进行有针对性的实训指导。双方共同制订学生实训计划,经过知识学习、现场观摩、模拟教学、反思与评价四个阶段的学习过程,学生在知识发展与实践技能更快更好地结合进来。

2. 课堂教学对接岗位实践技能

在中高中本学前教育专业人才培养方案中，中职阶段每一个学期设置有1－2周幼儿园见习实践。为配合完成学生的实习与实训教学，校园一体教学视不同情况，对基本的保教活动进行内容与时间上的调整。同时，对在实践中有价值的问题与内容，都可以及时地整合到学生的教学内容中去，使学生掌握的技能与知识更贴近幼儿园的实际。

3. 工学结合，实现实训、实践一体化

重新定位了学前教育人才规格和培养目标，制定了有创新的、有特色理实一体化的《学前教育专业中高中本贯通人才培养方案》和《学前教育专业中高中本贯通教学实施方案》。学生在校内实训中心完成保教育婴实训、普通话、舞蹈、琴法、美工、音乐等12项专业技能模块的学习，以及教玩具制作、日常护理、晨检、全日观察、幼儿游戏、学习、运动、生活等8项岗位实践技能模块的学习后，再在"校园合作共同体"实习基地进行顶岗实践学习。通过"校园合作共同体"园校联手，共同实施"一体化实践教学"，实现了职业资格的鉴定与实践教学融为一体的良性人才培养机制。

（五）园校合作建设优质课程

园校专业骨干教师共同研讨、共同开发，《幼儿美术与手工》《幼儿舞蹈与律动》《婴幼儿保教实训与指导》等市级课程再造升级。学校也有步骤分阶段的开展品牌专业优质课程教学资源库的研发，在课程资源建设中以贴近岗位需求、贴近学生学习兴趣、贴近学生职业发展需求为开发原则，按照专业内容细分为保育教育资源、专业特色案例、课程学习、专业建设四大模块内容。每一个模块中包含了与学生学习内容相关的电子课件、教学视频、教学动画、课程案例与习题库。多层次课程资源的建设为学生专业学习提供了资源保障，促进学前教育品牌专业的内涵发展。

1. "课外互联网＋课堂教育"模式，转变学习方式

依托"互联网＋教育"的模式，引入实际工作场景，借助平台进行作业提交、预习、复习课件、资源查看等基本教学功能，使教学不再禁锢于教室课堂，打破时空所限，打造教师课堂教学和学生自主学习的"混合课堂"，实施多元化、交互式和应用性教学。

2. 开发数字化资源,大量运用反哺资源

立足学生职业能力和职业素养,以实际应用为导向,建立课程教学标准,重组教学内容。通过吸收幼儿园行业专家意见,对接多年教学经验,进一步梳理课程理论知识点与技能点。开发微课、更新图片和视频等鲜活教学资源,同时大量运用教学过程中产生的反哺资源,在进一步提升学生参与感与学习兴趣的同时,帮助教师深入了解学生学习情况,突破课程教学的瓶颈,提升课程教学质量。

(六) 合作开展教育科研课题研究

以专业课程体系改革与创新为载体,园校合作开展系列化教育科研,取得了丰富的研究成果。

课题名称	类别	建设情况
"学前教育专业顶岗实习工作项目的创建"	浦东新区区级课题(一般)	浦东新区第七届教育科研成果三等奖
"中职校学前教育专业课程体系建设的研究"	浦东新区区级课题(一般)	浦东新区第八届教学成果三等奖
"学前教育中本贯通教育培养模式的研究"	浦东新区区级课题(重点)	浦东新区第九届教学成果一等奖
依托课程载体提升职业院校德育时效性研究——以学前教育专业中高贯通学生为例	中国职业技术教育学会德育工作委员会	顺利结题
民族生学前教育中高职贯通培养模式的研究	上海市教育委员会教研室—上海市中等职业教育课程与教学改革研究(课改课题)	顺利结题
青海省果洛藏族自治州民族生学前教育中高职贯通培养模式的研究	浦东新区区级课题(重点)	顺利结题 评审"优秀"

学前教育教研组老师编写的教材《幼儿保育基础》由复旦大学出版社出版使用。由学校学前教育教研组老师编写的、学前教育教研组和艺术教育教研组老师参与案例点评的《国韵童风 悦阅养正——关于幼儿阅读传统文化故事的策略研究》一书由广西师范大学出版社出版。

四、实施保障

(1)组织保障。成立"学前教育专业中高中本贯通"工作领导小组,由中职校教学副校长、幼儿园园长为组长,幼儿园保教主任、学前专业部主任和副主任、骨干教师、专业教师、班主任等为工作组成员。

在工作开展过程中,园校各个层面建立交流沟通机制,双方保持良好的联系和沟通,共同制定方案,保障方案的顺利实施,积极主动地相互配合见习活动开展。

(2)经费保障。上海市教委、浦东新区教育局、浦东职教集团对"学前教育专业中本中高贯通"工作高度支持,通过市区级项目《上海市新陆职校学前教育专业中本贯通模式建设》《上海市新陆职校学前教育专业中高职贯通模式建设》《上海市新陆职校学前教育专业民族班中高职贯通模式建设》等提供资金、设备与宣传等方面的强有力保障。

(3)制度保障。新陆职校联同合作幼儿园在三所高校的指导下共同制定了《新陆职校学前教育专业中高中本贯通工作方案》。

(4)外部支持。①来自基地幼儿园的支持。中高中本贯通班见习合作幼儿园有市示范园、区示范园,保证了各具特色、优势明显的见习环境。②来自高校专家的指导,三所高校相关实践教学专家全程参与见习的构思、策划、实施、反馈,提供专业指导和支持。③来自行业幼儿园园长、保教主任、骨干教师等的支持,配合各项工作有效完成。

五、特色与成果

(一)培养了一批综合能力强、具有国际视野的应用型人才

通过几年的品牌专业建设,学前教育专业毕业生就业率一直保持在100%,一次性就业率98%,就业质量显著提升,毕业生大多在一级以上公办幼儿园就业,而且供不应求,用人单位也对毕业生的就业表现非常满意。除了扎实的专业技能和文化基础外,学前教育专业学生多才多艺发展全面,在全国文明风采展示大赛以及上海市星光技能大赛以及浦东新区星光技能大赛中也是斩获颇丰。

与天华学院联合开设的"学前教育中本贯通"、与行健学院联合开设的

"学前教育中高贯通",得到了社会、家长和学生的高度认可。招生计划数都从40人增加到80人,为目前上海市贯通专业中人数最多、录取分数线名列前茅的专业。"学前教育中本贯通"专业目前是上海市高水平建设专业。教育部副部长翁铁慧对学校对口支援青海民族生学前教育专业进行调研,对办学成效给予了高度评价,与青海西宁城市学院成功开展"3+2"贯通培养模式。2022年,学前教育专业中高职贯通培养模式毕业生专升本升学率达75%、中本贯通培养模式首届毕业生双证(毕业证、学位证)获取率100%。

2016年起,先后选拔20名优秀学生到美国洛杉矶进行交流学习活动。2018年起,学前教育专业中本贯通班引进了英国学前教育专业证书CACHE课程,引进了加拿大的"户外游戏"和"艺术创造"专业拓展课程,开发以国际职业能力标准为依据的课程标准和学生学业评价方案,有效保证了教学目标、教学内容、教学方法及培养结果等符合学前教育行业发展的要求,从而培养出满足行业需求的具有国际视野的技能型人才。

(二) 形成了一支业务能力强的师资团队

在专业建设的过程中,提升了教师队伍综合素质,形成了以行业专家领衔、专业带头人为核心、双师型骨干教师为中坚的业务精能力强的专业教师团队。学校学前专业是上海市中等职业学校学前教育专业中心教研组组长单位,市中本贯通培养学前教育专业联合教研组组长单位。学校语文教研组组长担任上海市行健职业学院中高职紧密联合体语文联合教研组牵头组长。

2016年起,相继选派16名教师赴美国、英国、加拿大参加短、中期访学交流培训活动,邀请英国、加拿大、新西兰知名的早期教育讲师和培训团队为学前教育专业教师带来各个国家早期幼儿教育的优质教学理论和课程,通过内培外引,老师们从不同文化背景的教师身上学习到了有关教学目标、教学手段、教学策略、教师角色、课堂氛围营造等方面的理论知识和实际应用,拓宽了教学思路,推动了课堂教学的改进,促进了教师专业发展。

(三) 取得了丰硕的教育科研成果,助力教师成长

课题"学前教育专业顶岗实习工作项目的创建"获浦东新区第七届教

育科研成果三等奖,课题"学前教育中职课程体建设的研究"获浦东新区第八届教学成果三等奖。课题"学前教育中职与应用本科教育贯通培养的研究"获浦东新区第九届教学成果一等奖。多篇关于课程体系建设与改革的论文、案例、教学设计发表在市区、国家级教科研刊物上。2022年,学校还被评为浦东新区第十届教育科研工作先进集体。

2017年学校与英国西南学院合作实施"中英比较学前教育中本一体化课程体系下专业师资结构配置的研究"的课题研究,通过对英国知名中职、高等院校的学前教育专业课程设置、职业资格证书的获取情况等进行考察、调研,分析其师资结构配置,优化学校学前教育专业中本贯通试点培养的师资队伍建设,为中本贯通试点培养人才开拓更宽广的技能习得和就业的渠道。

学前教育专业组孙曼彤、张徽、李青青老师获得2018年全国职业院校技能大赛职业院校教学能力比赛三等奖。学前教育组专业教师潘波开设的主题为"学前儿童的感知觉发展及其观察力培养"获得2018年上海中职"匠心匠艺"优质课展示课的称号。学前教育专业教师组织设计多项职业体验项目连续多届获上海市学生职业体验日最佳项目设计奖。学前教育专业教师程曦的"幼儿园废旧物造型再利用"2017年1月获得上海市中等职业学校"微课程"制作大赛二等奖。

(四)带动相关专业发展,专业群格局初具规模

在学前教育品牌专业的引领带动下,2019年开设了社会文化艺术(美术)专业,2022年开设了婴幼儿托育专业,2023年9月婴幼儿托育服务与

管理中高贯通专业开始招生,学前教育(中本、中高)、幼儿保育、社会文化艺术(美术)专业学生人数平稳上升,以幼儿保育/学前教育专业为龙头,带动婴幼儿托育专业、社区公共事务管理专业、社会文化艺术专业(美术)专业共同发展的"教育服务类"专业群格局初具规模。充分发挥了学前教育龙头专业的辐射与引领作用,实现了课程资源与实训设备共享,优势互补、专业共建。市级精品特色专业、品牌专业、高水平专业的建设较好地带动和促进了相关专业群建设,从整体上提升了学校专业建设水平和人才培养质量。

(五)育人质量显著,在国内起到示范作用

学校在三十多年的学前教育专业建设中,通过不断完善更新优化,制定了符合上海区域发展的《新陆职业技术学校学前教育专业课程标准》。2014 年,由市教委组织,学校作为骨干成员与其他学前教育同行合作,共同开发了《上海市学前教育专业课程标准》。2022 年,作为编制单位之一参与编制了《上海市职业院校学前教育专业(中高职贯通及五年一贯制)实训教学环境建设指南》。青海省果洛州职校、云南漾濞职校、成都华阳职校、云南怒江民族中专、兰坪县中等职业技术学校、杭州人民职校的学前教育专业来学校学习交流,借鉴学校的学前教育课程体系设置。

六、体会与思考

2021 年教育部颁布的《中等职业学校专业目录》中将中职的学前教育专业转设为幼儿保育,但实施"3+4"中本贯通、"3+2"中高职贯通专业名称仍为学前教育。专业发展如何适应多样化的人才培养目标需求?近几年,上海的新生儿出生率逐年降低,对学前教育专业学生的就业带来了冲击。上海市教委提出了"托育一体化"发展战略,专业建设如何实现"教育""保育""托育"融合教育?对此,学校积极总结教育发展与专业人才培养经验,不断探索和研究专业人才培养的策略措施,不仅需要做好在专业人才方面的培养,也要做好对学生未来就业发展的规划,确保学生能够在学习期间,积极发挥自身的主观能动性,主动提升自身的专业素养与职业能力,希望能够在不断完善现有职业教育不足与人才培养空缺的基础上,为社会和学前教育行业输送更多高质量人才。

参考文献

[1] 李玮科.中职学前教育专业课程改革的思考[J].神州下旬刊,2020(5).

[2] 宋彩虹.园校对接、工学结合的学前教育专业课程体系建设——以上海市群益职业技术学校学前教育专业为例[J].当代职业教育,2014(9).

[3] 田茵.学前教育专业幼儿保育人才培养的分析研究[J].课程教育研究,2018(51):27.

夯实贯通培养基石　传好人才培养"接力棒"

上海海事大学附属职业技术学校　朱立平

摘　要：在中高职贯通关务与外贸服务专业学生的培养过程中，以学校该专业为例，严格落实人才培养方案，彰显一体化培养理念，夯实基础，不断提升专业内涵建设，突显职业技能，筑梦未来，培养适应自贸区经济发展需要的复合型技术技能人才。

关键词：中高贯通；一体化；高素质技术技能人才

一、实施背景

2017 年，根据《上海市教育委员会关于继续开展中高职教育贯通培养模式试点工作的通知》文件精神，为了服务上海城市产业转型升级的需要，特别是围绕上海自贸区及周边区域经济发展的需要，学校与上海交通职业技术学院联合开设中高贯通报关与国际货运专业（2020 年该专业更名为"关务与外贸服务"专业），并于 2018 年 9 月正式招生。两校发挥集团学校的办学优势，深化办学模式改革，在一体化人才贯通培养、专业建设等方面取得了一定成绩，也为学生共筑梦想、成就未来打下了坚实基础。

二、实施目标

两校在深入调研基础上，按照职业教育人才培养模式和国际贸易、报关报检及国际货代岗位及岗位群的要求，整体设计中高职贯通教育的培养方案、教学实施计划和教学管理制度，推进并深化中高贯通关务与外贸服务专业教学改革，夯实贯通培养基石，提升专业内涵建设，不断完善人才培养方案，加快培养适应社会经济需要的复合型技术技能人才。

三、实施过程

(一) 实施人才培养方案,夯实贯通培养基石

1. 五年一体,制定发展规划

2018年4月,学校中高贯通培养关务与外贸服务专业得到上海市教育委员会的批复后,针对国际贸易与航运服务发展对报关和国际货运专业人才的需求,制定了中高贯通关务与外贸服务专业五年一体化的发展规划,以主动适应区域社会经济发展需要,给予上海自贸区足够的智力支持和人才保障,顺应上海自贸区国际贸易和航运服务的发展,同时促进本专业的可持续发展。

2. 高校引领,打造一流教学团队

应中高职课程实施一体化的要求,上海交通职业技术学院牵头成立中高贯通关务与外贸服务专业联合教研组。专业教学团队共20人,其中博士2人,硕士13人,学士5人;教授1人,副教授及高级教师8人,讲师及中级教师11人;40岁以上9人,40岁以下11人,平均年龄39岁;有海外学习经历的5人。该团队能力强、素养高,学历结构、职称结构、年龄结构合理。师资共享形成教育合力,确保了实现五年人才培养的连续性和有效性。

联合教研组教师不仅有着扎实的专业教学功底,还有着较强的科研能力,主持并参与多项课题研究、指导本院校学生在市级和国家级竞赛中获奖,公开发表论文共计20余篇。

3. 立足人才培养,制定专业课程标准

自2018年4月中高贯通关务与外贸服务专业申报获批复后,两校多次召开专业指导委员会会议,立足一体化设计,贴近人才需求,研讨修订该专业人才培养方案,构建适合中高贯通关务与外贸服务专业产教融合的课程体系(如图1所示),满足自贸区企业对复合型技术技能人才的需求。

2019年6月,由上海交通职业技术学院组织联合教研组教师结合一年的试点经验,再次修订人才培养方案及相关课程标准。目前已经完成4门公共基础课、8门专业必修课、3门专业选修课课程标准的制定。教学文件进一步规范化,为提高教学质量提供了保障。

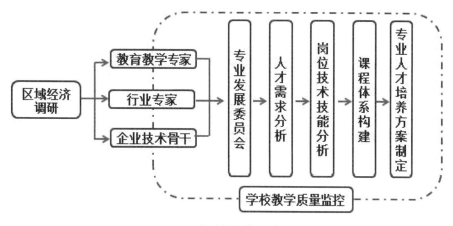

图 1　构建课程体系过程

4. 多方合作,深化课程教学改革

(1)注重课程建设,开发特色教材。本着"多方参与、合作共赢"原则,在上海自贸区企业的深度参与下,进行了中高贯通培养专业的课程体系设计。针对上海自贸区企业岗位需求,改革课程结构和教学内容,制定"突出综合能力培养"的课程标准,规范课程教学的基本要求,实施"统筹规划、突出重点、分级建设、注重实效"的课程建设方针,建设"一套体系、两支队伍、三个满足和若干门中高职贯通特色课程",如图 2 所示。

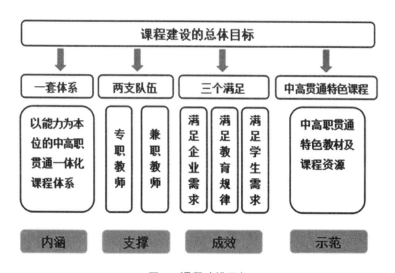

图 2　课程建设目标

以满足学生需要为切入点,创立以实践能力为主线、以工作流程或项目实施要求为单元的体例,编写优秀校本教材。相继开发了《葡萄酒品鉴与储运》《跨境电子商务》以及《自贸区大通关实务》等课程的校本教材,还开发了11个辅助教学的微课(如表1所示),以服务于学生专业学习以及职业能力提升,做到凸显技术技能性和实用性,使关务与外贸服务专业知识和技术技能的教学跟上行业企业发展动态,为迅速地适应自贸区企业岗位需求奠定良好基础。

表 1 微课一览表

序号	微 课 课 题
1	海运事故索赔的程序
2	如何选择承运人
3	如何正确提箱/拆箱及交付货物
4	我国主要的公路线路
5	国际公路运输口岸
6	集装箱出口十联单
7	集装箱标志
8	时差计算的介绍
9	航空计费重量的确定
10	认识航空运价表
11	货物装集装箱

(2)优化专业课程结构,充分体现理实一体。在中高贯通关务与外贸服务专业建设过程中,遵循《上海交通职业技术学院中高职教育贯通培养模式课程建设规划》,以职业能力和素养为主线,增设《自贸区大通关实务》《贸易政策解读(自贸区)》《通关案例解读(自贸区)》《葡萄酒鉴赏与储存》《货运代理仿真实训》等体现自贸区关务与外贸服务业务独特性的特色课程,主动适应区域产业的发展,以实现复合型技术技能人才的培养目标。

5. 总结反思,修订人才培养方案

两校在贯通培养实施过程中不断总结反思,2019年6月,进一步对中高贯通报关与国际货运专业人才培养方案作了调整与优化。整合课程内容,构建与自贸区企业职业岗位紧密结合的"实践导向"课程体系。在夯实文化课基础的同时,增设了专业能力拓展与创新创业课程,加大实践教学,提高实践学分学时比例(见表2),提高专业技术技能水平,实现复合型关务与外贸服务专业人才的培养。

表2　中高贯通报关与国际货运专业课程类型比例(2019年)

总学时			5 280		
课型	学时	比重	课型	学时	比重
理实一体化课程	1 973	37.4%	公共基础课程	1 728	33.6%
实训实践课程	1 410	26.7%	专业课程	3 408	66.4%
理论课程	1 897	35.9%			

2022年,根据《关于在上海高校思想政治理论课中进一步加强习近平新时代中国特色社会主义思想政治教育教学工作的通知》要求,结合现有中高职贯通人才培养方案,两校组织召开中高职贯通人才培养方案修订研讨会,再次对人才培养方案进行调整(如表3所示)。调整后,不仅认真执行国家要求的思政课程,还进行了课程思政,在专业课程标准中融入思政要素。专业知识结构合理,突出理实一体化教学,培养学生职业岗位群的工作能力和可持续发展的学习、适应、迁移能力。

表3　中高贯通关务与外贸服务专业课程类型比例(2023年)

总学时			5 062			
课型	学时	比重	课型		学时	比重
理实一体化课程	2 628	51.9%	公共基础课程	思政课程	306	6.0%
实训实践课程	1 296	25.6%		其他	1 678	33.2%
理论课程	1 138	22.5%	专业课程		3 078	60.8%

(二)基于学生发展现状,充实贯通办学内涵

1. 注重日常管理,彰显贯通特色

中高贯通关务与外贸服务专业的学生总体比较沉稳,不善于表达。因此,学校针对中高贯通专业学生的日常管理,倡导"学生自主,老师引导,互通信息"的管理模式。在日常的教育教学中,学校大胆放手,让学生自主地、主动地完成校园学习生活中的各类任务。学生们进步明显,有的成为广播站站长,有的成为升旗手,有的成为优秀的社团成员,有的成为学生会主席……总之,在日常管理中,学校既注重监督学生的行为规范,又注重培养学生的文化知识和专业素养,为学生们营造了良好的学习环境。同时,在进入高职院校学习前开始,中高职的班主任和指导员老师就会时时地沟通,了解学生情况,让学生们尽快适应大学生活学习。不仅彰显了贯通培养的特色,更是促进了学生们的成长。

2. 聚焦课堂教学,夯实文化基础

在文化基础学科的教学中,教师们集体备课,勤于交流。入学后,学生的文化基础课程成绩在稳步提升。

在由上海交通职业技术学院组织的文化基础学科的统一考核中,学校该专业学生取得了优异的成绩,在贯通的五所中职学校17个班级中(以2018级该专业学生为例),数学、英语排名第一,语文排名第二。学校贯通的两个专业的平均分在贯通的五所中职学校中名列前茅。具体如表4、表5所示。

3. 组织讲座参观,拓展专业知识

在贯通专业的日常教学中,依托两校合作企业及特聘兼职教师组织了一系列的专业讲座活动,拓宽学生的专业知识与视野。每月一次的专业讲座(如表6所示),由企业专家解读行业动态和专业知识,使学生更快更直接地熟悉所学专业,适应专业课程的学习。同时为职业技能大赛夯实了基础,在2019年、2021年上海市第八届和第九届星光计划职业英语项目及货运代理项目比赛中,中高贯通关务与外贸服务专业的学生分别荣获一、二、三等奖。

4. 开展集体活动,提升品德修养

为拓宽学生的专业知识与视野,提升品德修养,在贯通培养中,开展了丰富多彩的集体活动。

表 4　2018 学年第 2 学期 中高贯通班统考成绩情况分析表

序号	学校	班级	语文			数学			外语		
			最高分	最低分	平均分	最高分	最低分	平均分	最高分	最低分	平均分
1	上海市交通学校	18111	89	46	72	97	20	55.5	93	52	69.5
11	上海市公用事业学校	18 轨道机电	95	63	83	97	46	78.5	94	68	85.5
14	海大职校	18 中高报关	94	69	85.9	100	86	97.6	99	66	89.5
15	海大职校	18 中高物流	95	80	91.75	100	92	97.6	93	82	88.6
16	浦东外事	18 新能源贯通班	95	51	80.3	95	32	62.6	94	65	83.9
17	群益职校	18 汽修中高职	95	54	77.59	100	59	84.8	91	48	75.9

表 5　2018—2019 学年 中高职贯通班统考成绩统计表

序号	学校	语文			数学			外语			总平均分
		最高分	最低分	平均分	最高分	最低分	平均分	最高分	最低分	平均分	
1	上海海事大学附属职业技术学校	95	69	88.83	100	86	97.6	99	66	89.05	91.83
2	上海市群益职业技术学校	95	54	77.59	100	59	84.8	91	48	75.9	79.43
3	上海市公用事业学校	95	53	78.5	100	26	73.35	98	60	84.23	78.69
4	上海市浦东外事服务学校	95	51	80.3	95	32	62.6	94	65	83.9	75.6
5	上海市交通学校	94	11	69.33	100	13	52.08	94	18	67.72	63.04
	总计	95	11	74.91	100	13	64.98	99	18	75.55	77.72

表6　近年来的专家讲座开讲情况一览表

序号	讲座主题	主讲人
1	跨境电商物流的发展	韩麟
2	区块链与未来物流	冯喆
3	未来物流趋势分析与讨论	曹一鸣
4	大数据时代下跨境物流	熊伟
5	走进自贸区(一)	计中意
6	自贸区保税区域发展现状及政策介绍	金穗华
7	典型物流企业岗位设置及要求	张静
8	自贸区法律法规	刘言浩
9	进出口跨境物流	韩麟
10	走进自贸区(二)	丛佳
11	企业5S管理	陆敏

一是专业方面的活动。如:每月一次的自贸区企业系列讲座、企业实践等。前沿讲座以及虹口创业园的报关企业的实践,激发了学生的职业热情,让学生们感受到了成为一个真正的职业人所需要的磨练。

二是多姿多彩的课后生活。如:军训、运动会、合唱比赛、主题班会、春秋游、游园会、学生会招聘会、学生义卖、社团活动以及心理活动月的各类活动。这些活动不仅丰富了学生的学习生活,更是提升了学生个人的品德修养;同时,也为学生营造了对内积极竞争、友好相处,对外团结协作的良好学习生活空间。

四、实施保障

(一)建立协调机构,奠定贯通办学基础

为确保中高职教育贯通试点工作的规范运行,两校在已有的中高职贯通教育委员会的领导下,又成立了关务与外贸服务专业联合领导小组,形成两级组织机构。联合领导小组带领联合工作组、联合教研组以及合作企业工作组完成中高贯通培养相关工作。在贯通的五年教学过程中,全方位实施统一的教学计划、课程标准,实施统一的教学考核和教学质量考评,以

保障各专业的教学质量,主要职责如图 3 所示。

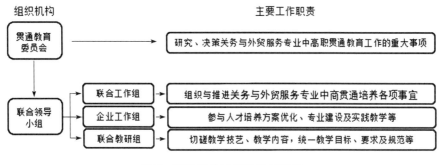

图 3　贯通工作协调组织与机构

（二）制定协调制度，提供贯通办学保障

为进一步提高贯通培养质量,为贯通办学提供可靠的保障,有效地实施联合教学管理,两校制定了《中高职贯通培养模式学生学籍管理实施办法》《关于修订中高职贯通教育试点专业人才培养方案修订和核心课程标准的通知》《中高职教育贯通培养模式试点联合管理实施方案》《关于中高职教育贯通培养模式一年"甄别"和三年"转段"工作的规定》《中高职教育贯通培养模式甄别工作实施细则》《中高职教育贯通培养校长联席会议制度》《中高职教育贯通培养模式教研活动制度》等中高贯通培养协调制度,确保贯通培养工作顺利进行。

（三）执行协调制度，确保贯通办学实施

两校不断完善联合教学管理制度,提升中高职贯通专业教学能力,多次召开组织机构会议,协调解决中高职教育贯通培养中有关的重大事项,审定中高职教育贯通培养教学管理相关文件等;指导修订关务与外贸服务专业人才培养方案,确保人才培养方案科学、规范、有前瞻性;开发制定统一的公共基础课、专业课程、专业核心课程的课程标准,推动专业建设;实现师资队伍、实训资源跨校流通,做到师资等资源贯通。

五、特色与成果

（一）科研引领，提升办学水平

近外来,两校专业教师从学校建设、学科建设、课程开发等方面去探索

如何更加科学、规范地深化专业内涵建设,12个课题校级立项,其中3个课题被市级立项(详见表7)。

通过课题研究,教师们认真思考学校在新的发展形势下面临的新挑战和新问题,认真研读文献开展调研,撰写课题论文,养成了在日常教学中总结经验的良好习惯,教师的科研能力得到了飞速的提升。

表7　2018—2023年立项课题统计表

序号	课题名称	课题负责人	校级立项	市级立项
1	贯通教育模式下教学管理机制的实践研究 ——以上海海事大学附属职业技术学校为例	薛士龙	✓	✓
2	上海自贸区物流人才需求分析及培养对策的实践研究	陈莉		✓
3	葡萄酒鉴赏与储存课程开发的实践研究	朱立平	✓	
4	上海自贸区背景下中本贯通物流管理专业课程建设的实践研究	黄裕程	✓	
5	基于自贸区需求的物流英语校本课程开发研究	冯小春	✓	
6	关检制度改革与报关专业高职人才培养	徐进	✓	
7	智慧物流场景下的校企合作路径探究 ——京东到家 go 合作为例	金飒帅	✓	
8	市级精品课程建设的实践与反思 ——以《国际货运代理》为例	孙晓	✓	
9	校级精品课程《国际货运代理》	孙晓	✓	
10	跨境电子商务理论与技能训练精品课程	陈传韵	✓	
11	基于大数据背景下京东到家智能柜高校运营可行性分析报告	陈传韵	✓	

(二) 一体化培养,打造复合型技术技能人才

1. 课程内容一体化

根据学生的心理和认知特点以及成长发展规律,彻底打破原有中职、高职各自独立的课程体系,有效整合,强化课程结构的合理性、连续性、层

递性和技能训练的持久性,创建中高一体化课程体系。

2. 师资力量团队化

两校成立协作专业教研室,对各校的教师队伍优化组合、优势互补,按照中高贯通人才培养整体要求,共同参与贯通培养的教育教学改革、课程开发等,通过专题讲座、教材分析研究、课题研究、课堂教学观摩指导等联合教研活动,综合提升教师的教育教学能力和职业素质,从而实现中高贯通人才培养的师资力量团队化,真正做到中高职贯通一体化教学。

3. 教育教学管理一致化

两校联合领导小组带领联合工作组、联合教研组以及合作企业工作组完成中高贯通培养的各项工作,邀请企业及校外职教专家参与,确保教学工作规范、科学、高效开展。依据中高贯通培养具有接受教育对象年龄小、可塑性大、有效教学时间长、知识能力培养的系统性强等特点,贯通培养过程中,结合专业特点、学生特点,有针对性地组织实施教学和管理,力求教育教学管理一致化。

(三) 传好人才培养"接力棒",形成"中职—高职—应用本科"人才成长体系

两校自 2018 年起在中高职贯通报关与国际货运专业开展贯通培养试点工作,注重人才培养路径的规划,发挥中高职院校自身优势,使学生在职业教育过程中,既可以取得学历证书,也可以获得职业资格证书,从而形成"中职—高职—应用本科"人才成长体系。

从入学开始就引导学生进行职业生涯规划,学生们可以通过就业、升入本科或者服兵役等途径实现自己的人生梦想。鼓励学生积极参加与专业相关的各类学科专业技能竞赛、各类社会实践活动和创业大赛等教育活动,提高学生的职业岗位适应、团结协作精神、人际交往、自我提升等综合职业素养和能力,缩短校园和企业的距离,以便更好地适应关务与外贸服务职业岗位的需求。

2019 年中高贯通班周雨欣同学在上海市"星光计划"第八届职业院校技能大赛"职业英语"比赛中获得上海市二等奖。2021 年周雨欣和张逸扬同学获得了上海市"星光计划"第九届职业院校技能大赛"货运代理"项目一、二等奖。2021 年 9 月中高贯通班学生转入交通职业技术学院进行学

习,交通学院的教师接过了人才培养的"接力棒"。2022 年 8 月周雨欣同学代表上海参加了 2022 年和 2023 年第一届和第二届全国职业院校技能大赛高职组货运代理赛项,均获得全国一等奖。同时还接受了上海教育电视台《一起来成长》节目的专访,聊聊她们和职教之间的故事。她们以"职业教育正精彩"为主题,讲述了参赛过程和心路历程,强调贯通培养夯实了专业基础,提升了专业技能,展现了职业教育的魅力。正是因为这些经历,让一部分学生免试进入本科院校深造。

2023 年 5 月,18 级中高贯通报关与国际货运专业班的 29 位学生中有 9 人升入本科,其中 3 名学生升入公办本科院校深造(上海第二工业大学和上海立信会计金融学院)。这正是对我们两校的贯通工作的肯定。

六、体会与思考

(一)中高职院校紧密协同是贯通培养的保障

由于五年学制的中高职贯通教育是由中职和高职联合完成,所以形成和完善中高职院校协同联动的紧密型联合体培养模式是贯通教育的组织保障,双方以专业为纽带,发挥中职和高职各自的优势,提高专业人才培养质量,实现职业教育高素质技术技能人才的培养目标。

(二)专业人才培养方案五年一体化设计是贯通培养的核心

根据区域经济和行业产业发展趋势,中高职院校充分论证贯通专业的必要性和可行性,制定贯通专业发展规划,不断优化人才培养方案,凸显贯通培养优势,课程一体化设计是贯通教育的核心,符合技术技能人才培养的规律。

(三)师资团队互聘同研是贯通培养的关键

中高职院校和企业组建联合师资团队,高职强牵引,中职强基础,落实课程标准,注重课程内容衔接,课程内容与岗位生产实践相结合,建设一支高素质互聘同研师资团队是贯通教育高质量发展的关键。

参考文献

[1] 朱翠红,李英军,崔利芬.提高贯通培养项目基础文化课教学质量的策略研究[J].北京农业职业学院学报,2019,33(06):87-92.

［2］刘安洁,陈嵩.贯通培养模式下学生质量评价的指标体系构建［J］.上海教育评估研究,2018,7(06):36‐41.

［3］郭晨.高端技术技能人才贯通培养的理论依据探索——以北京市为例［J］.中国职业技术教育,2018(36):83‐87.

［4］杨彪.能力成长视角下的高本贯通"一体化"课程体系建设刍议［J］.科技经济导刊,2019(020):129‐130.

职业技能大赛课程化改革与实践
——以中高职贯通电气自动化技术专业为例

上海海事大学附属职业技术学校　　陈力静

摘　要：职业院校技能大赛能够优化人才培养，是实践教育的一个好途径。但是存在竞赛选拔机制不完善、技能大赛与课程建设脱节等问题。针对这些问题，本文提出了技能大赛课程化的思路，即赛课融通的方式，旨在创建一个合理有效的专业技能竞赛选拔机制，真正做到以赛促学，提高人才培养质量。

关键词：技能大赛；课程化；赛课融通

一、实施背景

职业教育是以就业为导向，以技能教育为核心的教育模式，以服务为宗旨，把培养面向社会第一线需要的高素质、高技能、具备良好职业道德的应用型技能人才作为最终目标。学校2017年起与上海电机学院开展中高职贯通电气自动化技术专业的贯通培养工作，该专业旨在培养知识、能力、素质各方面全面发展，掌握电气自动化领域的基本理论、基本知识和专业技能，能够从事与电气工程有关的技术开发应用、电气设备的安装与调试、电气系统运行管理与维护等工作的技术技能型人才。

职业技能竞赛工作的广泛开展，技能竞赛制度的逐步建立，引领了职业教育的教学改革方向，开展职业技能竞赛是提高教学质量的重要手段之一，"分布式光伏系统的装调与运维"赛项既是全国中职院校中职组赛项也是高职组赛项，学校从2018年起，开始参加此赛项。经过市教委遴选，能代表上海参加全国中职院校技能大赛的团队几乎都是中高贯通电气自动化技术专业学生组成的团队，但同时一些问题正在凸显，即竞赛选拔机制不完善、梯队建设跟不上、技能大赛与课程建设脱节等问题。针对此现象，本专业提出了技能大赛课程化的思路,即赛课融合。

二、实施目标

以竞赛项目的课程教学为抓手,将职业技能大赛内容课程化,使技能竞赛的成果向该专业技能教学转化,推进以项目教学为重点的教学改革,构建以项目教学为主体的教学体系,真正做到全员参与,进一步提高学生综合职业能力。具体目标如下:

(一) 专业课程建设

对照全国职业中职院校赛"分布式光伏系统的装调与运维"赛项,确定课程建设必须集合就业岗位的集群所必需的知识与技能,体现基本性、前瞻性、普及性、工作性,完成《光伏发电控制技术》课程建设,包括课程标准、教学资源、校本教材(讲义)等。

(二) 课程教学实施

将《光伏发电控制技术》课程列入中高职贯通电气自动化技术专业教学计划,在 2020 级开始教学试点,教师编制授课计划,设计教学流程,用有效的教学策略解决课程中的重点、难点,并形成"教—学—练—评"四位一体的线下教学过程和"三段五阶"即任务导入、任务实施、任务总结(三段)、预习反馈、创设情景、需求探究、分解需求、实现需求(五阶)的线上教学过程。

三、实施过程

(一) 结合技能大赛,重构"产业需求,过程导向"的教学内容

结合全国职业技能大赛"分布式光伏系统的装调与运维"赛项,对所涵盖的工作任务进行分析、转化、序化,构建光伏国赛知识架构。

打破传统教学内容的限制,融入光伏发电新标准、分布式光伏发电新技术,将大赛内容分解成光伏组件的安装与测量、分布式光伏发电系统的安装与部署、分布式光伏发电系统可编程控制器的应用、分布式光伏发电系统远程控制系统的设计、分布式光伏发电系统太阳能逐日跟踪的调试五个教学模块,建设《光伏发电控制技术》课程。赛课融通,以"赛"提"技",融合全国职业技能大赛等各级大赛的技能要求,以技能大赛来提升学生的专

业能力。

（二）对接岗位需求，确定"能知能行，勤廉端谨"的教学目标

对标技能大赛的产业行业及岗位群，进行职业能力分析，以"岗"定"课"：课程对接光伏行业的国家职业技能标准，以光伏运维专员的初、中级岗位技能标准作为课程培养标准；对接光伏运维岗位需求，结合电气自动化技术专业人才的培养目标和"思维初成，能力三低"的学情分析，分别明确知识、能力、素质三维目标，确定教学重点和难点，聚焦学生的"爱国、共赢、廉洁、严谨、忠诚"等职业素养的养成，培养"能知能行、勤廉端谨"的新时代高素质的技术技能型光伏人才（见图1、图2）。

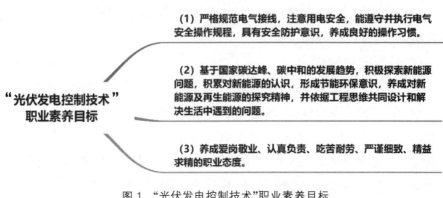

图1 "光伏发电控制技术"职业素养目标

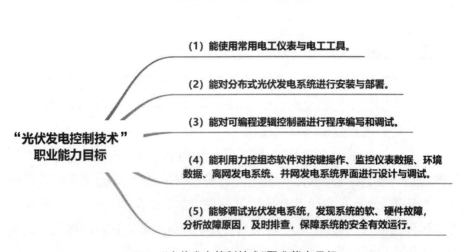

图2 "光伏发电控制技术"职业能力目标

（三）聚焦工作过程，构建"双线协同，任务驱动"的教学策略

聚焦分布式光伏发电的工作过程，按照平台装配、运行、维护作业的真实流程，借助光伏发电仿真平台来还原真实的工作场景，遵循"思政润心、技能递升"双线协同的教学理念。从课前导学、课中实践、课后拓展三个阶段，以任务驱动学生探究光伏发电运维作业；校企双师协同指导，课内实施"吸引、探究、解释、迁移、评价"教学流程，课外实施"基础、拓展"辅助教学活动；传承"共赢、廉洁、忠诚、严谨"的课程素养，达成"能知能行、勤廉端谨"的教学目标，有效地落实课程育人。

（四）依托线上线下平台，实施"任务递进，三段五阶"的教学过程

教学实施分为课前自主学习、课中导学和课后提升。课前自学，学生通过在线课程平台资源进行课前自学、在线上平台完成话题讨论和分组任务。课中导学主要采用"三段五阶"——任务导入、任务实施、任务总结（三段）；预习反馈、创设情景、需求探究、分解需求、实现需求（五阶）。通过教师课前拍摄的视频引导学生完成实操流程，解决学生在实操过程中出现的个别问题。对于实操中难点问题，通过教师现场示范、直播软件实时直播逐一解决。课后通过平台测试，巩固专业理论知识；利用第二课堂，如：光伏社团、光伏运维赛项集训队，为学生提供技能固化练习的平台。考核评价采用线上线下相结合的考核方式，结合在线平台的统计数据和线下考评表综合进行考评，形成学生的学习档案、记录学生的专业成长过程。线下考评分为理论考核和国赛技能考核。通过国赛技能考核，国赛评分标准，在每次考核中"职业素养"都作为一项考核指标，逐步促进学生职业素养的养成，使学生在毕业后能够迅速适应岗位工作。

四、实施保障

（一）教学实施有依据

根据《关于上海市职业院校制订中高职教育贯通专业人才培养方案的指导意见（试行）》文件精神，在 2020 年 6 月中高贯通电气自动化专业人才培养方案修订时，将"光伏发电控制技术""自动控制设备认识与实践"等课程编入教学计划，并且编制校本化"光伏发电控制技术"课程标准，经专家

论证,2020 年 9 月在 20 级电气自动化技术专业新生开始试点。

(二) 实训条件有保障

借助技能大赛,加强实训基地建设,以技能大赛实景及企业实景建设和改造现有实训室,为专业提供全真实景的工学环境。实训室主要有分布式光伏工程实训系统 4 套,由硬件平台和软件平台两部分组成。硬件平台包括负载模块、数据采集模块、集中控制模块、供能模块、智能离网微逆变模块、通讯模块、环境感知模块及分布式光伏并网隔离系统组成。软件平台包括分布式光伏智能运维系统和分布式光伏仿真规划软件,既可满足国赛的比赛要求,也可容纳一个班级约 30 名学生以小组形式开展教学活动,满足课程实训教学要求(如图 3 所示)。

图 3　光伏发电控制技术相关实训室组图

五、特色与成果

(一) 课程改革,提升教师综合素养

在课程建设过程中,教师对技能大赛的要求进行分析研究。了解到技能竞赛的项目任务往往源于行业和企业的实际岗位现状,是行业和企业中急需人才必备的工作能力和必须掌握的职业技能。为了能实现竞赛项目课程化,教师团队自身的专业知识与水平需要系统全面,具备较高的情商和丰富的教学经验,需要有良好的工程实践动手能力。只有这样的师资才能完成竞赛项目和案例二次开发成相应的教学项目。在执行这个教学设计的过程中,教师无形中提高了自身的综合素质。

教师在授课过程中,不断钻研、挖掘新知,拓展业务,提升教学能力。借鉴技能竞赛的环境、设备、软件等来组织教学,促使在技能竞赛中形成的宝贵资源得以充分应用,将课程建设和技能竞赛项目任务分解有机结合,潜移默化地融入新能源保护、光伏发电助力精准脱贫项目案例,引导学生在以后的工作过程中要有过硬的职业能力和职业素养。在实训的安全性指导、实训的方法指导、学生的合作意识指导等方面,教师的责任感和使命感也不断加强。

(二)赛课融通,促进学生共同发展

赛课融通就是在课程中引入竞赛的理念,增加课程的趣味性,调动学生的积极性和主动性,形成人人参与、赶超比帮的良好氛围,避免陷入大赛仅仅是培养尖子的误区。以技能竞赛项目为载体的实训教学设备与现代化实训基地建设有机融合,使得技能竞赛成果惠及全体学生,提高了全体学生的技术水平。

学生在实操过程中,穿电工服,穿绝缘鞋,严格执行工作规范,养成尊重劳动、崇尚劳动的习惯,培养爱岗敬业、团结协作的精神和坚韧顽强的意志,以适应艰苦的工作环境,努力成为知识型技能型创新型的高素质劳动者,成为新时代的能工巧匠。

"以赛促教、以赛促学、赛课融通"的教学模式使学生学习兴趣高涨,提升实践能力、职业技能、就业竞争力。18级中高电气学生程海飞和孙浩然获得2019全国职业技能大赛"分布式光伏系统装调与运维"赛项三等奖、在2022全国职业院校技能大赛中职组该赛项上海选拔赛中获得一等奖。20级中高电气庞子海、21级中高电气李滨浩、李俊谊获得2023全国职业院校技能大赛中职组"新型电力系统运行与维护"赛项三等奖(如图4所示)。

图4　比赛组图

18级中高电气程海飞、19级中高电气楚程扬同学刚进入上海电机学院高职院学习后,就受到高校欢迎,直接晋升为全国职业院校新型电力系统技术与应用国赛赛项高职组选手,该赛项高校教练赞扬学校该专业培养的学生技能全面,素养优秀,他们也获得了2023全国职业院校技能大赛"新型电力系统技术与应用"赛项高职组三等奖。

同时,本专业的"赛课融通"模式也为其他赛项打好了扎实的技能基础,如18级中高电气周敏聪获得上海市第九届星光计划—工业控制赛项三等奖;21级中高电气郭许斌获得上海市第九届星光计划—工业控制赛项三等奖。

(三)校企(校)共建,提升专业竞争力

1. 校企合作,共建实训基地

2020年,学校与浙江瑞亚能源科技有限公司进行"产教融合 校企合作"签约,成立新能源光伏人才培养基地(如图5所示)。

图5　光伏基地签约仪式

校企组建校企"双元"课程团队,企业提供学校技术支持,助力学校技能大赛基地建设。2022年,经市教委遴选,学校光伏实训室成为国赛项目"分布式光伏系统的装调与运维"赛项上海市选拔赛承办基地。

2. 高校引领,发挥专业优势

在高校专业群布局对接产业链,专业人才培养对接岗位群,课程体系对接技术链的思路引领下,电气自动化技术专业作为纽带(如图6所示),串联机电一体化技术专业群和工业互联网专业群建设,实现"一轴两翼两

融合"的专业群优化布局：一轴以装备智能化生产为轴心，两翼为工业自动化为主要任务的机电一体化技术专业群和以加工信息化为主的工业互联网专业群，两融合为先进制造业和信息服务业相融合。"光伏发电控制技术"课程改革与实践，完善了电气自动化专业的课程体系，优化了高水平专业群建设的人才培养方案，进一步确立了该专业的核心地位。

图6　高水平专业群建设核心专业——电气自动化

（四）全过程培养，完善竞赛选拔机制

以前，面对职业院校的技能大赛，很多职院校缺乏一个健全的竞赛选拔机制，导致在市级、省级大赛、全国大赛之前，没有完备人才储备库。学校也不例外。比赛通知一出，以"比赛"为唯一目标，基本上是临时组队、临时指定指导教师。集中1个月的临时训练，参赛选手临时放弃其他课程的学习。这种"应赛教育"的异化倾向，陷入了"拔苗助长"困境，忽略学生成长的规律。

如今，通过"光伏发电控制技术"72学时的课程学习，在选课、上课、初赛、复赛、决赛，一系列过程中，夯实了学生专业基础知识。课程的过程性特征，考验选手的综合素质和发展潜能，培养了学生吃苦耐劳的职业精神，小组形式参赛强化了团队协作意识。这样的过程形成了"大赛人才储备库"，建立起长效选拔机制。

六、体会与思考

"光伏发电控制技术"在中高职贯通电气自动化专业课程化实施中取得了良好效果，学生在模拟光伏发电系统离、并网的实训过程中，不但提升了技能水平,而且潜移默化地受到规范化、标准化的职业素养的浸润,增强了职业规范意识。

近年来,随着技能大赛的不断调整,项目更加紧贴区域、紧贴产业发展,技能竞赛项目的设置常常是源于企业生产实际工作,因此在课程建设中,确定课程建设内容必须集合就业岗位的集群所必需的知识与技能,体现基本性、前瞻性、普及性、工作性。后期将尽快落实"光伏发电控制技术"校本讲义的撰写,继续丰富课程所需的相关教学资源建设,发挥此课程的示范辐射作用。

参考文献

[1] 刘焰.部级职业技能大赛对职业教育的影响力探讨[J].教育与职业,2010(3).

[2] 罗智,肖爱武.电气控制技术职业技能竞赛与课程建设的研究[J].教育职业,2009(1).

协同育人　肇基成长

上海海事大学附属职业技术学校　黄裕程

摘　要：中本贯通培养工作旨在推进现代职业教育体系建设，构建职业教育发展的立交桥。上海海事大学附属职业技术学校和上海电机学院为保障贯通教学的质量，在建立试点工作协作机制、思政育人、专业人才培养、师资共融、产教融合、科研共进、共建共享实训室等方面做了大量工作，为专业内涵建设和学生的长足发展夯实了基础。

关键词：协同育人；中本贯通；课程思政

一、实施背景

上海海事大学附属职业技术学校与上海电机学院从 2018 年起开始中本贯通物流管理专业人才培养模式试点工作。中本贯通试点项目的初衷是为了依托中职和高校的资源，通过一体化设计和实施推进，将中职和应用本科各自独立的课程体系进行有机整合、合理衔接，以达到文化基础夯实、专业领域拓宽、职业能力提升的培养要求，但如果在执行过程中，两校缺乏协同机制，极易造成"3＋4"的一体化培养变成独立的两段式培养，违背中本贯通的初衷。为了更好地保障贯通教学的工作质量，两校从建立试点工作协调机制、开展党建引领课程思政、夯实专业内涵发展根基、融合共建提升专业教学质量等方面开展了大量的试点工作，保障了中本贯通物流管理专业复合型技术技能人才培养目标的实现。

二、实施目标

深入推进习近平新时代中国特色社会主义思想进教材、进课堂、进头脑，推动思想政治教育与技术技能培养融合统一。科学统筹职业教育、高等教育协同创新发展,促进两校贯通培养管理工作的规范化与科学化,切实提高两校贯通培养的质量、适应性和吸引力,着力培养爱党爱国、有社会责任、有创新精神、有专业知识、有实践能力、有健康身心的高素质物流技术技能型人才。

三、实施过程

(一)建立试点工作协调机制,保障贯通教学管理

1. 建立贯通培养管委会,构建贯通培养组织架构

上海电机学院根据贯通培养模式的试点要求,结合实际教学工作,成立了贯通培养管理委员会。管委会每半年召开一次全体会议,加强了校际联系,促进贯通专业教学团队的形成,研究和探讨中本贯通物流管理专业教育教学过程中的理论与实践问题,实现中本的有效贯通。建立了中本贯通培养管理工作组,开展中本贯通专业的人才培养工作,对中本贯通培养工作中的重大问题进行指导、评议和决策。工作组下设教学协作组、教学督导组、专业指导委员会。

2. 健全协调组织机构,保障贯通教学开展

在海大职校层面成立了"改革发展指导委员会",由高校领导、贯通高校领导、教育主管部门领导和企业负责人和职教专家等组成,每年召开会议,把握学校和专业发展方向。

两校从学校层面联合成立中本贯通试点领导小组,负责制定具体政策,制定了《中本贯通培养模式试点管理实施方案》等,建立工作机制,统筹协调贯通培养试点工作,保障试点工作顺利开展。建立了中本贯通物流管理专业项目工作组,指导物流管理专业优化专业人才培养方案、课程开发与建设,探索产教融合的实现途径与模式。在专业层面联合成立中本贯通教学协作组,组建了由优秀中职、本科专任教师和企业兼职教师组成的专业教学团队,负责课程教学标准的编制和修订工作,开展专业实训、实习等实践性教学工作,进行联合教研活动和师资培训,不断提升教师的专业能力。

(二)党建引领课程思政,铸稳立德树人根基

为了更好地引导中本贯通物流管理专业学生牢固树立正确的世界观、

人生观和价值观,海大职校和电机学院商学院自2020年起在中本贯通物流管理专业开展课程思政的实践研究。2020年12月上海海事大学附属职业技术学校与上海电机学院合作共建签署了思想政治理论教育共建协议,2021年9月海大职校党支部与电机学院商学院党支部党建联动,共同推进贯通专业的课程思政工作。任课教师深入学习贯彻习近平总书记关于教育的重要论述,以党建为引领,优化顶层设计,探索"党建+课程思政"协同育人模式,在中本贯通物流管理专业试点构建了立德树人长效机制,探索课程思政的建设途径。

1. 加强教师队伍的育德能力,抓好课程思政的"主力军"

课程思政的核心是立德树人,推进课程思政的关键是教师,提升教师的育德意识和育德能力是课程思政实施的重点和难点。目前中职学校课程思政建设尚处于探索阶段,学校从深刻剖析推进课程思政建设的角度,重视教师作为课程思政建设主力军这一角色,立足于加强师资队伍的育德能力建设。党支部要求教师坚守立德树人初心,学习贯彻党的教育方针,谙熟专业知识与思政育人紧密结合的理念意识,切实提高思想政治理论水平和教学能力,让"思政力量"在学校教育中发挥重要作用。

2. 挖掘课程中的思政元素,抓牢课程建设"主阵地"

教师从习近平新时代中国特色社会主义思想进教材进课堂进头脑、培育和践行社会主义核心价值观、加强中华优秀传统文化教育、深入开展宪法法治教育、深化职业理想和职业道德教育等五个方面入手,立足物流专业课程特点,对贯通课程的教材进行整理与分析,总结出"国际贸易实务"等四门贯通课程共性思政元素以及突出强调的思政元素,并把思政元素修订入新的课程标准。

3. 注重思政融入,抓实课堂教学"主渠道"

以中本贯通物流专业为试点,制定符合专业特色的课程思政建设体系,以四门贯通专业课为载体,通过具体的教学实践积累专业思政实施经验,从而实现由点到线、由线到面,全面实现课程思政建设。教师依据课程标准,编制了课程思政教学设计,将专业课程的思政教学目标融入教学设计,打造出3~4节课程思政示范课,进行了课堂思政教学实践,同时提炼出可推广的课程思政教育教学改革典型经验和特色做法,撰写了课程思政案例,形成了中本贯通物流管理专业课程思政教学案例库(见图1)。

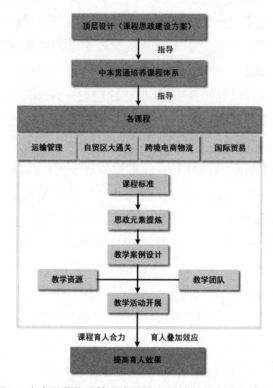

图1　中本贯通物流管理专业课程思政教学实践设计思路

　　在近两年的课程思政实践研究中,两校坚持立德树人,全面推动习近平新时代中国特色社会主义思想、社会主义核心价值观、专业精神、职业精神和工匠精神融入人才培养全过程,学生职业素养、基础知识和专业技术能力培养并重。中本贯通物流管理专业学生班级学生学习氛围浓厚,学生专业学习动机更明确,学习态度更积极,学习成绩优良。

(三)抓好专业建设,夯实专业内涵发展根基

1.贯通一体,构建专业人才培养体系

　　两校的中本贯通物流管理专业,以服务上海"四大品牌"和"五个中心"建设,满足自贸区物流企业人才需求为目标,根据《上海职业教育高质量发展行动计划(2019—2022年)》做实专业发展。两校将中职与本科阶段教育全面打通,围绕技术技能型人才培养目标,贯彻落实党和国家在课程设

置、教学内容等方面的基本要求,采用一体化设计原则,强化专业人才培养方案的科学性、适应性和可操作性,构建"一个核心、两个导向、三方协同、四项重点"的人才培养体系框架,如图 1 所示,系统实施中职与本科七年一贯制培养。

"一个核心"是指始终围绕学生能力培养与提升这一核心,遵循职业教育、技术技能人才成长和学生身心发展规律。让学生通过在前三年的学习,具备一定的物流专业知识与技能,对未来将从事的物流职业有较为清晰的认识,培养浓厚的专业兴趣,在后四年持续提升物流专业综合能力。

"两个导向"是以自贸区行业企业对技术技能人才的需求、以学生个体成长需求为导向,体现自贸区物流的培养特色,设置物流管理专业人才培养目标,构建课程体系,实施课程教学,评价人才培养效果。

"三方协同"是指深度融合两校、行业企业各方优势资源,各尽其责、各显其优,共同参与确立人才培养目标,协同推动中本贯通物流管理专业人才培养项目的深入开展。

"四项重点"是指遵循人才培养规律,具体需要做好"找准培养定位、重构课程体系、实施教学改革、改进质量评价"四项重点工作,以确保人才培养目标的最终实现。

2. 产教融合,服务区域经济发展

站在新时代改革开放的潮头,立足上海自贸区区域经济发展,两校以党的二十大精神为指引,贯彻落实中共中央办公厅、国务院办公厅《关于深化现代职业教育体系建设改革的意见》,进一步拓展合作领域,深化合作内涵,整合校企资源,赋新能、造新势,持续推动职业教育教学改革,深化产学研合作,将企业新技术、新工艺引入学校人才培养过程,提升人才培养质量。两校与外高桥、临港新片区企业开展广泛的校企合作,产教融合工作。两校与东方久信、京东物流、建发集团、河姆渡物流签订了产学研合作基地协议。本专业产学研合作基地已达到 15 个。根据专业教学实施计划的安排,开设了自贸区系列物流讲座,邀请自贸区企业专家、电机学院商学院教授、电机学院商学院海外名师等为学生开设系列讲座,解读最新的物流行业动态和专业知识。

2020 学年开设了"物流信息技术的最新发展""自贸区和自贸港"等多

个专业讲座,为学生讲解最新的物流专业知识,拓宽了学生的知识面,丰富了学生的信息量。两校还充分利用"产教融合——自贸区物流产业与职业教育融合"论坛、自贸区职业教育研究所中国(上海)自贸区供应链外高桥研究院等实施项目,深化产教融合,使两校的中本贯通物流管理专业教学更好地服务上海自贸区经济发展。

3. 科研引领,赋能专业质量提升

两校在立项之初,专业定位"自贸区物流"。一年来,两校紧紧围绕自贸区物流的发展需求,在电机学院商学院的多位骨干教师引领下,利用专业联合教研活动,线上线下多种沟通途径,共同开发了适合本专业学生的、符合自贸区物流特点的特色课程和校本教材,开设了"保税物流业务"等7门具有自贸区元素的特色课程。目前,中本贯通物流管理专业的教师团队已出版了《跨境电商物流》《物流学概论》等5本贯通课程教材。为了探索物流管理中本贯通试点的技术路径、条件保障及实践策略,围绕两校中本贯通试点工作中的管理机制、贯通培养模式、一体化课程建设、人才培养机制、课程体系等核心问题,两校通过共同参与多个市级、校级课题研究,落地解决了项目试点过程中存在的实际问题,并总结出可推广、可复制的模式。

(四)融合共建,提升专业教学质量

1. 师资共融,聚焦提升学生专业能力

两校为学生配备了双导师,高校教师参与日常课程教学。中本贯通物流管理教学团队定期在两校开展联合教研活动,中职教师和本科教师面对面交流,共同探讨贯通课程内容与授课方式、理论与实践教学比例等。对于核心贯通课程,经过中本贯通物流管理教学团队的研究讨论,从2018学年第二学期开始,采取中职教师、本科教师联合授课模式。启动该项试点工作以来,受到学生欢迎,取得很好的教学效果,真正发挥中本贯通人才培养模式高校引领的制度优势,培养高水平的应用型物流人才。

2. 共建共享,提升实训教学质量

为提升本专业实训教学的质量,充分发挥双方的优势和特色,上海电机学院商学院在上海海事大学附属职业技术学校"物流虚拟仿真实训室"挂牌为合作共建实训室。双方以共建实验室为载体,共同培养人才、共同

申请科研项目、申报科研成果。共同合作编撰共建实训室的实训操作指导手册、实训课程教学标准和实训考核标准。两校还为中本贯通物流管理专业教师和学生提供开放实验室参观交流等，为双方教师提供软件体验等服务，形成合作互动、优势互补、互利共赢、共同发展的新格局。

四、实施保障

（一）制定贯通协调制度，提供贯通办学保障

上海电机学院和海大职校共同制定了中本贯通管理工作条例、中本贯通教学管理办法、中本贯通奖励方案等制度。这些制度明确了中本贯通管理工作组、教学协作组、教学督导组的工作职责、工作制度和名单组成等。对中本贯通教学管理的组织体系、人才培养方案、教学运行管理、教学质量监控、教学改革与教学研究管理等提出了具体的要求。对教学管理中的招生、学籍、人才培养与考核、转段考核与发证等作出了明确的规定。通过电机学院组织督导听课、教考分离等方式实施教学质量监控，完善了质量评价机制。这些制度从根本上保障了中本贯通培养工作的有效开展。

（二）完善教学管理文件，规范贯通教学实施

在教学管理层面，建立了中本贯通专业教学质量保障体系，涵盖了《中本贯通培养模式教学检查制度》《中本贯通培养模式实践性教学管理暂行规定》《中本贯通培养模式教研活动制度》《中本贯通培养模式考试管理规定》等教学管理文件，确保一体化教学工作顺利实施，建立了教学监控评价体系，定期组织检查、评估，及时发现、整改试点工作中出现的问题。

五、特色与成果

本专业在 2019 年度市中本贯通跟踪检查中成绩为"优秀"，在近两年上海电机学院组织的中本贯通教学检查中反馈情况优良。

2020 年贯通教材《跨境电商物流》被评为上海市优秀校本教材。

18 级中本物流贯通班学生在 2021 年 5 月份的中本转段上海市"三校生"统一文化考试中力拔头筹，在电机学院贯通六校中总成绩排名第一，专业技能水平测试成绩优秀，30 名学生全部顺利转入上海电机学院。

18 级、19 级、20 级、21 级中本物流贯通班学生在上海电机学院组织的

六校联考中语数英成绩均名列前茅,1 名学生获国家级奖学金,多名学生获上海市奖学金、被评为市三好学生,在市星光计划比赛和市"中华杯"物流职业技能大赛中分获一、二等奖。

通过近两年的专业课程思政实践研究,学生增强了对学习物流专业课的兴趣,对于职业道德和职业理念也有了更深的理解。有效地改善了学生的学习态度,学生得以充分的融入课堂之中,提高了课堂教学效果,更好地理解了专业学习的意义,也更有利于知识的理解与吸收,全面提升了学生的专业能力。

六、体会与思考

两校在五年多来的中本贯通物流管理专业试点培养工作中,以专业课程思政的实践研究为发力点,不仅在专业课程和技能上实现一体化培养,更在思想政治教育上实现一体化培养,充分用好了课堂教学这个主渠道,把思政因子充分融入专业贯通课程的教学中去,为中本贯通模式下实现一体化育人目标进行了有益的探索。

两校还构建了一体化贯通人才培养方案,产教融合,科研引领,促进了专业内涵发展。通过师资共融、共建共享实训室等,提升了专业教学质量。中本贯通人才培养工作是一项长期的重要工作。

在今后的工作中,两校将继续加强融合贯通,在文化基础课程思政贯通和管理贯通方面进行有益探索,在专业教学实践中加强产教融合机制,以聘任产业教授、共建实验室、建立校外实习基地等具体措施为抓手,使产教融合机制深入、扎实地开展,培养中本贯通物流管理专业的高素质技术技能人才、能工巧匠、大国工匠,为加快建设教育强国、科技强国、人才强国奠定坚实基础。

参考文献

[1] 刘磊.质量保障视域下中本贯通教育的基本命题[J] 职教论坛,2019(17):1-5.
[2] 徐国庆.中本贯通的合理性[J] 职教论坛,2019(9):1.

中高职贯通现代物流管理专业一体化课程设计
——以"保税仓储与配送"课程为例

上海海事大学附属职业技术学校　陈莉

摘　要：一体化课程体系建设是中高职贯通培养发展的重中之重。本案例针对中高职贯通现代物流管理专业一体化课程衔接中存在的问题，以"保税仓储与配送"课程为例，从一体化课程的设计理念、一体化课程的实施过程、一体化课程的组织保障等多个实践角度探索一体化课程体系的设计。

关键词：中高职贯通；物流管理；课程；一体化设计

一、实施背景

基于自贸区物流业态的新变化以及服务对象的特殊性，对物流人才规格提出了新的要求，自贸区企业更青睐物流技术技能型人才。这类人才要具备自贸区物流业务处理和管理能力、国际贸易业务运作管理能力、运用国际惯例、法律法规能力、供应链管理与运作能力以及跨境电商运作与管理能力等，这些能力需要通过长周期的贯通培养才能实现。基于上海自贸区对物流管理专业人才的需求以及物流管理专业建设的现状，上海市教委于2016年批准了上海海事大学附属职业技术学校与上海交通职业技术学院申报的中高职教育贯通培养模式现代物流管理专业试点工作，该试点专业于2017年进行招生。

中高职教育贯通的核心是专业课程体系，贯通的方法是课程一体化设计。笔者对所在学校以及贯通的高职院校的仓储配送一体化课程现状进行调研，得知目前中高职贯通下仓储配送课程衔接现状如下。

课程目标不对接。通过调查对比，目前部分中高职院校在仓储与配送课程上仍沿用各自原有的课程标准，课程目标并没有对接。

课程内容重复率高。由于课程目标的不对接,目标泛化、虚化现象严重,从而造成了课程内容的重复。

教学模式较陈旧。目前中职校、高职校仍有部分老师采用传统的讲授法进行教学,没有运用项目教学法、任务驱动教学法等新方法进行教学,实训教学也较少。

评价方法较单一。目前中职校、高职校主要的评价手段是学生的平时表现+期末考试成绩或平时表现+实训考试+期末考试成绩,权重比例虽各有不同,但都是任课教师给予评价,评价方法较为传统单一。

对课程衔接认识不够。不论是中职教师还是高职教师,大多数教师都只关心自己任教的仓储配送课程,并不考虑学生的中职学习基础或者是高职阶段的学习内容,没有认识到该课程衔接的重要性。

为此,进行一体化课程设计非常有必要。通过一体化设计,整合教学内容,实行知识铺垫和能力提高两个阶段教学,师资高度融合,学生学习连贯性强。上海海事大学附属职业技术学校与上海交通职业技术学院的中高职贯通现代物流管理专业"保税仓储与配送"一体化课程设计在此背景下诞生。

二、实施目标

(一) 充分明确贯通课程定位

"保税仓储与配送"课程是中高职贯通现代物流管理专业课程体系中的核心课程,是培养自贸区仓储企业中一线的工作人员、作业班组负责人、部门主管及业务经理等海关监管下的仓储配送人才的必修技能课程。因而"保税仓储与配送"课程在中高职贯通现代物流管理专业课程体系中的地位举足轻重,对未来应用型技术技能人才的培养起到强有力的支撑作用,其教学质量与效果直接关乎未来从业人员的质量。

(二) 全面整合贯通课程内容

课程内容的整合是中高职贯通课程的核心和关键。中高职贯通"保税仓储与配送"一体化课程是依据物流企业的岗位需求而设立的,课程内容的设置是为达到职业能力目标服务的。因为学生就业面向自贸区,所以课程内容增加了自贸区特殊货物的仓储配送、保税仓储等知识。中职注重培养学生的仓储配送业务基础知识和基本技能,高职注重培养物流规划、设计和经营管理能力。在中职阶段课程内容主要体现职业认知、职业认同,高职阶段课程内容主要体现职业认同的深化和职业养成,同时渗透职业道德与职业素养。

(三) 高效配置贯通教学资源

作为课程组织与实施的重要载体,教学资源在课程效果的实现中有着举足轻重的地位。为此,在中高职贯通培养模式下,要以贯通培养为纽带,高效配置贯通教学资源,实现教学资源的共建与共享。围绕自贸区物流人才岗位需求,积极鼓励贯通师资团队开发更多适合"保税仓储与配送"贯通课程的教学资源,建设贯通培养的专业教学资源库,搭建贯通分阶段培养的实训平台。

(四) 深度优化贯通课程体系

根据中高职贯通学生的身心特点和职业定位,"保税仓储与配送"贯通课程本着前导后续之原则,贯彻在中职阶段以理论指导实践、在高职阶段以实践导出理论的主线,使学生的知识、技能和素质实现螺旋式上升,探索建立"保税仓储与配送"在中高职贯通中的教学新模式,深度优化中职和高职院校相互分工、相互协作、相互配合、紧密衔接的理实一体化贯通课程体系。

三、实施过程

(一) 中高职贯通"保税仓储与配送"一体化课程设计理念

课程衔接是中高职贯通的核心和关键,在课程内容的选择以及教学各环节的设计上,都是依据物流企业的岗位需求而确定的,课程内容的设置是为达到职业能力目标服务的。而职业能力始终是中、高职课程一体化方案设计过程中的重要关注点。以保税仓储配送岗位的职业能力为主线,本课程内容根据保税仓储配送工作任务和职业能力分析,要求学生具备仓储配送作业操作能力和组织管理能力,并初步具备仓储配送作业系统规划、设计能力,达到物流管理专业(1+X)国家职业技能标准中级的相关要求。

(二) 中高职贯通"保税仓储与配送"一体化课程的实施过程

1. 课程内容一体化

贯通前,中高职教学内容各自为政,造成学生知识学习重复,学校师资独立分离,对接不畅。

贯通一体化设计后,以能力为主线的整体设计思路对课程内容进行重组,避免交叉重复;根据工作过程重新排序,对知识点重新组合,做到知识结构的连贯性。课程内容不是简单的中职与高职课程的叠加,而是教学内容的有机融合,对保税仓储配送岗位的工作领域、工作任务、职业能力进行分解的基础上,对课程内容采取职业递进的方式:在中职阶段课程内容主要体现职业认知、职业认同,高职阶段课程内容主要体现职业认同的深化和职业养成。在具体课程上根据教学目标和要求,分为基础、提高等不同层次。课程内容安排见表1。

表1　一体化课程内容

年级	学期	课程内容安排
中高贯通 二年级	第三学期	保税物流认知
		保税仓储作业管理
		自贸区特殊商品的仓储与配送
		保税仓库报关
中高贯通 四年级	第七学期	保税物流加工贸易进出环节税收计算
		保税配送管理
		保税配送方案优化
		保税仓储配送成本控制
		仓储配送经营与绩效管理

2. 课程实施一体化

课程实施关系到教学质量的好坏,包括师资配备、教材、教学方法、教学资源等方面。基于贯穿整体的原则对课程实施进行一体化设计。

师资配备方面,两校及校企合作企业派出经验丰富的师资团队进行多角度、多维度师资融通:第一,教师进行联合授课、交叉授课;第二,三大师资团队间建立互听课互评课机制,定期进行联合教研活动;第三,共同申报各级教研教改课题。

教材方面,充分体现任务引领、实践导向的课程设计思想,以保税仓储与配送典型任务为载体,创设真实情景,引导学生在观察、实践、反思中掌握应具备的职业能力。教材内容按仓储与配送业务特点,循序渐进设计学习活动,做到理论够用、技能扎实、注重物流作业规范、注重职业素养培育。

教学方法方面,贯通前,两校多以理论教学为主,教学方法单一,以教为主,学生被填鸭式灌输知识,实践能力差。贯通一体化设计后,教学方法强化"做中学、做中教",可以项目教学、案例教学、任务教学、角色扮演、情境教学、体验教学、分组实训为主导,充分利用校内外实训基地和现代网络,引导学生学会自主学习,创造性解决保税仓储与配送问题。

教学资源方面,两校对教学资源进行共建共享:第一,共同制定统一的课程标准、授课计划;第二,教材、习题库、案例库等资源整合,以网络教学平台资源建设为核心,打造资源共享的信息平台,为学生搭建一个自主学习的平台,注重仓储与配送仿真软件的开发与使用,提高学生专业技能水平,以满足现代化物流企业的发展需要;第三,建立高低年级学生互助平台,由两校授课教师共同参与管理;第四,形成中高职贯通课程期中、期末成绩互相通报制度。

3. 课程评价一体化

贯通前,两校大多按照传统评价模式实行终结性评价,评价方式单一,注重期中期末考试成绩,缺少过程评价,忽视能力考核。

贯通一体化设计后,建立多元评价体系。建立第三方教育评估机制与高校、中职校、物流仓储企业、学生、家长等共同参与的多元质量评价机制。以能力评价为中心,注重过程性评价,注重实践能力的培养。教学评价采用过程性考核、终结性考核与职业素养考核相结合。过程性考核主要考查学生平时的学习过程,如课堂提问、课堂作业、课后作业、实训操作、实践小结等方面;终结性考核在期末进行,主要考查学生每个学习任务学习情况,采用闭卷形式考试;职业素养考核主要考查学生的出勤情况、学习态度以及实训过程中的规范操作等方面。

四、实施保障

(一)贯通师资团队保障课程一体化设计

为了实现专业课程一体化设计,本试点专业在专业课程的教学中组成产教融合的一体化贯通教学师资团队。以专业带头人和双师型教师的培养为抓手,努力构建特色的师资队伍。校内专职专业课教师由两校物流专业骨干教师组成,企业特聘的专业教师,均来自中大型物流企业及相关领域企事业单位,职位跨度大,从项目助理、经理至董事长。为了实现课程一体化设计,本试点专业实行两校师资互通,定期举行联合教研,研讨课程一体化设计各项具体事宜。

(二)产教融合赋能课程一体化设计

中高职贯通现代物流管理专业通过产教融合,力求实现"三个提升、三个提高",即职业素养、职业技能、专业理论提升;实践能力、创新能力、创业能力提高。努力实现"三个对标、三个融入",即专业标准对标职业标准、教学过程对标工作流程、教学评价对标职业鉴定;将物流行业人才需求融入物流专业建设中、将校内物流专业教师融入物流企业生产一线、将物流企业前沿技术融入学校日常教学中。

五、特色与成果

(一)重视能力培养,贴合物流企业需求

本课题研究以职业能力为本位进行课程标准设计,基于职业岗位需求确定培养目标,以职业能力作为教学的基础,教学目标和评价标准,以实际职业需要为出发点设计课程内容,组织教学过程,实现课程内容与职业标准对接,教学过程与工作任务对接,更加贴合物流企业需求,满足企业用人需要。

(二)更新教育理念,提高教学效果

仓储配送课程采用了中高职一体化设计,同时对教学方法、教学组织形式进行了改进。课程中引入真实工作岗位情境,并以不同方式为学生创设真实岗位的学习场景,通过任务引领、案例分析、现场教学、问题教学、模拟训练等方式教学,进一步激发了学生的学习兴趣,提高了教学效果。

(三)增强校际与校企合作,优化整合教学资源

中高职校际密切协作,保证课程内容衔接的连续性。仓储配送课程进行一体化设计中,中职与高职教师共同参与,并邀请了多位物流企业专家共同研讨,反复论证,共同制定课程标准,编制教学单元,明确教学重点,并

将企业真实案例引入了课程,开发教学资源,为学生搭建自主学习平台。课程一体化设计,增强了校际与校企合作,优化整合了教学资源。

六、体会与思考

通过中高职两个阶段一体化设计,构建中高职整体构架解决教学内容重复问题,以职业能力为本位选择课程内容;以职业能力为主线设置课程内容;从职业能力入手推进课程模块化教学,最终使得学生在完成单个任务、掌握单个技能的过程中实现综合职业能力的提升,以此缩短校园和用人单位间的距离。

综上所述,中高职贯通课程一体化设计将职业教育中课堂教学、实践实训、行业配套等内容贯穿融通,对丰富职业教育理念、教学手段、教学方式、教学内容、教学质量等起到了至关重要的促进作用。

参考文献

[1] 张晓燕.中高职衔接一体化课程体系构建研究与实践——以物流专业为例[J].江苏科技信息,2015(6).

[2] 施文娴.智慧物流背景下物流岗位需求分析及高职物流人才培养建议[J].物流工程与管理,2018(4).

[3] 徐国庆.职业教育课程论[M].上海:华东师范大学出版社,2015.

从集体主义教育出发，探析学生管理模式
——以中本旅游管理贯通班为例

上海市浦东外事服务学校　张晗

摘　要：在中本贯通专业人才培养方案中，对学生的能力和综合素质提出了相应的要求，为了更好地提高中本贯通旅游管理专业人才培养质量，必须要加强中本贯通旅游管理专业的学生管理。以中本旅游管理专业班级为例，针对学生学习缺少主动性、课业成绩不理想的特点，以集体主义教育为中心，让学生在集体中学习，在集体中成长，从学风班风、文体活动、团员建设、公益活动、专业实践诸方面提升管理效果，提高学生的综合能力，促进学生的全面发展。

关键词：中本贯通；学生管理；提升

一、实施背景

在中本贯通专业人才培养方案中，对学生的能力和综合素质提出了相应的要求，为了更好地提高中本贯通旅游管理专业人才培养质量，必须要加强中本贯通旅游专业的学生管理，推进教学活动的科学有效开展，促进专业技能人才的全面发展。不容忽视的是，贯通专业的学生管理在具体运用过程中还存在着一些问题，影响到了人才培养效果，需要结合具体人才培养的开展情况，采用合理、有效的管理策略。本文提出一些中本贯通培养模式下的学生管理策略，为全面有效提升中本贯通人才培养质量提供一定的借鉴和参考。

二、实施目标

本专业坚持以培养"立德育人，全面发展"的人才为目标。培养面向旅行社、旅游在线服务商、旅游景区、旅游酒店等旅游企事业机构，能够胜任

初、中级专业技术服务和基层、中层管理等岗位,具备系统的旅游管理专业知识,兼具电子商务理论素养与操作能力,具有人文素养、国际视野、创新意识、创业精神、服务意识、实践能力和社会责任的应用型、复合型管理人才。本专业在人才培养中注重三个突出,即突出加强实践能力,突出培养国际视野,突出教会学生"做人"。本专业主要面向旅行社、旅游在线服务商、旅游景区、旅游酒店等旅游企事业机构,培养与电子商务相关的初、中级专业技术服务和基层、中层管理等岗位。

三、实施过程

(一) 开展学情分析

1. 学生对于学习缺少主动性

中本贯通培养模式的生源质量较好,由于学生的起点都是初中生,学生参加了中考通过成绩选拔后来到了学校,因此这些学生的成绩要高于普通的中职学生,学生的整体素质要优于中职学生,学生的学习习惯较好,与中职学生相比,素质较高。不同丁中职学生普遍存在的厌学心理,这些学生在上课能认真听讲并及时完成各科作业,自习时的纪律较好。但是,从另一方面可以看到,中本贯通模式下学生对于专业课的学习缺少主动性。相较同龄的普通高中学生存在升学压力从而学习的主动性特别高,在中本模式下,因为学生在校期间没有升学压力,许多学生只是完成规定的学习内容,不主动去学习相关的专业知识。由于中本学生受到长学制的影响,会产生学习动力不足的现象。

2. 学生课业成绩不理想

采用中本贯通一体化的教学模式需要消除原有中职与本科采用分段式教学模式存在的缺陷,部分学生的学习效果不好,体现在公共基础课和专业课程都不够理想,特别是公共基础课从第一学年开始要持续到第三学年,许多学生感觉到公共基础课程难以掌握知识点。在专业课方面,由于专业课是职业院校的教学重点内容,通过调查发现,中本贯通培养模式下的学生对于专业技能方面存在差距。中本贯通教学模式对于相关的专业知识缺少理论与实践的融合。

(二) 开展集体主义教育

1. 确立集体的奋斗目标

针对中本贯通学生的特点,在职校三年学习阶段,容易缺乏主动性,班主任要善于把个人目标转化为对集体的责任,使学生具备这样的认识:我既然热爱我的集体,就应该让她越来越好。在每周的班会上,设立一个目标讨论的环节,我们会共同讨论:这一周取得了哪些成绩(也就是哪里我们做得好);下周应该在哪些方面努力,应该怎么努力?让所有的同学畅所欲言,参与班集体的建设。

2. 班集体活动与专业技能提升相结合

没有活动便没有集体。诚然,学校生活的主要内容应该是学习,学习过程中也有着集体主义教育的因素,但是,要让学生发自肺腑地热爱班集体,并形成集体主义信念,仅靠学习活动是远远不够的。班主任要善于组织各种生动有趣、寓教于乐的活动,学生会说:"我们班真有趣!真有意思!"从教育艺术的角度看,在集体活动中培养集体观念,是通过淡化教育痕迹的方法来获得并非淡化的教育效果,这是教育的辩证之所在,也是教育者的明智之所在。班集体活动要与旅游专业密切结合,比如人文地理知识分享、浏览博物馆,走进旅游企业等,使学生在了解旅游专业的同时潜移默化地受到集体主义精神的感染,一次又一次妙趣横生的活动对学生来讲有着一种特殊的魅力。

3. 组织公平的学习竞赛

培养学生良好的学习态度和学习习惯与集体主义教育是不矛盾的。班级的集体学习,是学生获得集体主义教育的又一渠道。班主任要善于让学生在获得知识的过程中,通过各种形式的学习活动建立起集体主义的关系:互相帮助、互相监督、互相激励。班级通常采取的学习竞赛形式有:①个人之间的学习竞赛评比。②小组与小组之间的竞赛评比。③男女同学之间的学习竞赛评比。例如:我班学生的座位是六组,每组六人,每个自然组就是学习小组。在进行英语单词和课文的朗读与背诵时,我检查每组最先背会的三个同学,让他们做小老师,再一对一地去检查组内其他三名同学的背诵,然后再经过组与组的交叉检查,最后评出优胜小组。为了和其他小组比赛,这三位小老师会很认真地帮助他的"小学生"。

4. 提供全员参与班级管理的机会

新时期的教育观要求既给学生传授知识,又培养学生的能力。班主任对学生能力的培养主要体现在学生管理班级的能力培养上。班主任要尽量让班上每一位同学都有当干部的机会，让学生在班级管理中体会到为班级服务和奉献的幸福。为了使每个学生都参与到班级的管理中来，采用"层级管理制"，一级管理："六名班委"（班长、学习委员、纪律委员、体育委员、文娱委员、卫生劳动委员），负责全班各大项工作的监督总结；二级管理：组长和小组长，分管各组的学习、纪律、卫生等；三级管理：科代表，负责各学科的学习情况，及时辅助任课教师的工作；四级管理：职责长，负责班内各小项事务工作，如，电灯管理员，风扇管理员，电脑背投管理员，窗帘管理员，图书管理员等。把班级内大事小事分配到学生个人，让每个学生都是"官"，都是班级小主人，使班级"人人有事做，事事有人为"，同时收到了很好的民主激励效应。

5. 形成健康的集体舆论

现在我们处于信息化的时代，学生业余时间也非常喜欢刷小视频，高中阶段的学生对事物的分辨力和思考力都在成长中，学生很容易受一些小视频的影响，产生消极的价值观念，再加上班级群体的影响，易形成集体的舆论，集体舆论健康与否，在于班主任的引导，这里的"引导"绝非"说教"而是"转化"——巧妙地将班主任对某一学生、某一事件的褒贬转化为集体舆论对之的褒贬。班主任积极展开不同系列的班会主题，促进学生的价值观的形成，让学生学会分辨、学会成长、学会生存、学会发展，对接高校的目标，在高中阶段浸润式教育，关注学生成长，为未来奠定基础。

四、实施保障

（一）学生保障

设计问卷，开展相应的调查和研究，了解学生现在的情况，找出学生目前存在的困惑和问题，基于学生存在的困惑和问题，让学生在集体中学习，在集体中成长，采取相应的班级管理措施，不定时地对学生进行访谈，根据学生的情况，也更好地反哺于班级管理，提升管理的效果。

（二）制度保障

根据高校的专业人才培养方案：旅游管理专业坚持"立德育人，全面发展"的人才培养目标。培养面向旅行社、旅游在线服务商、旅游景区、旅游酒店等旅游企事业机构，能够胜任初、中级专业技术服务和基层、中层管理等岗位，具备系统的旅游管理专业知识，兼具电子商务理论素养与操作能力，具有人文素养、国际视野、创新意识、创业精神、服务意识、实践能力和社会责任的应用型、复合型管理人才。以专业人才培养为目标，贯彻到班级管理中。

（三）师资保障

结合职业教育类型教育的特点，工学结合，让企业老师、高校教师走进课堂，专与研相结合，依据专业特色、学生需求，与合作单位紧密对接，选送一批有相应技术专长的工匠、技师，进校园、进课堂，与旅游企业龙头携程旅游公司、稻草人旅游公司开展合作，定期开展技艺传承、实操培训、精神引领、匠心传递活动，以期持续积极探索产教深度融合共同育人的教育教学改革，以强化职业人才培养。

五、特色与成果

针对学生特点，通过中本旅游管理专业班级的集体主义教育，获得以下五个方面成效。

（一）改善了学风班风

班风是学生思想、道德、人际关系、舆论力量等方面的精神思想的综合反映。班风的好坏对班级的建设，对学生的成长都有很大的影响。良好的班风能给学生带来有利于学习、有利于生活的环境，能使学生精神振奋，班级正气上升；不好的班风会使他们受到不健康风气的熏染而消极不思进取，使整个集体涣散。学风建设是班级建设的重中之重，学风是一个班级的灵魂，良好的学风是提高学生整体素质的前提和保证。

班级从组建之初就要十分注重班风建设，并形成一套完整的制度，包括班纪班规、民主评议，上课考勤等。营造了文明向上、团结进取的良好班风。班级整体学习氛围良好，积极进取。班级成立了学习互帮小组，邀请学习比较好的同学为大家答疑解惑。同时还建立学习经验交流会、读书会等。

班级建设是否成功，很大程度上取决于一支高素质的学生干部队伍。作为学生骨干，肩负着带动班级的管理，影响班级风气沿着好的方向发展的重大责任。作为学生干部，要充分发挥自身的表率作用，提高自身素质，历练工作能力，努力成为学校和老师的得力助手，学生和老师之间的桥梁。班干部们不仅要自身学习好、素质高，而且必须有能够帮助他人、服务他人的精神、有与他人交流、影响他人行为的能力，这些都构成了班干部的基本素养。在班级工作方面要从小处着手、以点带面，逐步扩大其影响。示范作用的发挥是一种无形的力量，渗透在各个方面，使同学们在不知不觉中接受着这种潜移默化的影响，并随之调整着自己的言行，改变着自己的思想意识和价值观念。在过去一年，戴颖祎同学在2022年荣获上海市奖学金和2022年"未来杯"上海市高中阶段学生社会实践项目三等奖，班主任张晗老师荣获优秀指导教师；崔榕麟同学在第四届中华经典诵写讲大赛中，荣获"诵读中国"经典诵读大赛（浦东新区）中职学生组一等奖，在2021年上海市中学"廉洁文化进校园"征文演讲活动征文中荣获二等奖。同学们积极进取，获得奖项，在班级中发挥榜样示范作用，营造良好的氛围。

（二）丰富了文体活动

丰富多彩的文体活动能全面提高学生各方面的素质，找准同学们的共性，如相同的兴趣、相近的气质、相似的生活经历等，根据同学们的需要，积极地开展一系列有益的活动。同学们在活动中学到了知识，增进了交流，在发挥自己特长的基础上积极地参与到集体活动中来，使同学们的个性得到良好的融合，促进同学们的共同发展，将大家融入班集体这个大家庭之中，形成了共同奋进、共同成长、共同进步的良好氛围。班级同学积极参加学校举办的各种文体活动，如心理健康月宣传活动、二十四节气、廉政教育等主题宣传活动。在文艺委员崔榕麟的带领下，班级在"迎二十大，永远跟党走，奋进新征程"黑板报评比中表现优异，荣获二等奖；在体育委员朱晨希的组织下，班级在校级足球比赛活动周取得优异的成绩；张程玮、崔榕麟、张佳怡同学在2021学年第一学期"峥嵘岁月留声、红色光影重现"校级配音决赛中荣获三等奖；俞若言同学还在二十四节气与农事PPT展示中荣获二等奖；崔榕麟同学在暑假期间积极参加青少年禁毒推广活动，并荣获2022年度长宁区第十五届青少年禁毒形象大使称号及优胜奖。学生在各种活动中互相帮助，相互鼓励，既提高了参与意识，又促进了团队建设，班级中的每位同学都积极发挥自己的才能，为集体贡献力量。

(三) 提高了团员意识

任何一个班集体都要有正确的思想指导,所以班级特别重视党团建设,积极召开班会活动,开展主题教育,深入领会文件精神,时刻保持思想先进性。我班共有正式团员 2 位,入团积极分子 5 位,其中戴颖祎、吴慧妍同学在 2022 学年团员民主评议中荣获"优秀团员",吴慧妍同学在 2022 学年第一学期团支部工作中,履职尽责,表现优异,荣获"优秀团员"称号。

(四) 增强了社会责任感

为了更好地提升学生的综合素质,让学生具有奉献意识、责任意识、担当意识,班级学生都积极参与志愿者服务活动。班级张嘉忆同学在潍坊新村街道疫情防控工作中,作为志愿者积极参与,守望相助,甘于奉献,共克时艰。李爽、朱家祺、蔡欣语、马佳杰同学、戴颖祎等同学在 2022 年积极参与疫情防控志愿服务工作,以实际行动践行了"奉献、有爱、互助、进步"的志愿服务精神。服务、责任、担当的精神已经融入班级每位同学的心中,大家互帮互助,共同服务,相互提高。

(五) 打牢了专业基础

以旅游复合型人才为培养目标,培养新型技能人才,在中本贯通培养中,以 3+4＞7 的中本贯通培养为目标,让学生在做中学,在学中思。班级同学积极参加专业技能比赛,其中,汤欣怡、朱晨希、崔榕麟三位同学参加上海市旅游职教集团(咖啡制作)项目的比赛,并挺进决赛。汤欣怡、崔榕麟、蔡欣语、周佳妮四位同学参加上海市旅游职教集团(导游讲解)项目的比赛,并顺利进入决赛。几位同学在行动中提升,为进入大学的学习打下扎实的专业基础。与此同时,为了更好地顺应互联网直播模式,班级陶徐玮、马玲珑、张佳怡等同学,利用业余时间参加浦东新区网络直播采集处理项目的技能培训,并通过考试,获得相应证书。蔡欣语、戴颖祎以赛促学,在上海市第十届星光计划职业英语校级初赛比赛中荣获二等奖。创设专业实践活动,例如让同学们去参观稻草人、游侠客旅游公司,了解旅游专业具体岗位和要求,让学生提前接触旅游行业,浏览梵高博物馆,看旅游专业人员讲解,多接触多看,提前思考作为旅游专业的学生应该具备怎样的素养,让学生有专业实践、职业技能提升意识,全面提高学生的综合素质,全班同学积极了解大学旅游管理专业需要涉及的相关证书,提前为顺利进入大学打下坚实的基础。

六、体会与思考

以集体主义为中心，结合班级学生的特点，树立集体的目标，让学生在集体中学习，在集体中成长，让同学们全员参与管理，从小处着手，在集体管理中与旅游专业所要求的职业能力相对接，集体与个人共同促进和提升，满足市场对专业人才的需要，切实有效推进中本贯通人才培养的质量，提升人才培养的综合效果。

参考文献

［1］汪雪蔚."3＋4"中本贯通一体化人才培养模式研究——以江苏省为例［J］.中国职业技术教育，2019，No.702(14)：50－55.

［2］李宁，夏妍春，何亚飞，等.以"核心课程"为主的中本贯通一体化课程体系与课程衔接模式研究［J］.中国职业技术教育，2018，No.657(05)：56－60.

［3］刘伟，刘安洁，陈嵩.中本贯通模式下学生培养质量评价的实证研究——基于上海市两所首批中本贯通本科院校前三学期学生成绩的分析［J］.职业技术教育，2020，41(12)：50－56.

［4］朱嫣嫣.上海市试点开展中等职业教育——应用本科教育贯通培养模式实践的思考［J］.职业技术教育，2018，39(12)：69－72.

［5］赵晓燕，袁二凯，马建华.高素质技术技能人才贯通培养的现状、问题与对策［J］.中国职业技术教育，2021，No.782(22)：18－24.

中高职贯通人才培养实践
——以中高贯通计算机网络技术专业为例

上海市浦东外事服务学校　朱健勇

摘　要:中高职贯通人才培养是职业教育适应技术技能人才市场需求的有效模式,上海市浦东外事服务学校和上海电子信息职业技术学院通信学院通过中高职贯通的培养模式,集聚两院校优势和经验,整合两院校资源,共同培养既具有实际动手能力及创新能力,又具有职业生涯可持续发展的高素质知识型、发展型技术技能人才。

关键词:中高职贯通;人才培养;质量评价;质量监控;师资共享

一、实施背景

计算机网络技术专业技术含量高,培养周期长。从中职生的心智成熟度、继续学习能力、综合素养等方面来看,中职生离企业用人要求存在一定差距。特别是在上海地区,企事业单位招聘对学历和工作经历都极其看重。而高职三年将不同来源的学生培养成完全适合网络技术应用工作需求的知识型、发展型技能人才尚有一定困难。所以必须通过五年贯通培养,一体化设计和实施人才培养方案,从培养时间和培养成效上,解决课程重叠和教学脱节等问题,使学生连贯地学习和训练,掌握扎实的专业知识和技能,更好地适应企业岗位职业需求,获得更长远的发展。同时通过五年贯通培养,促进产教研的深度融合。上海市浦东外事服务学校和上海电子信息职业技术学院从 2018 年开展计算机网络技术专业(云计算方向)贯通试点,招生数为每年 30 人,采用 3＋2 模式,三年中职学段,两年高职学段。

二、实施目标

本专业主要培养掌握扎实的文化基础,较强的职业能力和可持续发展的能力,良好的职业素养,主要从事网络及终端设备的安装、配置、调试、维护以及应用开发等重要岗位的知识型、发展型技术技能人才。以职业能力为核心,塑造职业精神、养成职业规范、练达职业体能、强化职业技能。实现课程内容的连续性、层次性和螺旋式上升,设计中高职贯通课程体系一体化方案。

三、实施过程

(一)构筑中高职贯通人才培养质量评价框架

1. 制定中高职一体化人才培养方案,使中高职学段有效衔接

高职计算机网络教研室和学校计算机网络专业教研组一起组建了一体化师资队伍,首先开展了云计算行业企业调研,了解人才需求。经过充分沟通和研讨,共同研制出了本专业中高职贯通一体化人才培养方案。方案中详细阐述了中职学段和高职学段的职业方向、培养目标和人才规格、课程设置及要求、教学进程和教学安排、实施保障和毕业要求等方面。并在知识、能力、素养等方面注重两个学段的有效衔接。其中,中职学段培养具备相应职业素养、文化知识、专业知识和职业技能的高素质劳动者和技能型人才,并且为贯通高校提供具有较好专业技能基础的合格生源;高职学段培养具有与本专业相适应的科学文化基础,一定的文化素养、职业道德和创新能力,不断进取的工作态度,较强的工作能力,掌握专业技术技能的高素质复合型技术技能人才。

中高职学校在明确贯通培养人才定位后,制订对学生的知识要求、技能要求、素养要求、证书要求等,这些也是人才培养质量评价的主要依据。在人才培养过程中,中高职一体化师资队伍定期开展教研活动,确保一体化人才培养方案落到实处。

2. 课程体系中加大实践环节的比例,注重岗位核心能力的评价

中高职贯通专业的招生对象是文化基础相对薄弱的学生,在中职阶段,学生的学习重点是夯实文化基础和强化专业技能的学习。学生在中职阶段对专业已经有了一定的了解,已经掌握了初中级的专业技能。进入高职学段后,教师在教学过程中可以看出,贯通培养的学生在专业课理论部分的学习相对吃力,而在实践环节则表现出很大的兴趣和较强的动手能力。

在课程体系中加大实训、实践环节的比例，在专业理论学习部分采用理实一体的学习方式，可以有效应对学生的特点，增强学生的信心，引导学生扬长避短，在技术技能方面发挥自己的长处。学校鼓励学生积极参加各级各类职业技能大赛，获取职业资格证书，岗课赛证，融通育人，通过技术项目、技能竞赛、职业资格证书及企业实习等多维度评价学生培养质量。

3. 探索学生学习成效评价方式，突出过程性评价

目前，计算机网络技术专业所有专业课程的教学评价都采用过程性评价与结果性评价相结合的方式，并在中高职贯通培养班级的课程总评成绩中加大过程性评价所占的比例。

教师采用多种方式将过程性评价有机融入课程教学中，如把学生分成项目小组，完成项目任务后，开展小组展示和个人展示，之后通过教师评价、组内互评和组间互评来评价学习过程；每节课在课堂布置预习内容和作业，并及时检查学生完成情况；设置单元考核，检验学生的阶段学习成果，并及时向学生反馈成绩和需改进的内容；将迟到旷课、上课睡觉玩手机作为过程性评价成绩的减分项，将主动回答问题、完成任务、与教师和同学互动作为过程性评价成绩的加分项。

实践表明，过程性评价起到了以评促学的作用，学生在学习过程中可以及时得到同学的反馈和教师的评价，教师的及时评价为学生的学习提供了指导，而学生之间的互评则为学习提供了可借鉴的信息。当学生学业进步后能够得到教师和同学的积极肯定，有困惑的地方也能够及时解决，这样提升了其专业学习自信心，自我调节学习的能力也在增强。过程性评价同时起到了以评促教的作用，教师在教学中根据学生的表现，提取有用的信息，分析学情，及时调整进度、重点和方法。

4. 将高质量就业和创新创业能力作为评价培养质量的重要内容

高职院校发挥优秀毕业生和企业精英的传帮带作用，定期邀请高质量就业或创业成功的毕业生以及企业的管理层或资深工程师开办讲座，分享工作经验或创新创业过程中的成功案例，旨在帮助学生认清自己，确立自己的职业生涯规划，树立正确的就业和创新创业理念。

中高职院校积极研究"1＋X"职业能力证书试点工作，鼓励学生在校

期间取得多张职业技能等级证书,将新的技术规范和要求在人才培养过程中加以融合。学生通过考证掌握职业核心技能,满足企业需求,实现高质量就业目标,并且在工作岗位中综合运用职业核心能力激发创新创业能力。中高职院校还组织学生参加全国、上海市和区级各类技能大赛和创新创业大赛,如职业院校技能大赛、"互联网＋"大学生创新创业大赛、电子设计竞赛等,学生在参与的过程中能更好地锻炼职业技能和创新创业实践能力。

(二) 完善中高职贯通专业质量监控机制

中高职贯通专业的质量监控重点在于教学运行管理和教学质量监控。

1. 教学运行管理

教学运行管理是按人才培养方案对教学实施过程的管理,是人才培养质量的重要保障。

(1)在教学过程中,中高职院校严格执行制定好的人才培养方案,认真完成教学过程的各个阶段,详细收集过程数据,建立回馈和诊断改进机制,保证教学质量和效果。

(2)贯通院校选择具有丰富教学经验、教学效果突出的老师担任授课教师,并邀请企业人员参与教学大纲的制定,选用与大纲相适应的教材,编制授课计划、教案和课程资源,开展教学实践展示,完善听课和评课机制,检测教学质量。

(3)贯通院校建立相对稳定的校内外实践教学基地,为完成人才培养方案所规定的各类实习和社会实践任务提供支持。按相应管理办法对实践性教学环节各项内容组织管理。

(4)日常教学管理由中高职贯通专门教学管理组织或机构负责,教务处和专业系部掌握日常教学情况,及时处理教学实施过程中出现的问题,并按照学校相关规定执行。

2. 教学质量监控

教学质量是学校的生命线。贯通院校的相关职能部门对影响教学质量的各种要素和教学过程的各个环节,认真组织安排、定期检查和评价、及时反馈和整改,稳定和提高教学质量。

(1)两校按照中高职贯通专业的职业方向、培养目标和发展规划,制定出相应的教学管理规章制度。中职阶段教学质量由中职校负责,高职学院负责跟踪和调控。高校教务处每学期开展期中教学检查。

教学检查组人员由高校教务处、贯通专业二级学院、外校专家组成。考察形式包括访谈专业负责人、普通教师,学生座谈,随机听课,查看相关的文本资料等形式。期中教学检查的内容主要是了解贯通专业教学运行情况、教学运行成效、学生发展情况、教师发展情况等方面。全面了解贯通专业在一个学期中的教学常规工作开展情况,教学文件是否齐全、完备,学生在课堂学习、课外活动、参加技能比赛等取得的成绩,教师在培训、联合教研、课堂教学、课题和论文研究、教学资源开发、获奖情况等方面信息。教学检查结束后当场反馈,把实地检查的问题及时反馈给中职校,以便及时改进。

在一次教学检查中,专家组的反馈意见如下:教学管理制度齐全并不断完善。专业建设和课程建设稳步推进,教学运行管理有序,学生管理严格,质量监控到位等,学籍管理及甄别条例符合市教委文件规定并严格执行。每年通过中职校、贯通学院、企业三方共同开展人才市场调研和中高职贯通人才培养方案修订工作,并严格按照方案执行。通过教学巡视、教学督导、校际听课形成教学质量监控常态化,成效显著。任课教师对中高贯通培养模式认识充分,按照课标认真备课,通过不同的教学方法将重点难点讲解清楚并关注学生学情,活跃课堂气氛,教学效果好。注重学生职业能力培养,通过高校教师、企业专家讲座,对专业的认知得到提高。通过开展丰富多彩的课外活动、技能训练,赴高校、社会参观考察活动,使学生得到锻炼成长,学生满意度高。

(2)中职院校每年对"中高职贯通"学生进行各类数据汇总,给出年度教学质量和学生状态分析报告,并报高校教学处。

每学期高校教务处组织一年级贯通专业语数英文化基础课的统考,统一命题,集中阅卷。通信与信息工程学院组织贯通校开展专业核心课程的专业课联考,统一命题,集中阅卷。以上的统考和联考成绩通过校长联席会议和各校教务处予以反馈。统考成绩将作为贯通专业学生一年级甄别通过的依据,看到学校在相关学科的教学情况,并对学科教与学过程中存在的问题进行分析和整改。

（三）中高职贯通模式下各类资源共享

中高职贯通院校把专业师资队伍进行整合、协同发展，将有限的资源充分利用起来，针对中高职贯通培养中出现的问题，集中力量进行研究，让参与教师在交流合作中共同成长。以课程和教材建设为抓手，突破难点、重点，课程建设体 现中高职贯通的特点，对课程结构和内容进行调整。通过联合教研制定相应的课程标准和教学大纲，使中高职课程设置一体化，既前后衔接，又能体现中高职两个阶段的不同特点。对两个阶段的知识结构和内容进行梳理，重新划分两个阶段的教学内容，避免教材内容重复或脱节，使教材体现中高职贯通人才培养的特色。学校计算机网络技术专业与通信学院网络专业建立了两校师资队伍的衔接机制。重点抓了几项工作：联合教研活动安排；教师专题教研会；课程资源开发和应用等；组织教师带队参加专业技能比赛。

1. 课程资源开发

两校开发了一 系列课程资源，共同完成了中高职教育一体化设计的《数学》校本教材的开发和编写工作，共同完成了"计算机网络基础""网络设备配置与管理""局域网组建""高级程序设计语言"等课程教学实施标准的研究与编制工作。共同完成了"计算机网络技术""Linux 操作系统基础""局域网组建"等微课资源的开发。

2. 资源共享，进行教学模式的创新

实施中高职贯通培养的院校应资源共享，鼓励教师利用共享资源对教学模式进行研讨，使教学能落实人才培养方案的要求，适应贯通教学的需要。由高校开发的"Python 程序设计"等在线课程资源在中职课堂中使用，给授课老师和学生带来了很大的便利。

3. 中高职贯通院校师资共享

中高职贯通院校加强师资交流，推进师资队伍共享。师资共享主要的途径是高职专业老师到中职校兼课。现有"Python 程序设计""动态网页制作"等课程聘请了通信学院的专业老师执教，缓解了学校专业师资不足的问题，高职老师也能了解学生的情况，为后续课程的教学做好衔接。

通过联合教研活动，教师们提升了教育教学能力和职业素养。两校教师加强交流，增进了彼此之间的了解，在互动中各自提升，同时使得教师对所教课程在整个贯通培养过程中的位置有了更深入领会。通过共同开展教育教学改革课题研究,提升中职教师的科研能力,进一步提升了双方教师对中高职贯通培养的认识,对如何更好开展中高职贯通教育教学工作具有指导意义。

四、实施保障

(一) 组织保障

(1)成立中高职贯通领导小组,领导小组组长由上海电子信息职业技术学院院长和学校校长担任,领导小组下设专业建设指导委员会等4个工作小组,实施贯通培养试点工作。

(2)成立以行业、企业专家为主的专业建设指导委员会,聘请企业专家根据行业发展、产业结构调整与技术发展情况,及时调整专业方向和课程内容,制订贯通培养教学改革方案。

(3)学校与上海电子信息职业技术学院联合组建贯通培养教学管理工作小组,完善贯通培养教学管理相关文件,规划校内外实训基地建设和师资队伍建设,统筹协调任课教师的教学任务,确保教育教学的正常运行。

(4)学校与上海电子信息职业技术学院联合组建教学督导小组,聘请计算机网络技术方面的行业、企业专家,对教学工作进行全过程监控,提供改进建议,保证教学管理和教师教学工作正常有序进行。

(5)成立行业、企业兼职教师和校内专业教师组成的联合教研室,进一步明确联合教研室主任职责与职权范围,开发体现IT行业网络技术发展水平、国家职业资格标准和行业企业认证要求的职业技术技能课程标准、教学大纲、校本教材等。

(二) 制度保障

(1)共同研究制定中高职教育贯通的培养方案、教学管理制度、学生管理制度、招生就业制度,完善教育教学管理,确保工作有据可循。

(2)建立两校贯通培养试点工作联席会议制度,定期召开会议,做好沟通协调工作。

(3)完善甄别实施方案,确保后续工作顺利推进。

(4)修订考核评价制度,保证贯通教育教学质量。

（三）经费保障

（1）学校加强财务管理制度，确保各项教学资金到位，做到专款专用。

（2）将贯通培养各项经费纳入财务预算，坚持将专业建设、课程建设、实训基地建设和教师奖励基金等项目列入专项资金范围，贯彻落实、统筹兼顾，并确保每年有增长。

五、特色与成果

学校网络专业教研组参与了上海市计算机网络技术中高职贯通专业教学标准的制定工作，完成了"网站设计与开发"课程标准的开发工作。在第九届、第十届上海市"星光计划"职业院校技能大赛中，有 5 位专业老师带队，共 20 多人次参加了"网络搭建与应用""大数据运维""Python 程序设计"等项目的比赛，获得多项二等奖和三等奖，取得了较好的成绩。

六、体会与思考

计算机网络技术中高职贯通专业通过五年的建设，已建立了较为规范的教学管理和质量监控机制和相对稳定的师资队伍，也取得了一些教学成果和成绩。同时也看到，中职校和高校在教学管理体系和方式上存在着不小的差异和差距。两个教学管理主体之间的协调机制还不够完善。中职和高职段的衔接上还存在一些问题，这需要进一步加强两校的沟通和协调。

参考文献

[1] 刘磊.我国职业教育贯通培养的实践审思[J]. 苏州大学学报,2023,11（02）.

[2] 张旖旸.关于上海中高职贯通培养模式的若干思考[J]. 成才与就业,2022(S1).

[3] 邹德军.基于职业标准优化财经类专业中高职衔接课程体系研究——以会计专业为例[J]. 职业教育,2018,17(03).

［4］张志成.中高职贯通模式下教师教研活动的联合开展［J］.江苏工程职业技术学院学报,2017,17(03).

［5］李冲越.中高职贯通师资共享问题及对策研究［D］.上海:上海师范大学,2017.

以赛促学，助力中高贯通日语专业人才培养

上海市浦东外事服务学校　　刘鑫垚

摘　要：中高贯通日语专业人才培养模式下，中职阶段侧重于日语语言及文化背景学习，着力培养学生日语表达能力，夯实日语语言基础；高职阶段侧重于日语语言技能学习，着力培养学生日语综合运用能力，为今后的就业奠定扎实的基础。为了提升学生的日语专业素养及语言应用能力，教师可以鼓励学生参加各种日语语言技能大赛，帮助学生发现自身不足之处，增长见识，增强胆量，进而从各个方面提升自己的日语语言综合能力。本文将结合具体案例，说明如何通过"以赛促学"助力中高贯通日语专业人才培养。

关键词：中高职贯通；以赛促学；日语语言能力；专业人才培养

一、实施背景

中高职贯通培养模式是指为加速培养高素质技能型人才，对具有相同专业方向的中等职业教育和高等职业教育专业进行教学计划、教学实施方案和师资管理等一体化设计。当前，上海市中高职贯通模式一般为采用"五年一贯制"模式：即以专业为主线，相关专业对应中高职两所院校联合培养的模式，一般学习年限为五年，学籍管理前三年在中等职业学校，后两年在高等职业学校；根据学生课程完成情况，在第一学年进行甄别，不适合的学生继续在同一专业学习，并可从五年一贯制专业转入相近中职学校，并根据学业完成情况，对符合毕业条件学生颁发高职院校毕业证书。

上海市浦东外事服务学校开设有中高职贯通应用日语专业，贯通对应的高职院校是上海工商外国语职业学院。中职阶段，教师对日语专业学生的培养侧重于日语语言及文化。着力提升学生的日语表达能力及跨文化

意识,夯实日语学习基础。在此期间,开设的课程有综合日语、日语听说、跨文化交际、日语语言能力训练等。高职阶段,教师对日语专业学生的培养侧重于日语语言技能,着力提升学生的语言综合运用能力。课程设置更加专业及多样化,除了有日语语法、日语阅读等专业基础课程以外,还会增设日本商务礼仪与文化、日语翻译等课程,为今后的就业奠定坚实的基础。在中高职各学段,学生都有机会参加各种各样的日语竞赛,尤其是随着全国关键语种学科的蓬勃发展,越来越多的中学日语比赛陆续展开,其比赛形式多样,富有趣味性,极大地提高了中职学生参与的积极性。本文将重点介绍中高职贯通培养模式下,双方学校在各自的培养阶段,通过比赛助力学生日语专业能力的提升。

二、实施目标

(1)通过"以赛促学",能够检验学生在学习过程中对专业知识、技能的掌握情况。比赛中所面临的种种困难与挑战也助于他们发现自身的不足之处,从而有针对性地进行改进。

(2)通过"以赛促学",能够进一步激发学生学习日语的热情与积极性。这不仅有助于他们更好地掌握专业知识,还有助于拓宽知识领域,提升语言综合运用能力及创新能力。

(3)比赛为学生搭建了一个展示自我、锻炼自我、提升自我价值的舞台。在比赛过程中,学生需要充分发挥自己的潜能,展现自己的实力,以获得优异的成绩,从而体验到成功的快乐,增强自信心。

三、实施过程

(一)中职阶段实施"以赛促学"

学生参赛的过程也是一个学习的过程,在提升日语语言应用能力的同时,还可以解锁制作 PPT、剪辑视频、撰写商品企划书等专业技能。接下来将结合典型案例进行说明。

1. 日语书法大赛

学校中高职贯通日语专业每年会组织新生书法大赛,以此来激发同学们的学习热情。教师鼓励学生全员参与,通过比赛学习日本文字的构成,感受中日两国文字间的差异,从而进一步提升日语书写能力,体验日语的学习乐趣。筛选出来的优秀作品将有机会参加"早道杯"全国中等学校日语书法大赛。该比赛是全国性的赛事,为同学们提供了一个展示自我才华、互相交流学习的平台。通过参加比赛,同学们能进一步提升自己的日语书法水平,还能拓宽视野,增强自信心,为未来的日语学习打下坚实的基础。

2. 日语配音大赛

学校中高职贯通日语专业学生受日本动漫文化的影响,学习日语的兴趣颇为浓厚,因此教师会抓住这一特点引导学生积极参加全国高中生日语配音大赛。比赛素材通常选自具有代表性的日本动漫、电影、电视剧等,这有助于他们进一步了解日本文化及社会背景。在准备配音时,学生需要深入研究角色及台词,进行大量的模仿及练习,这一过程有助于学生优化自身的语音语调,使其更加自然流畅。此外,学生配音时还需要借助专业的配音软件,先将原视频进行消音,然后进行二次创作,后期还需要进行视频剪辑,添加字幕等,这进一步锻炼了学生对于信息技术手段的运用能力。

3. 日语作文大赛

中职二、三年级的学生通过一到两年的学习和积累,具备了一定的日语写作基础,因此教师会推荐同学们参加上海市青少年多语种微小说大赛及全国高中生日语作文竞赛,这是中职学生展示自我日语写作才华的好机会。学生通过写作可以将自己的想法、情感、创意表达出来,然而在将其转换成日语的过程中,他们往往会遇到很多困难,除了要借助网络查找相关单词及表达以外,还需要借助教师的辅导与帮助。好的作文一定要经历数次的修改才能完成,这极大地考验了参赛学生的意志力。通过参加日语写作比赛,学生能从中感受到自己的成长与进步,获得成就感,增强自信心与日语表达能力。

4. 日语商业设计大赛

进入二三年级以后,学校中高职贯通日语专业会陆续开设与商务类相关的课程,例如:商务实务、市场营销等。当学生具备一定的商务基础知识后,教师会鼓励学生参加全国中学生日语商业设计大赛。这项比赛要求学生根据主题设计一个产品,并用日语撰写商品企划书,最后制作一个视频介绍所设计的产品。参赛学生不仅要具备较高的日语口语表达能力,还要富有创造力以及了解一定的市场营销知识。因此学校日语专业教师与商务类专业教师相结合,发挥各自专长,共同指导学生参加比赛,助力学生取得佳绩。

(二)高职阶段实施"以赛促学"

根据上海工商外国语职业学院与学校共同制定的人才培养方案可以得知,学生进入高职之后,将会继续学习日语,课程设置也更加专业及多样化。学生才华与个性得以进一步施展,能够参与的比赛也多种多样。例如:全国大学生日语听力大赛,全国大学生词汇大赛、人民中国杯日语国际翻译大赛、人民中国杯全国大学生日语语法大赛等,都是面向大学生展开的,高职学生也可以参加。通过参加各类比赛,学生们可以进一步提升自己的专业技能和综合素质,为未来的职业发展打下坚实的基础。

(三)典型案例

学校寿佳妮同学就是通过"以赛促学"的方式实现个人成长的。中考失利的她与普通高中擦肩而过,带着遗憾进入了学校的 19 级应用日语班,在读期间,她认真努力,勤学好问,利用一切空余时间学习日语专业知识,练习发音,提高口语能力,成绩名列前茅。在专业课老师的鼓励下,她从二年级开始,积极参加各类日语竞赛。备赛期间,她严格要求自己,虚心请教,和指导老师齐心协力,尽可能在各方面做到最好。她的努力与付出最终都获得了回报,在短短的三年里,寿佳妮同学斩获多个国家级日语竞赛大奖。例如:在第 25 届全国高中生日语作文竞赛中获得特等奖。在第二届中学生日语配音大赛获得中职组预赛一等奖,决赛二等奖。在第二届商业设计大赛中获得中职组预赛一等奖,决赛二等奖。通过参加这些比赛,她的日语能力有了显著提升,并于三年级上学期在 J-test 考试中取得了准 A 的好成绩,达到了高级日语水平。进入高职之后,她并没有止步不前,她在学习专业课的同时,仍积极参加全国比赛,并在第五届人民中国杯日语国际翻译大赛中获得高职高专组(日译汉)三等奖,在第一届人民中国杯全国大学生日语语法大赛中获得高职高专组三等奖。

四、实施保障

（一）人才培养方案保障

学校与上海工商外国语职业学院的日语专业负责人根据学生情况制定了相应的人才培养方案。例如：日语作文课制定"日语写作人才"培养计划。在教授学生如何正确书写日语作文的同时，选拔出日语功底好、写作有特长的学生。日语跨文化交际课程制定"具有跨文化意识的人才"培养计划。在教授学生日语文化常识的同时，培养学生的跨文化意识，让其借助不同的媒介去展示自己所了解的中日文化的异同点。商务日语听说课程制定"具备商务礼仪的人才"培养计划。课堂上让学生模拟日企工作场景，学习商务礼仪知识，提高听说能力，为参加"星光计划"职业院校技能大赛储备人才。通过不同课程制定相应培养计划，来开展"以赛促学"。

（二）专业课标保障

学校与上海工商外国语职业学院共同制定了专业课程标准。内容包括以下课程："综合日语""商务日语听说""日语跨文化交际""日语语言能力训练""日语阅读""日语语法"和"日语写作"。学校根据课程标准精心编制了详细的教学大纲，其目的在于为每个学期的授课计划和教学进度提供一个明确且具有可操作性的指导。这些大纲对每门课程的教学目标、教学内容、教学方法、评估方式以及教学进度都进行了细致地规划，为教师提供了清晰的教学方向。教师根据既定的教学大纲进行授课的同时，还可以根据实际情况和需要对教学进度和方式进行适当的调整。

（三）师资保障

学校日语教师会有针对性地指导学生参加各种比赛。例如：上海市"星光计划"职业外语技能日语项目，这项比赛专业性强、参与度广、含金量高。首先，学校日语教师会通过笔试与口试，从全校筛选出有潜力的学生，然后有计划、有针对性地进行指导。备赛周期一般为两个月，每周设置 10 课时。在此期间，教师会从口语、阅读、听力三大板块对参赛同学进行强化训练。比赛前夕，教师还会带领学生进行实战演练，帮助学生模拟考试场景、改善仪容仪表、提高自信心。在 2021 年的星光计划比赛中，学校日语专业学生分别斩获一等奖、三等奖、团体一等奖，取得了该专业招生以来的最佳成绩。学校学子能获此殊荣,离不开教师辛勤的指导与付出。

五、特色与成果

(一)教学成果显著

日语是学校重点打造的特色学科,日语教研组在长期狠抓基础教学,夯实学生语言基础的同时不断创新教学手段,深化教学改革,探索多种教学方法。近年来,学校日语教学成绩初显,日语等级通过率高,学生成绩优秀,得到了学生和家长的广泛认可。学校自 2016 年开通第一届中高职贯通应用日语专业以来,转段考合格率为 100%,所有毕业生都成功升入上海工商外国语职业学院进入下一阶段的学习。

(二)比赛成果显著

近三年来,学校中高职贯通日语专业学生在中职、高职阶段参加了各类市级以上的日语学科竞赛,并取得了令人骄傲的成绩,这些比赛也充分展现了学校日语学科的专业培养成效。汇总如表1。

表 1   日语学科竞赛获奖一览

获奖时间	奖项名称 (全称)	颁证单位 (全称)	获奖学生姓名	等级
2021	第 25 届全国高中生日语作文竞赛	中国青少年研究中心及日本青少年研究所	寿佳妮	全国特等奖
2021	第二届中学生日语配音大赛	日语教育研究工作委员会	寿佳妮 高茜	全国总决赛二等奖
2021	第二届中学生日语配音大赛	日语教育研究工作委员会	向雪 李煜	全国总决赛三等奖
2021	上海市星光计划第九届职业院校技能大赛职业外语技能—日语	上海市教育委员会	程颖 王诗羽	省市级一等奖
2021	上海市星光计划第九届职业院校技能大赛职业外语技能—日语	上海市教育委员会	吴新悦 徐文浩	省市级三等奖
2022	2021 外研社杯基础教育阶段多语种技能展示评选活动日语创意微视频	外语教学与研究出版社	高茜	总决赛二等奖

（续表）

获奖时间	奖项名称（全称）	颁证单位（全称）	获奖学生姓名	等级
2022	第二届中学生日语商业设计大赛	日语教育研究工作委员会	寿佳妮	全国总决赛二等奖
2022	第二届中学生日语商业设计大赛	日语教育研究工作委员会	高茜 向雪	全国总决赛三等奖
2022	外研社杯日语素养展示评选活动	外语教育研究出版社	李煜	全国总决赛三等奖
2022	外研社杯日语素养展示评选活动	外语教育研究出版社	向雪 冯圆	全国总决赛优秀奖
2022	第三届中学生日语配音大赛	日语教育研究工作委员会	奚悦	全国总决赛一等奖
2022	"早道杯"第三届全国中等学校日语书法大赛	大连早道优途科技有限公司	蒋牧婧	全国总决赛二等奖
2023	2023年上海市青少年多语种微小说大赛日语组	华东师范大学外语学院 & 上海国际交流协会	孙一	一等奖
2023	2023年上海市青少年多语种微小说大赛日语组	华东师范大学外语学院 & 上海国际交流协会	姚芷晨	二等奖
2023	第五届人民中国杯日语国际翻译大赛高职高专组（日译汉）	中国外文局亚太传播中心（人民中国杂志社、中国报道杂志社）	寿佳妮	全国三等奖
2023	第一届人民中国杯全国大学生日语语法大赛高职高专组	中国外文局亚太传播中心（人民中国杂志社、中国报道杂志社）	寿佳妮	全国三等奖

六、体会与思考

（一）"以赛促学"推动学生全面发展

通过充分发挥各类日语竞赛的优势，可以有效促进日语专业人才的全面发展。首先比赛可以培养学生的"日语语言运用能力"。比赛提供了一个平台让学生们能够去实际运用日语，从听说读写各个方面检测自己对日语的掌握程度,并进行提升。其次,比赛可以培养学生的"思维意识和创新能力"。教师可以通过竞赛激发学生的创新思维,让他们学会如何从不同的角度去思考和解决问题。再次,比赛可以培养学生的"竞争意识及抗压能力"。比赛过程汇总往往伴随着竞争和压力,这可以锻炼学生的心理承受能力,让他们学会如何在压力下保持冷静并积极应对挑战。最后,比赛可以培养学生的"团队合作精神"。有些比赛需要学生们相互协作,共同完成任务,这不仅能够锻炼他们的合作能力,还能够培养他们的团队精神和集体荣誉感。

(二)"以赛促学"推动"以赛促教"

教师通过辅导学生参加比赛,能够提升自身的教学水平。在学生参赛过程中,教师需要不断学习和更新自己的知识储备,才能够更好地为学生提供帮助和指导。教师需要关注和研究比赛所涉及的各个领域的知识点,并深入了解学生的学习情况和问题,从而更好地制定备赛计划。此外,教师通过辅导学生参加比赛,还能够增强自己的教学能力和经验。学生在比赛过程中表现出来的专业上的不足,也是教师在教学过程中需要改进的地方。当学生遇到困难时,教师需要不断地与学生沟通交流,了解他们的实际情况,并给予适当的建议和指导,从而帮助学生更好地发挥自己的实力和水平。每一个获奖的背后,都离不开指导教师的默默付出,因此,学生的成长与教师的成长是相辅相成的,作为一名青年日语教师,应该积极参与辅导学生参加比赛,为学生的成长和发展贡献自己的力量。

参考文献

[1] 赵国庆."互联网＋教育":机遇挑战与应对[J].中国科技奖励,2015(8).
[2] 蒋洁.中高职贯通培养模式下学生特点及管理设想[J].科技创新导报,2017(2).

中本贯通服装表演专业人才培养路径探究

上海市浦东外事服务学校　　邢丹丹

摘　要：中本贯通服装表演专业是根据《国务院关于加快发展现代职业教育的决定》，应国家《文化产业振兴规划》的要求，为积极推进"现代职业教育体系"建设而产生的试点教育模式，由上海市浦东外事服务学校和上海工程技术大学联合开办这一专业试点项目。在项目实施过程中，两校共同研究和开发了相应的教学资源、校企资源及社会实践资源的联合、共享措施，认真执行并贯彻了中本贯通职业教育的指导思想，取得了一定的成果，摸索出了新时代、新形势下如何有效建立现代职业教育体系，培养出高质量、高素质的服装表演专业人才的新路径。

关键词：中本贯通；教学共享；校企共享；实践共享

一、实施背景

为积极推进"现代职业教育体系"建设，加快培养适应社会经济需要的高素质技能型人才，在《国务院关于加快发展现代职业教育的决定》等文件精神指引下，上海市浦东外事服务学校在服装表演专业深入开展中本贯通人才培养的路径探究。

为打造全方位、深层次贯穿融通的中本一体化职业教育体系，推进区域职业教育体系中职、高职、应用本科和专业硕士的衔接和改革创新，并起到积极的引领示范作用，上海市浦东外事服务学校与上海工程技术大学合作开展相关研究。

上海工程技术大学是一所工程技术、经济管理和艺术设计等多学科互相渗透、协调发展，以本科教育为主，研究生教育和高等职业教育协调发展的全日制普通高等学校。2001年成立服装表演专业专科，2006年成立艺术设计(服装表演策划)本科专业。为适应国家专业目录修订的要求,2012年该专业更名为服装表演与策划专业,2017年3月该专业再度更名为表演(服装表演与策划)专业,是国内为数不多的、男女模特兼招、将模特表演与时尚策划相结合的专业。

上海市浦东外事服务学校为首批国家中等职业教育改革发展示范学校立项建设单位。"服装展示与礼仪"专业为上海市重点专业,1992年至今毕业生人数逾900人。

两校在艺术人才培养方面都具有一定优势,且得到社会和用人单位的认可,这对实施贯通培养来说,具有不可替代、强强联手的优势。

二、实施目标

发挥校校合作、校企合作优势,将原中职和高校各自独立的培养体系进行科学有效的整合。对中本贯通服装表演专业进行一体化设计,从教学环节和实践实训环节两个方面出发,达到实践能力提升、专业领域拓宽、文化基础加强的服装表演专业人才培养目标。在此项目试点过程中,提高教学效能,对服装表演专业今后的教学工作和社会实践工作起到积极的引领示范作用。

本专业培养适应新时期社会主义现代化建设需要,德、智、体、美全面发展,具有扎实的表演基础理论、较高的艺术修养、良好的职业道德、一流的服装服饰表演能力以及表演策划能力,能在文化部门、模特经纪公司、演出公司及服装企事业单位从事时装表演与策划、会务策划、综合演出策划、形象策划同时掌握服饰基本知识的高级应用型专门人才。

三、实施过程

(一)教学资源共享,共育优秀教学团队

中本贯通的教育模式,打破了原有的旧模式,在中职和高校的教学过程中,产生了一系列新变化,针对新的教育模式,上海市浦东外事服务学校和上海工程技术大学多次研究和商讨形成了以下的教学框架。

1. 组建联合教学团队

由上海市浦东外事服务学校和上海工程技术大学组建联合教学团队,

定期组织教师进行学习,领会贯通培养精神,把握贯通培养特点,研究新变化新情况,及时转变观念,确立以职业能力培养为核心理念,不断提高教师自身的职业素养和教学能力。

2."一对一"结对带教

在组建联合教学团队的基础上,上海市浦东外事服务学校和上海工程技术大学进一步加强合作,两校教师之间开展同学科教师"一对一"结对带教,中职教师旁听高校教师授课,结对教师之间互相听课,以提升教师业务水平和因材施教的能力。

3.教学团队定期、不定期研讨、改进教学方案

两校专业教师每学期定期开展两次交流活动,专题研讨中职和本科专业的教学设计、教学安排和实践实训教育模式。

除了定期的专题研讨活动外,上海市浦东外事服务学校教学团队还多次对上海工程技术大学服装表演专业的教学评价手段进行了观摩学习。

(二)校企合作共享,快速提升职业素养

上海工程技术大学目前与 ESEE(上海英模文化发展有限公司)、龙腾精英国际模特经纪有限公司、火石文化经纪公司、上海霖杰模特经纪有限公司、上海美赞广告有限公司、陆逊梯卡商贸有限公司、上海万联文化传媒有限公司、同流层广告有限公司等多家业内知名企业建成产学合作关系。

在此基础上,上海工程技术大学进一步指导上海市浦东外事服务学校实训、实践基地和产学合作单位的开发,同时相互开放及整合两校现有的资源,建设与行业同步的实践培养基地,并积极拓展新的合作企业。

(三)实践活动共享,共育高质量表演专业人才

高校在贯通伊始就进一步整合双方在海内外文化交流、专业赛事组织、海外交流渠道以及校企合作横向项目的资源,在合作的基础上,相互参与、渗透与融合,实现项目统筹。让贯通班的同学们从一入学就参与到上海工程技术大学的项目中,由浅入深,浸润式培养职业素养。

1.观摩实践活动,获得直观认知

入学伊始,学校组织中本贯通学生参与观摩上海工程技术大学参与的各类项目,让他们对未来将要从事的职业建立直观认识,树立职业信心。

本专业从 2018 年成立起,定期不定期地组织了十余次观摩实践活动,

具体活动如下。

2018年的10月29日,18级中本表演班全班学生被邀请观看了由上海工程技术大学主办的"中国上海—新西兰但尼丁姐妹友好城市项目"人道主义主题服装发布会。这是表演中本贯通班级集体第一次在现场观看秀场。

2019年3月28日,在上海工程技术大学的专业团队指导下,"外事杯"服装表演专业技能大赛暨2019全国职业院校技能大赛中职组模特表演赛项校级预选赛拉开帷幕,不仅是为国赛选才,更是对职业技能的一次考核。

2019年5月16日,表演中本贯通班受邀赴北京观摩"中国国际大学生时装周"上海工程技术大学学生作品发布会"变革"专场。

2019年6月20日,表演中本贯通班受邀观看上海工程技术大学服装设计学院毕业作品发布会。

2019年12月13日、2020年12月25日,参观上海东海职业技术学院服装设计专业毕业设计展。

2021年1月15日,上海工程技术大学表演专业期末"考教分离"汇报演出。

2021年6月29日,上海工程技术大学贯通联席会议暨18级毕业汇演。

2022年1月5日,上海工程技术大学表演专业期末"考教分离"汇报演出。

2022年1月7日,上海工程技术大学专业教师团队赴上海市浦东外事学校担任表演专业"考教分离"期末考试考官。

2022年11月27日,上海工程技术大学纺织服装学院优秀毕业作品展演暨表演(中本贯通)专业成果汇报展。

2.对标高校评级体系,实施新型评价手段

服装表演课程属于实践课程,大部分中职教学评价方式为:平时成绩构成由老师对学生上课的基本规范,如出勤、训练服装的穿戴、上课纪律以及课堂表现进行印象打分;考试成绩则为随堂对该学期的知识点进行考查和评价。这一评价手段缺少可记录、可检验的考核方法,缺乏表现性评价的手段和方法。

目前高校服装表演专业评价体系为考教分离的考核形式,该体系制定的相应评价标准是:专业教师对服装表演课程考试进行命题,学生以汇报演出的形式进行考试,由本专业全体或 3～5 位代表教师,根据学生现场实际表现共同为学生打分。取平均值为学生的期末考试成绩,授课教师不参加此门课程现场评分。高校学分制服装表演课程考试组成为平时成绩(40%)+期末成绩(60%)。其中,平时成绩的组成是考勤(10%)+平时作业(30%)。

表 1　高校和中职当前评价体系对照

高校评级体系			中职当前评价体系			
总成绩	平时成绩	期末成绩	总成绩	平时成绩	期中成绩	期末成绩
100%	40%	60%	100%	30%	30%	40%

中职教学团队通过对高校评价方法三个学年的观摩和学习,从学习观摩者到具体操作者,将高校艺术类"考教分离"的教学评价手段带入并在中职的教学环节进行了有效实施,已经从 2020 学年下学期开始坚持至今。学生们也逐渐习惯并重视起"考教分离"这一联考形式,争取在考试过程中发挥出自己的最好状态。

3. 积极参与社会实践,将所学运用到社会实践中去

在经过了一定阶段的学习后,学生们已经基本掌握了职业技能,树立了职业信心,具有了一定的职业素养。在此基础上,上海市浦东外事服务学校和上海工程技术大学进一步加强合作,将上海工程技术大学的社会实践活动共享到中本贯通班级,学生们积极参与到活动中去,将所学运用到社会实践中,并且获得了优异的成绩。

以下为中本贯通班级参与的各项社会实践项目:

2019 年 9 月 16 日,2019IMC 上海国际模特大赛上海代表选手校园选拔赛。

2019 年 9 月 17 日,龙腾精英超级模特大赛上海赛区海选在学校进行。

2020 年 11 月,参加上海工程技术大学主办的 29 届新丝路中国模特

大赛上海赛区校园海选。

2021年4月10日,18级、19级、20级学生参加环懿时尚国际模特大赛。

2021年6月,19级、20级学生组队参加全国校园新媒体营销创新大赛。

2021年7月27日,参加龙腾精英风尚模特大赛全国总决赛。

2021年10月18日,参加2021丝路环球旅游小姐上海赛区比赛。

2021年10月23日,19级、20级、21级学生参加龙腾精英超级模特大赛海选。

四、实施保障

(一)组织保障

(1)成立贯通培养领导小组。由两校校级领导与相关职能部门负责人联合成立贯通培养领导小组。

(2)成立专业指导委员会。由两校及企业、行业专家共同组成专业指导建设委员会。

(3)成立贯通培养质量督导、监控小组。由两校、合作企业及外聘专家共同组成贯通培养质量督导、监控小组,负责检查、监督中本贯通培养执行情况,并给予指导。

(二)制度保障措施

制定、完善并严格执行中本贯通培养的一系列教学管理制度及其他相关制度,有《中本贯通培养招生选拔制度》《中本贯通培养学生学籍管理制度》《中本贯通培养实训、实习制度》《中本贯通培养学业成绩考核评价制度》《中本贯通培养教学管理制度》《中本贯通培养德育工作制度》《中本贯通培养教育教学质量督导、监控制度》等。

(三)经费保障

为确保贯通培养,设立专项经费,用于课程建设、师资培训、实训条件等项目投入。学校正在进一步加大资金投入,按时间节点,完成相关工作,为学生营造真实(或仿真)的职业环境。同时,对经费使用实施全程监控,确保专款专用。

五、特色与成果

（一）特色

（1）贯通高校全程参与专业人才培养。上海工程技术大学项目开始就一直参与并指导中职学校的教育教学工作，如：从最开始的项目的设立到学生的选材；从课程标准的制定到教学过程的督导；从学生观摩行业活动到实践具体项目。

（2）本科院校与中职院校形成互利合作，资源共享模式。经过对中本贯通项目模式的研究和实践，形成了教学资源共享，校企资源共享，社会实践资源共享的教育模式。

（二）成果

1. 在中职阶段树立学生的职业意识，培养职业素养

中本贯通学科从 2018 年开始至今，经过五个学年，首批 2018 级学生在上海工程技术大学即将进入大三年级。在中职阶段的学习过程中，通过参加与高校共享的社会实践活动，达成了很好的教学效果。

表 2、表 3 为学生参加社会实践活动及所获得的奖项成果。

表 2　2018—2019 学年学生参加比赛及获奖情况

学年	日期	学生参加的比赛情况	学生参加比赛的获奖情况
2018 学年	2019.3	康秀丽参加 2019 龙腾精英风尚模特大赛全国总决赛	唐秀丽：最佳媒体印象奖
	2019.3	18 表演全班女生参加 2019 全国职业院校技能大赛中职组模特表演赛项校级预选赛	
	2019.4	18 级参加 2019 全国职业院校技能大赛中职组模特表演赛项上海市选拔赛	唐秀丽：服装表演组一等奖；吴孟璇：平面模特组二等奖；蔡彧婕、徐思懿：服装模特组三等奖；池浩赟：平面模特组三等奖
	2019.5.9	唐秀丽参加 2019 全国职业技能大赛中职组模特表演赛项服装模特表演组	唐秀丽：服装模特组三等奖

（续表）

学年	日期	学生参加的比赛情况	学生参加比赛的获奖情况
2019 学年	2019.9	18 表演、19 表演全体同学 2019 龙腾精英超模大赛上海赛区海选	
	2019.9	18 表演、19 表演全体同学 2019 上海国际大赛上海赛区海选	

表 3　2020—2022 学年学生参加比赛及获奖情况

学年	日期	学生参加的比赛情况	学生参加比赛的获奖情况
2020 学年	2020.12	29 届新丝路中国模特大赛上海赛区	杨戴乐、刘婷十强
	2021.7	2021 龙腾精英风尚模特大赛全国总决赛	20 表演班钱嘉怡同学获平面组赛冠军；吕晨岚同学获得平面组亚军；陶筱昱同学获得职业组最具活力奖
2021 学年	2021.1	2021 丝路环球旅游小姐选拔赛上海赛区	19 表演李思羽、周笑逸同学获得"十佳" 20 表演陈语获同学获得"最具商业价值潜力奖"
	2021.11	全国校园新媒体营销创新大赛	19 表演专业马若暄、杜欣怡、高旭冕同学获得三等奖 20 表演专业唐朝、毛佳颖同学获得优秀奖
2022 学年	2023.2	30 届新丝路中国模特大赛上海赛区	20 表演班陶筱昱同学获五强； 22 表演班胡蕊获"最具魅力奖"，顾馨羽获"最具影视潜力奖" 20 表演陈语获、陈妍婷获优秀奖

2. 中职教学团队素质和能力得到进一步提升

在中本服装表演专业项目实施过程中，通过对高校教学方法，评价方法的观摩和学习，上海市浦东外事服务学校教学团队的素质和能力得到了进一步的提升，在项目实施过程中获得了褒奖，如图 1 所示。

图 1　中职教学团队集体获奖证书

（二）开创职业本科教育人才培养新模式

中本贯通服装表演专业迄今已有五年的教学实践,第一、第二批学生已经顺利进入大学开始了本科阶段的学习。从学生们目前的表现情况来看,较往届大学生在职业素养、职业能力等方面,具备一定的优势。真正实现了产业需求与职业标准的深层次融合和深度对接,在职业本科应用型人才培养的教育模式中,开辟出了一条新的道路。

图 2 为部分媒体对中本贯通服装表演专业的一些报道。

穿着同学设计的时装登上T台 "初绽"

来源：新民晚报 作者：孙中钦 🕐 2022-11-28 11:01:33

来自学院服装与服饰设计专业的学生设计时装，来自学院表演专业的同学则登上T台……昨晚，初绽——上海工程技术大学纺织服装学院2优秀毕业作品秀暨表演（中本贯通）专业教学成果汇报在静安800秀场举行。在后疫情时代的进行中，年轻的设计师们在这一场设计盛宴中打破陈规，拥抱创新，他们通过多样化的创意手段，用新生力量的时尚语言创造出一番颇具新国潮风格的景象。此次参与演出的学生皆来自纺织服装学院表演专业，其中大部分为表演中本贯通专业学生，该专业是上海促进学制贯通，探索构建多种职业教育贯通培养模式的有效实践，也是"中职-应用型本科"贯通（中本贯通）试点的生动案例。

2018年，上海市教委同意增设上海工程技术大学与上海浦东外事服务学校联合举办的表演中职—应用本科教育贯通培养模式试点专业。经过四年来的建设与发展，该专业形成了与产业需求和职业标准深度对接的"中本贯通"应用型人才培养模式，起到积极的引领示范作用。目前上海工程技术大学表演中本贯通专业已经迎来了两届成功转段进入本科阶段学习的学生，这35名学生以往更多会选择向高职考学，再向本科进军，这样一来时间上就很长；而现在有机会直接到应用型本科专业贯通求学，无疑节省了求学深造的时间，也给学生提升了求学层次，给未来增加了可能性。

本报记者 孙中钦 摄影报道

图2　上海教育电视台及《新民晚报》的报道

六、体会与思考

（一）总结各阶段学生的特性

中本贯通服装表演专业经过五年的试点与实践,总结原中职和高校学生的特性如下:中职服装表演专业学生身体条件好,接触专业早,但专业实践较差,文化基础弱,专业学习内容分散,无法胜任模特专业相关的管理岗位。高中毕业考入本科的学生特点为文化基础强,具备一定的组织和管理能力,但接触专业较晚,身体条件普遍较差,通常要经过两年以上的专业学习后,方可投入专业实践。

（二）中本贯通服装表演专业是跨维度的有效尝试

中本贯通服装表演专业是教改的全新尝试,经过了五年的教学实践,贯彻执行《国务院关于加快发展现代职业教育的决定》的精神指引,在培养高质量、高素质的服装表演专业人才的职业教育路径上,摸索出了一套行之有效的可规划、可执行、可提升的教学理论和实践方法。

首先是运用教学资源共享,校企资源共享,社会实践共享等方法和手段,跨维度地将中职学校与高校资源进行了有序整合,使得在中职阶段的学生对未来的职业规划及自身实际情况有了清醒、直观的认识,拓宽视野,坚定信心,学生能够快速适应接下来的学习生活。

其次是中职教学团队参考和借鉴了高校的评估体系,增加了先进方法和评价手段;高校教学团队提前接触和了解未来学生的详细情况和能力,降低了沟通交流的成本。整体教学团队在跨维度的合作过程中,全方位提升了团队素质和能力,真正实现了深层次融合。使中本贯通服装表演专业深度对接产业需求与职业标准,有效探索出了应用型、职业型人才的培养模式。

（三）教学模式的创新具备显著优势

将传统的分散式中职三年、本科四年教学模式,转变为七年一贯制专业教学模式,从中职阶段就按照本科要求对学生进行专业素养、专业技能的培养。一贯制教学模式相较于传统教学模式,学生的专业成熟时间普遍提前1～2年,学生在大学一、二年级就能很好适应职业要求,获得相应成绩。有利于学生向职业模特发展,有利于学生根据个人实际情况在大学

三、四年级进行相关专业拓展。中本贯通这一教学模式,能够主动适应服装表演行业所呈现的模特年龄趋小、职业生涯较短的职业特点,真正发挥职业教育的作用和优势。

(四) 进一步思考与规划

职业教育相较于其他教育形式,更加直接地面对社会职业需求,在学以致用方面具有相当优势,但这也带来了一些其他问题。尤其在服装表演这个从外引进的专业上,难免会出现一些在审美角度、审美方式方面的问题。在接下来的中本贯通服装表演专业项目进程中,中本贯通服装表演专业的教师团队将在进一步提高和完善学生专业技能、专业素养培养的前提下,以教学和社会活动的形式,加强对本土优秀文化、优秀传统的素质教育培养,争取立德树人,全方位育人,继续摸索和探寻中本贯通服装表演专业更好的提升路径。

参考文献

[1] 冒绮.服装表演专业课程考试标准的探究[J].时尚设计与工程,2019(02):52-54.

基于学生特点 达成"四个贯通"

——以中高贯通民航运输专业为例

上海市浦东外事服务学校 周韬

摘 要:2010年,上海将中高职贯通作为全新的教育教学体制首次在全市范围内推行,中高职贯通专业由中职教育体系和高职教育体系相互合作,学制为五年制,学生需完成中职三年与高职两年的学习。中高职贯通学生需要经历一贯制的中职与高职学习,但由于中高职相互之间管理的区别,以及"中高职业贯通"学生的特点,对学生的管理也与常规的高职学生与中职学生有所区别,常规的学生管理模式无法支撑学生达成全方面的中高"贯通"。本文从中高职学生的特点出发,以中高贯通民航运输专业为例,根据中职与高职的管理区别等相应因素,以中高职贯通专业培养目标的贯通、教学体系的贯通、学生管理的贯通与专业领域的贯通为目标,对中高职贯通学生管理进行探讨。

关键词:中高职贯通;学生特点;学生管理

一、实施背景

2017年起,上海市浦东外事服务学校与上海民航职业技术学院达成中高贯通合作,开设中高民航运输专业,中高职贯通学生在学业完成时为大专学历。由于学生进入学校时刚刚初中毕业,正是学生的世界观、人生观、价值观塑造的关键时刻,为了更好地完成中高职贯通专业学生在中职段的教育工作,为贯通的高校——上海民航职业技术学校输入优秀的学生并保持良好的合作关系,我们一同探讨了中高职业贯通学生特征,探讨了对于中高职学生的管理方法。

二、实施目标

(一) 探讨学生特征，增强学习动力

与我们以往培养的中职学生相对比,中高职贯通招收的学生普遍存在以下两个特征。

一是具有不错的学习能力与学习态度,但缺乏学习的主动性。中高职贯通招收的都是初中毕业并在中考中成绩基本能达到甚至超过高中录取线的学生,相比于以往招收的中职学生,就学习能力和学习态度而言,中高职贯通学生是相对不错的,不存在中职学生中普遍存在的厌学情绪,能够在老师的督促下认真学习,能够基本做到遵守纪律、认真听讲并及时完成作业。但是,通过细心的观察会发现,中高职贯通学生并不具备很高的学习主动性。因为相比高中学生需要通过高考来进入更高等级的学府,中高职贯通学生只需要通过第一年的甄别考试并完成各科目学习任务,就可以升入高职进行学习,因此他们不具备很高的学习主动性,只需要完成好每学期的学习任务,同时长期相对轻松的环境与较长的学制也更一步降低了学生的学习主动性。因此在我们的探讨中,我们将提高中高职贯通学生的学习主动性这一问题,作为首要解决的重点问题。

二是公共基础课成绩偏科严重。中高职贯通是中高职一体化教学,相比于以往中职三年、高职三年的传统升学途径,它不得不对课程体系进行变动,大量的专业课"涌入"中职阶段,会压缩公共基础课的教学时间,并且招收的学生中也或多或少存在一些偏科现象,导致学生学习成绩中的公共基础课成绩偏科严重,这一现象普遍伴随了中高职贯通的五年学习。

(二) 探讨学生管理，实现四个贯通

上海市中高职贯通模式一般为"3+2 五年一贯学制",即三年中职阶段学习与两年高职阶段学习,以专业知识为主要任务,培养全面发展的技术性人才。为了更好地达成贯通目标,我们希望通过对学生的管理,在中职学习阶段能逐步达成"培养目标的贯通""教学体系的贯通""学生管理的贯通"和"专业领域的贯通"。

1. 培养目标达成贯通

根据学校的中职学生特点,我们培养中职学生的目标基本明确,即通

过公共基础课与专业课的学习,以文化熏陶与职业素养来培养学生逐渐形成正确的"三观",能够对岗位技能有初步的理解;而高职学校主要目标为职业教育,他们更需要在三年学习中掌握高级职业技能,达到企业、岗位所需的技能目标,培养应用型高级技能人才。中高职贯通往往是需要中职校与高职在相同的专业方向基础上进行教学实施方案、教学计划和师资管理以及教学资源等一体化设计。但中职校与高职在学生培养的目标上并不一致,因此为了避免学生学习过程中由于培养目标的不一致,导致的学习重点迷失,一定需要对学生的职业生涯规划有提前的明确,贯通的中职校与高职必须建立紧密的联系,多多沟通提升,保证中高职培养目标达成贯通。

2. 教学体系体现贯通

中高职贯通的教学涉及两所不同学段的学校,在以往传统的教学中,两校是互不干涉的,都具备自己的课程建设与教材,但在中高职贯通学习中无法成立,无论是因为课程的压缩,又或是课程建设及教材的重合或缺失,这些最终都会对中高职贯通教学的实施与结果产生巨大的影响。因此两所学校需要迅速达成中高职贯通教学的合作,并不断地根据各课程特点、教学进度、教学成果等因素,通过两所学校专业骨干教师进一步完善教学合作,即中高职贯通教学课程建设方案、课程设置、课程实施制度、课程评价机制、贯通课程教材研发等。通过两所学校不断实现教学合作,最终做到教学体系的贯通。

3. 学生管理一致贯通

中高职贯通的学生在进入中职开始学习的时候仍处于未成年阶段,在进入高职学习时则处于成年阶段,因此在学生教育过程中尤其需要注意这一点,即重视未成年学生到成年学生的转变。同时以往的中职学生由于基本都是未成年人,学校在学生在校期间具有监护人的义务,对于中职学生的管理会较为严格;高职学生由于基本构成为成年学生,对于学生管理更加注重综合素质方面。中高职贯通学生要适应从前三年由"班主任管理——父母式管理"的模式转换到后两年由"辅导员管理——岗位要求管理"的模式,需要通过高职院校与中职学校共同沟通,我们希望能够制定中高职贯通学生特有的管理办法,以此来实现学生管理的贯通。

4. 专业领域的贯通

中高职贯通成立的首要条件是相似的专业，基于以上基本条件才能实现两所学校进行的贯通。因此中高职贯通更需要注重专业领域的贯通。这一点可以通过职业教育集团、校企合作等来达成。

职业教育集团是在一定范围内，由高校、职校组建教育、教学与培训、科研、技术交流等合作的职业技术教育联合体，两所学校可以通过职业教育集团来推动在专业领域的合作和交流，共同发展。而校企合作也可以帮助中高职贯通专业的学生达成岗位要求、职业素养等专业领域需求的一致。

三、实施过程

（一）搭建两校平台，合作共同进步

中高职贯通两所学校需要达成各个方面的紧密联系，形成合作平台，即教学管理、学生管理等一体化管理平台，并逐渐达成定期的联合教研活动，用以沟通交流学生质量、专业教学方式、教材管理、学生日常管理等问题，合作进步。

（二）注重行为养成，做好基础教育

中高职贯通学生在贯通学习中由未成年转向成年，这一阶段是学生三观、行为习惯等养成的重要阶段，所以在学生管理中应注重行为习惯养成，为以后的专业学习、岗位实践打好基础，也需要注重基础教育，为学生树立正确的人生观、价值观。

（三）以专业为引导，树立岗位意识

相比传统的中职和高职教育模式，我们学生的中高职专业属于民航运输方向，在高职毕业前，不存在专业变化，因此我们更应该注重专业教学的作用，民航人最为注重安全意识与服务意识，在教学过程中通过专业老师提高学生的专业意识；通过参观合作校企企业，了解行业特点，树立学生岗位意识，展现中高职贯通注重专业贯通这一特点。

（四）设置一体化的课程管理体系

只有做实课程管理贯通，才能推进中高职教育人才培养模式的微观贯通与内涵发展。中高职教育贯通人才培养模式的课程管理贯通应以专业

对口或专业相近为前提,遵循"中职为基础,高职为主导"的原则。结合中、高职两个层次职业岗位能力要求,借鉴国内外经验,系统设置课程内容体系,文化基础课方面,既能适应学生知识需求,又能提高学生的人文素养;技能训练项目方面,既要实用,又要能提高学生的实践能力;专业核心课程方面,要将理论与实践教学内容进行重组,既不重复又不遗漏,存在交叉时要设计出层次差异,实现课程内容贯通的连续性、逻辑性和整合性,使课程管理体系达到最优化。

(五) 创新培养模式, 优化试行方案

中高职贯通学生培养以两所学校确定的专业人才培养方案为基础,其中包括了人才培养目标、教学计划、课程设置等,是人才培养的纲领性文件。因此,在正式开始贯通前,我们根据教育部相关要求和行业相关职业岗位的要求,按照国家相关职业资格认定考核要求,创新设计并完善了民航运输人才培养方案。

在进行课程设计时,我们全面梳理了相关中高职课程,整合了教学内容以避免重复或缺失,合理分配了公共基础课与专业课的课时计划,确定了专业课程的教材。

在专业课方面,我们根据当下最新的职业能力要求整合更新了中高职的课程,以行业所需岗位能力对核心专业课程进行模块化设计,以期望达到教学内容能够对接岗位需求。前三年目标让学生能够基本全面了解专业,具备行业的基本技能,打好专业课学习的基础;后两年深入专业学习,着重提升专业核心课程的学习,通过实训、毕业实习与毕业论文整合学生的岗位能力。

在公共基础课方面,努力做好文化基础课程、思想政治课程、德育课程等课程的中高职衔接,使学生能达到高职毕业所需达到的文化水准。同时加快开发优秀的中高职贯通专业教材,通过对校本教材的开发,夯实教材资源,加深中职校与高职之间的教学联系,使得整个贯通教学更有条理性,达到更好的教学联系,培养更多优质学生,为行业输送更多优秀的技术性人才。

(六) 强化教学实施, 提升师资队伍

学校教师作为中高职贯通数学课备课组长和专业课与实训的老师,根

据学生的认知特点、能力水平,探索出了一系列教育教学管理方法,采用立体式多元化教学管理模式,引入联席会议、行业专家等对中高职贯通培养过程进行多元的监督和评价。

确保中高职教育能否更好地培养学生与管理学生的关键在于师资队伍的能力与素质,这同时也是最终落实人才培养方案的重要的保障条件。在这一前提下,学校着重于加强民航运输中高职贯通专业的师资队伍建设。在上海民航职业技术学校的组织带领下,学校组建了一支优秀的民航运输中高职贯通教师团队,同时响应教育部的号召,积极推进民航运输中高职贯通 1+X 地面服务证书试点推行。教学团队主要以高职专业带头人与中职专业带头人为主体,同时辅以中职骨干教师、中职优秀青年教师的积极参与,达到中高职师资的合作共赢。

在完成了优秀师资教学团队的配备之后,如何去提升中高职贯通师资的整体素质也是尤为重要。首先,每位参与中高职贯通专业教学的老师必须对中高职贯通人才培养方案有充分的理解,专业课老师应该明确我们民航运输专业学生培养的核心岗位要求,就是树立学生的安全意识、规则意识与服务意识,教师需要明确自身的定位是中高职贯通教师。在这之后中高职贯通教师需要去了解我们的教育对象——中高职贯通学生的特点,同时也要关注学生的转变,尤其是教师们应该如何对待这样一批逐渐向成年人转变的准大学生。最后,教师需要转变原来的教学思路、教学方法与教学理念,从课程设计、教材开发、课堂教学、学生管理、专业技能等方面有针对性地进行贯通培养的实践探索,边研究边实践,为工作总结经验。

四、实施保障

(一) 建立中高职贯通的管理组织机构

为避免中高职衔接管理上的脱节,联合成立由校领导、教务、系部、专业教学团队、校企五个部分形成的中高职贯通管理组织,其主要职责包括:一是制定中高职贯通工作委员会章程和工作制度与措施;二是统筹规划学生培养的制度和方式方法,一同沟通人才培养目标,确定一体化人才培养方案;三是定期召开联合专题研讨会,从而提高管理效率和解决存在问题。

(二) 构建中高职资源共享的管理制度

以"合作共享,交融发展"为指导理念,建立中高职师资交流制度,以互利为原则,打破院校间封闭的办学模式,实现师资、设备、场地等各种教育资源共享、信息互通,定期开展沟通活动,促进中高教育有机贯通,协调发展。通过沟通交流,不同学校的教师对彼此学校的教学情况有充分了解,对中高职不同阶段学生的学习状态做到心中有数,能够从容地应对中高贯通教学中出现的各种问题。

五、特色与成果

学校自2017年起与上海民航职业技术学院达成中高贯通合作至今,已向上海民航职业技术学院输送17级、18级、19级与20级中高贯通学生,每级学生均完成中职阶段培养并达到高校转段要求,以100%的贯通率升入高职,全面达成了培养目标的学业贯通。

在贯通模式的教学中,学校与高职院校积极联系,充分响应行业与高校对1+X职业证书制度与英语技能的重视,在高校的帮助指导下不断改善人才培养方案,加强相关专业课程的学习,贯通学生取得1+X民航地面服务初级、中级证书与通过大学四级的比例逐年提升,展现了学校在教学体系贯通上的探索与努力。

中高职院校属于职业教育,职业教育依存于行业,而文化则是培养行业的土壤,学校为了促进学生专业领域的贯通,开展了大量与行业文化相关的活动,例如:机场实地考察、航班服务体验、职业体验开放日等,不断将民航专业的安全文化、服务文化等行业文化灌输在学生学习日常中。同时,学校积极参与有行业指导参与的相关赛事——上海市"星光计划"职业技能大赛,大量学生经过以行业标准为主导的赛事集训,能够基本达成专业领域的贯通。

六、体会与思考

中高职贯通培养模式的目标是为了加速培养高素质的技能型人才,对具有相同专业方向的中职校和高职专业进行教学计划、教学实施方案和师资管理等一体化设计。2010年《国家中长期教育改革和发展规划纲要(2010 — 2020年)》中提出"统筹中等职业教育与高等职业教育发展"的战略思想,为贯彻此纲要,上海市教育委员会在《上海市中长期教育改革和发展规划纲要(2010 — 2020 年)》中提出"促进中等职业教育与高等职业教育衔接,构建中等职业教育与高等职业教育课程、培养模式和学制贯通的'立交桥'的发展任务"。

两个纲要中都提出要实现中职校与高职两个分段的职业教育贯通,不仅仅是两者之间的形式上贯通,更是需要实现多方面的贯通,即培养目标的贯通、教学体系的贯通、学生管理的贯通与专业领域的贯通,中高职贯通要达成的是全面的贯通。

随着教育改革的不断深化,中高职贯通这种以专业为主线,相关专业对应中高职两所院校联合培养的模式一定会逐渐更加完善。由于这种模式贯穿学生的特点:即未成年学生的特点及成年学生的特点,学校一定要做好学生管理,以学生发展为重点,以提高学生兴趣为目标、以规范学生行为为基石、以校园活动为载体,最终培养出更多专业为引领的高素质技能型人才。

参考文献

[1] 陈效民,刘磊.中高职贯通培养模式校级层面实践路径研究——以上海市为例[J].职教论坛,2013(7):24 - 26.

[2] 李钰.对中高职教育贯通培养模式的几点思考[J].职教论坛,2012(22):54 - 56.

[3] 国家中长期教育改革和发展规划纲要(2010—2020 年)[EB/OL].http://www.gov.cn/jrzg/2010-07/29/content_1667143.html.

[4] 侯鹏程.浅谈加强新时期高职院校校园文化建设的策略[J].中国科教创新导刊,2010(8):223.

探索研究思政教育一体化建设途径

——以金融营销中本贯通专业培养为例

上海市浦东外事服务学校　邵晶

摘　要:坚持以习近平新时代中国特色社会主义思想立德树人,有效开展思想政治理论教育、统筹推进大中学思想政治教育一体化建设。上海市浦东外事服务学校与上海立信会计金融学院合作共建金融营销中本贯通培养专业,根据思想政治理论教育规律和学生成长规律,合力探索研究思政教育一体化建设途径。

关键词:金融营销;中本贯通;思政;课程;一体化

一、实施背景

为深入贯彻习近平总书记在学校思想政治理论课教师座谈会上重要讲话精神,落实中央《关于深化新时代学校思想政治理论课改革创新的若干意见》,遵循总书记关于"思政课是落实立德树人根本任务的关键课程"重要讲话精神,上海市浦东外事服务学校与上海立信会计金融学院将中职、本科两个阶段的思政课一体化建设作为一项重要工作,探索思政课程和课程思政的中本贯通一体化建设,实现大思政教育的内涵发展。

上海市浦东外事服务学校与上海立信会计金融学院自 2015 年起合作开展市场营销(金融营销)中本贯通人才培养模式试点,两校在课程一体化、师资一体化等方面均取得了一定成效。在此基础上,两校针对金融营销专业特点,根据思想政治理论教育规律和学生成长规律进行教学目标的设计、课程设置和师资的培养等工作,着力探索思政教育一体化建设途径,落实立德树人根本任务。

二、实施目标

(1)确立金融营销中本贯通专业人才培养目标的思政元素顶层设计,

做到育人主题上下贯通和教育内容纵向衔接。

(2)根据七年一贯制中本贯通人才培养方案,依据本科阶段的教学要求确定中职阶段的思政元素要求,解决课程思政教学内容的衔接。

(3)根据中本贯通思政教育一体化的要求,通过多途径全面提高教师的政治理论素养和思政教学能力。

三、实施过程

(一)建立中本贯通思政教育一体化课程体系

两校思政教育一体化建设工作领导小组和建设小组根据"统筹推进大中小学思政课一体化建设作为一项重要工程,推动思政课建设内涵式发展"这一指导思想,于2021年3月召开联合会议,坚持以问题导向和目标导向相结合的方法,坚持守正和创新相统一思想,积极推动思政课建设内涵式发展,逐步探索建立思政教育一体化课程体系。

从思政课程整体架构方面来看,上海市浦东外事服务学校市场营销(金融营销)专业在中职和本科阶段的思想政治理论课的课程体系存在着螺旋上升的特点。因此在保持中职和大学思想政治理论课的课程体系相对稳定的基础上,结合学生两个阶段特点,采用问题导向的方法,探索调整创新大中学思想政治理论课的课程体系。实现金融营销专业本科和中职阶段思想政治理论课的课程体系一体化,以习近平新时代中国特色社会主义思想为核心内容的大中学思想政治理论课的课程体系。在抓好中职"中国特色社会主义""心理健康与职业生涯""哲学与人生""职业道德与法制"四门核心课程教学的基础上,与本科阶段的"马克思主义基本原理""思想道德与法制""中国近代史纲要""毛泽东思想和中国特色社会主义理论体系概论""习近平新时代中国特色社会主义思想概论""形势与政策""诚信教育"等思政课程衔接,加强马克思主义理论学科和习近平新时代中国特色社会主义思想的学习,初步建立思政教育一体化课程体系。

(二)探索中本贯通思政教育一体化课程思政教学设计

1. 在"金融客户服务与技巧"课程中开展以人为本的思政理念渗透

作为市场营销(金融营销)中本贯通专业的专业核心课程"金融客户服务与技巧"参与了上海市中职线上开放课程的建设工作,在课程建设过程中注重对课程思政元素的教学设计。

习近平总书记指出："要用好课堂教学这个主渠道,思想政治理论课要坚持在改进中加强,提升思想政治教育亲和力和针对性,满足学生成长发展需求和期待,其他各门课都要守好一段渠、种好责任田,使各类课程与思想政治理论课同向同行,形成协同效应。"如何打破长期以来思想政治教育与专业课程教育相互隔绝的"孤岛效应",实现五育并举,在"金融客户服务与技巧"课程思政教学中得到了有效的探索。

"金融客户服务与技巧"采用的是浸入式线上线下混合的专业教学模式,结合实际的工作任务、工作场景,为学生创设身临其境的学习场景。在浸入式专业教学模式实施的过程中,把本专业相关的社会热点、现实问题引入"金融客户服务与技巧"课程的教学中,运用正确的价值观引导学生,分析和解决金融客服工作中的实际问题。培养学生在岗位活动中总结一般规律,努力进取、开拓创新。"金融客户服务与技巧"课程中的专业知识点本身可能没有育人的意义,但是通过创设情境,尤其是创设出一个有育人意义的情境时,专业知识就具有了"思政"的元素。浸入式专业教学模式在创设专业内容的同时也要注意思政元素的挖掘,比如在行政助理的贵宾接待工作中,能够运用贵宾接待礼仪拟定并安排接待方案并采用接待礼仪为贵宾服务,在这部分内容的情境创设中,应坚持马克思主义人民观和以人为本的思想。习近平总书记在纪念马克思诞辰 200 周年大会的重要讲话中指出:"学习马克思,就要学习和实践马克思主义关于坚守人民立场的思想。人民性是马克思主义最鲜明的品格。坚持全心全意为人民服务的根本宗旨。"在贵宾服务环节,采用任务驱动、小组模拟等形式,树立正确的贵宾服务意识,根据以人为本的思想以满足客户需求为出发点,为客户提供个性化、定制化服务,注重人的生命与价值。通过在服务中体现中国文化的优良传统,提高服务过程中的民族自信,真正体现中国传统文化的两个基本精神:"以人为本"和"以和为贵"。

"金融客户服务与技巧"在线开放课程中所体现的思政元素、工匠精神受到了评审专家的肯定,该课程被上海市教委教研室评定为 2021 年(上半年)优秀市级在线开放课程。由两校思政教育一体化建设工作小组成员邵晶老师撰写的《基于课程思政理念的〈金融客户服务与技巧〉课程教学设计》案例也同步收录于该课程资源中。

2. 在"出纳实务"课程中渗透敬廉崇洁思政理念

在高校马克思主义学院的指导下,专业课教师梳理了"出纳实务"课程的职业素养目标的思政元素,主要有以下几点:养成诚实守信的财会人员基本道德规范;能够执行保密要求,保守商业秘密,廉洁自律;能坚决抵制虚假行为,防止营私舞弊;在工作过程中树立爱岗敬业、优质服务的职业道德;能协调好出纳岗位与单位其他各岗位之间的关系,有较好的团队合作精神;认真执行各项法律法规和制度。在"出纳实务"课程教学中,强调对学生廉洁自律职业素养的养成。要求学生端正职业道德思想,抵制诱惑,处理好个人利益与企业利益之间的关系。工作中要把企业利益放在第一位,坚守财会人员道德底线,做好本职工作,恪尽职守,全心全意为人民服务。出纳人员应坚决按照行业的要求,严于律己、敬廉崇洁,树立正确的人生观、价值观、权力观,提高抵御腐败侵袭的能力。

学生通过撰写廉洁自律承诺书、观看廉洁自律反面案例视频从正反两方面对廉洁自律的职业素养有了充分的体会。在此基础上,结合专业知识组织学生讨论并总结出纳岗位廉洁风险防范的主要措施。学生基本能从廉政学习、规定遵守、加强业务操作等方面进行总结。对于出纳业务工作中廉洁风险的重点控制点库存现金业务、采购业务、报销业务等方面,从业务操作的规范性入手,要求学生严格按照相关的规章制度进行业务办理,杜绝出纳岗位的廉洁风险。

(三) 实现思政教育一体化建设全员育人

落实立德树人根本任务的关键是师资,两校思政教育一体化建设工作领导小组从工作之初就重视积极发挥思政课教师的主力军作用,带动全体教师落实好育人职责,为了站稳课堂的主阵地,全面提升教师的思政教学能力,两校重视对教师的培养,多次组织教师参加各级各类思政教育培训,为有效开展大中小思政教育一体化工作提供人员保障,实现全员育人目标。

在上海立信会计金融学院马克思主义学院的支持下,上海市浦东外事服务学校思政专业教研组组长黄丽华、金融系主任邵晶、市场营销中本贯通专业思政课教师陆琨、思政课教师仇晓红、专业课教师青年党员代表张顺芬于 2021 年 4 月前往上海立信会计金融学院参加《党的指导思想与时俱进及历史启示——深入开展党史学习教育》的红色讲座。通过此次讲座教师们增强了四个意识，坚定了四个自信、坚决做到两个维护，学习党史是对现实的呼应，是马克思主义方法论在教育工作中的实践。

两校思政教育一体化建设工作小组成员黄丽华老师及市场营销（金融营销）专业思政课教师陆琨于 2021 年 7 月参加由上海市师资培训中心组织的《习近平新时代中国特色社会主义思想学生读本》中小学思政课任课教师市级骨干培训，并取得证书。

市场营销（金融营销）专业负责人张晨琰老师于 2018 年 8 月参加由教育部全国职业教育师资培养培训重点建设基地组织的长三角职业院校财经商贸类专业课程思政研修（培训）班并取得相应证书。金融营销专业骨干教师徐洁老师于 2022 年 11 月参加由上海市教委组织的"上课特色课程思政系列微课开发与培训——思创融合师资培训班"有关课程思政理念与实践、课程思政微课制作、创新意识与创业能力、课程思政教案设计、思创融合案例分享等模块的学习。

（四）初步建立思政教育一体化评价机制

两校中本贯通思政教育一体化工作小组初步建立了评价机制，采用一生一档的形式，将学生的思政理论和实践课程内容进行记录，完成七年的贯通学习。在评价工作中注重过程与结果的结合，重视学生思政课实践教学评价，将劳动教育、纪律教育、社会实践、志愿活动等列入评价内容中，形成思政知识考核、日常行为考核和职业素养能力考核三个维度。初步建立一个螺旋上升、七年一贯制的考核评价体系。

在高校的引领下，上海市浦东外事服务学校开展了"讲好党史故事，传承红色基因"党史学习教育主题活动。在活动过程中，学生们收集整理了大量的蕴含丰富历史素材的经典美术作品，通过生动的讲解再现党史上的重大事件、杰出人物和优秀党员，融党史题材和艺术之美于一体，生动地再现了建党百年的光辉历程。学生通过主题教育活动得到评价，有效促进了第二课堂在大思政评价考核中的重要作用。

四、实施保障

（一）人员保障

在金融营销专业中本贯通大思政教育教学工作中，由两校领导共同组成了思政一体化工作领导小组和工作小组，定期召开联席会议，保证中本贯通思政教育一体化工作的顺利开展。两校重视对教师的培训和指导，提高教师的思政教育水平，为思政教育工作的有效开展提供了师资保障。

（二）制度保障

贯通两校正在建立健全大思政建设的管理机制，明确各部门在大思政教育中职能。制定工作计划和实施方案，确保相关工作有序开展。

（三）经费保障

上海市浦东外事服务学校在学校的内涵建设、专业建设的经费中预留出一部分，用于金融营销中本贯通专业大思政教育工作的开展，做到专款专用。

五、特色与成果

学生大思政主体意识得到提高。大思政的核心目标是"立德树人"。通过全面贯彻"三全育人"即"全面、全程、全方位"的教育理念，根据金融营销中本贯通专业学生的认知水平，遵循"以学生为本"的教学理念，贯通两校以学生为出发点，同时考虑学生的主体需求和社会实际发展需求，对学生思政主体意识进行培养，采取自评和互评的方式，充分发挥出学生主体地位促进大思政教育。通过各种形式的大思政主题教育，学生对思政元素的接受能力和知识理解能力得到提高。

教师思政教育教学能力进一步提高。无论是思政课程还是课程思政的大思政教学理念，其中最关键的因素是教师。教师通过日常的课程思政活动和专题的思政教学能力培训，提升教师整体育人能力，尤其是思政教育教学能力得到了有效提升。在大思政教学理念下，将思政学科教师和专业学科教师队伍一体化，培养更多的教师进行思政教育，重视班主任队伍深度融合思政教学，邀请上海立信会计金融学院马克思主义学院的老师来校开展思政课讲学，充分利用校内外思政资源，建设多元化的大思政教育队伍。通过一段时间的学习探索,教师对于课程中思政元素的挖掘、整合能力明显提高。

专业思政教育教学资源进一步丰富。习近平总书记提出的"大思政课"的新理念,为大思政课的教学改革与创新指明了方向。上海市浦东外事服务学校与上海立信会计金融学院协同挖掘专业课程和教学方式中蕴含的思政课教育资源,实现全员全程全方位育人。在大思政教育的视角下,努力整合在大思政教育中的课件、微课、实践方面的资源,《新时代学校思想政治理论课改革创新实施方案》明确提出,要"推进数字资源和网络信息资源库建设"。为此,在资源建设中也在积极创新"思政+技术"融合,探索形成线上线下协同育人格局,全员、全程、全方位的中本贯通一体化思政资源库。

六、体会与思考

习近平总书记强调,思政教育要"以透彻的学理分析回应学生,以彻底的思想理论说服学生,用真理的强大力量引导学生"。为了落实这一重要要求,接下来为进一步丰富思政课教学内容,还需要善用数字化技术聚合教学素材和资源,打造全方位、立体化的教学资源库。随着5G、人工智能、大数据等新技术的出现,金融营销思政教育一体化也应该获得数字赋能,实现思政教育教学数字化转型,使数字技术手段在思政教育的教学方法、教学管理、教学评价等方面发挥积极作用,同时,也可实现多维度的金融营销中本贯通思政教育一体化数字技术打造。

参考文献

[1] 俞慧文.大中小学思政一体化教学路径探析[M].上海:上海教育出版社,2022.

[2] 上海大学课程思政教学研究中心.课程思政教学设计[M].上海:上海大学出版社,2022.

[3] 王焕良,马凤岗,郑秀文,马晓春,马军.专业思政[M].北京:清华大学出版社,2021.

发挥校企合作优势，破解 X 射线机图像识别课程建设困局

上海市航空服务学校　孙欣悦

摘　要：安检是一项专业性、技术性极强的工作，学校在 X 射线机图像识别课程建设中面临三大阻碍：教学内容陈旧、教学模式传统、教学条件受限。为破解专业课程建设的困局，学校与企业合作，发挥校企合作优势，通过共同重建图像库、共同开发模拟软件以及提升教师专业水平，破解 X 射线机图像识别课程建设困局，培养专业基础扎实的安检开机岗位人员。

关键词：安检；X 射线机图像；课程建设

一、实施背景

为培养一群专业基础扎实的安检开机岗位人员，校方一直致力于为学生提供强有力的教学支撑，但是受到以下因素的制约，学校的 X 射线机图像识别课程建设遇到了瓶颈。

（一）教学内容陈旧与实际岗位脱离

安检工作是一项专业性与技术性很强的工作，从业人员需要进行大量的识图训练才能胜任开机员岗位。然而，传统的 X 射线机图像识别课程采用陈旧的图像库，图像库物品类型组成与现场实际情况不符。例如，电子产品更新换代极快，而原有图像库中的电子产品仍停留在键盘手机、随身听、小型随身录音机的时代，现场箱包中常见的蓝牙耳机、无线鼠标、电子吸烟器等物品缺乏；新型违禁品层出不穷，伪装性极强，而原有图像库中的违禁品皆具有明显的违禁品特征；缺乏日用品类物品的识别训练。诸如此类的图像资源缺失导致课堂学习与实际岗位出现脱节。同时，教师由于缺乏岗位经验，不仅对于实际岗位上查获的新型伪装型违禁品的了解会有时间上的滞后，而且在教学开展中较难明确教学重点与难点。过时的物品

图像与学生对于现实世界的认知之间存在着差异,教学内容与实际岗位脱离,不利于激发学生的学习热情,学生学习主动性弱,图像识别练习效率较低。

（二）传统教学模式阻碍学生自主学习能力发展

传统的识图训练课上,教师一般针对某一类物品的 X 射线机图像采用"理论"与"训练"的递进式教学模式,由于传统图像识别软件不提供理论知识展示功能,学生难以随时复习理论知识并进行查缺补漏。这样的教学方式,不仅使教学过程呆板枯燥导致课堂对学生的吸引力有限、训练效率低下,也不利于培养学生的自主学习能力。传统教学模式采取统一教学,全体同学使用同一套训练题,忽略了学生之间的个体差异,不利于激发学生学习积极性,阻碍了学生提升识图技能的效率。

传统的教学模式不能满足学生对于识图课程的期待,长此以往容易削减学生自主学习的热情与积极性,阻碍学生自主学习能力的发展。

（三）传统教学条件限制

以往的图像识别训练课程只能在机房电脑进行操作,这极大限制了学生的训练时间,学生无法在课后进行自主训练。由于传统图像识别软件缺乏精准的训练反馈,使得教师无法分析统计学生的真正掌握情况,学生无法分辨知识点掌握的薄弱项,难以做到及时的查漏补缺。并且,在识别训练课程中,教师由于精力有限,缺乏对学生的图像识别方法的针对性指导。

二、实施目标

为了突破 X 射线机图像识别课程建设的困局,培养专业基础扎实的安检开机岗位人员,校方与企业通力合作以期达到以下目标:

（一）推动校企资源共享契合岗位需求

以往的识图教学资源与当下的一线安检实际情况不符,通过校企合作,共同创建全新的图像库和识图软件,打造接近实际安检开机岗位的识图体验,增强学生对于开机岗位的体验感,激发学生学习识图的热情,使得识图训练规范化且可测评,帮助学生牢固掌握识图要点,帮助教师更有效地开展教学设计与实时调整。

（二）优化安检师资队伍建设贴合学生就业发展需求

加强师资队伍建设是打破课程建设困局的前提。传统的教学模式与学生所期待及适应的教学模式有所差距,教师队伍需要跳出舒适圈,做到时常学习与更新教学策略,丰富授课内容与形式,紧跟行业的发展趋势及规则变化。从学生的角度出发,满足学生的就业发展需求,为学生职业技能的掌握与提升提供强有力的保障。

三、实施过程

(一)参照最新标准,重建安检图像库

参照民航局职业技能鉴定中心标准和主要民航企业要求,由企业提供机场旅检现场实际图像素材,从违禁品和日用品两大类展开,校企合作共同构建了全新的 X 射线机图像库(包含共计 6 391 张图像,总数据达到 13.09GB)(见表 1),让学习资源更贴近实际岗位,为教学开展提供了有力的支撑。

表 1　安检图像库包含物品

物品大类	物品类型	包含物品
违禁品	爆炸物品类	炸弹、爆炸装置、雷管、导爆索、导火索、起爆器、炸弹填充物、拉火管、其他爆炸装置部件
	火种类	手表型点烟器、烟盒点烟器、电打火机、滑轮打火机、其他点烟器、笔型点烟器、电弧点烟器、镁棒、其他火种、万次火柴、煤油炉、燃气炉、防水火柴、普通火柴
	刀具类	菜刀、多用刀、跳刀、水果刀、锁刀、刀片、剪刀、裁纸刀、飞刀、刻刀、刮刨、其他刀具、剃刀、匕首、民族刀、笔刀、弹簧刀、筒刀、T型刀、折叠刀、蝴蝶刀
	枪支类	笔型防爆枪、口红防爆枪、其他防暴枪及部件、火机防爆枪、仿真枪、灭火枪、气枪、发令枪、制式手枪及部件、制式步枪及部件
	弹药类	弹夹、子弹、弹壳、901 防爆弹、橡胶防爆弹、空包弹、霰弹、催泪弹、水枪弹、气枪弹、铅弹、其他弹药微型枪子弹、教练弹、信号弹、迫击炮方向定位仪、信号弹、烟火筒

（续表）

物品大类	物品类型	包含物品
违禁品	工具类	锤子、逃生工具、扳手、锯片、锯、钻、钻头、园艺工具、其他工具、游标卡尺、铲刀、钳子、螺丝刀、锉刀、锥子、切割工具
	烟火制品类	电烟花、其他烟火制品、礼花、鞭炮、冷焰火、钢丝棉、烟饼
	军警械具类	手撑、其他催泪器、旗杆催泪器、笔型催泪器、电筒式催泪器、枪型催泪器、其他电击器、手撑型电击器、伸缩式电击器、催泪电击枪、枪型电击器、手机型电击器、手铐、脚铐、拇指扣、警棍、弩、弩箭、狼牙棒
	易燃易爆类	固体酒精、碳晶、蜂窝煤、便携式固体酒精炉、火机油、压缩小钢瓶、救生衣、火机气、酒精炉、酒精灯、酒精锅、其他易燃品
	电池类	充电宝、铅酸电池、单独锂电池
	其他类	灭火器具、自热包、磁铁、吸铁石、艾灸笔、飞镖、蜂鸣自卫器、弹弓及其部件
	钝器类	双节棍、多节棍、九节鞭、登山杖、防狼棒
	腐蚀品类	氢氧化钠、电解液、硫酸、其他腐蚀品
	强氧化类	高锰酸钾、强氧化类
	毒害品类	剧毒农药
	毒品类	吸毒工具
	放射性物品	金属铀
	管制刀具	匕首、三棱刮刀、带有自锁装置的弹簧刀
日用品	电子数码	手机、U 盘、网银网盾、充电器、插线板、耳机、手机壳、手机支架、手机取卡针、激光笔、触控笔、翻页笔、电子书、电子画板、鼠标、游戏手柄、键盘、移动硬盘、平板电脑、电脑、游戏机、视频转接口、分线器、wifi 路由器、集线器
	小型家电	音响、灯具、手电筒、搅拌机、烧水壶、电饭煲、风扇、血压计、血糖仪、按摩器、体温计、熨斗、呼吸机、投影仪、电子秤
	食品生鲜	奶粉、水果、腊肠、火腿肠、茶叶、海鲜制品、鸡蛋、盒饭、桶装泡面、家禽制品、燕窝、口香糖、玉米、罐头食品、核桃、粽子

（续表）

物品大类	物品类型	包含物品
日用品	化妆护理	吹风机、唇膏、口红、梳子、指甲剪、洗漱用品、化妆品、牙刷、电动牙刷、刮胡刀、电动刮胡刀、直发梳、卷发棒、美容仪器、理发器、镜子、挖耳勺
	服装饰品	眼镜、眼镜盒、首饰、发饰、手表、智能手环、皮带、鞋、鞋撑、鞋拔、宝宝背带、走失带、胸针、奖牌、游泳用具、塑身衣、护腰
	摄影设备	照相机、镜头、运动相机、自拍杆、脚架、胶卷、闪光灯、摄影机、记录仪、无人机、云台稳定器
	酒水饮料	塑料瓶饮品、玻璃瓶饮品、玻璃水杯、软包装饮品、塑料水杯、金属水杯
	办公用品	笔、金属名片夹、印章、印泥、封箱胶带、订书机、回形针、尺、激光尺、计算器、打印机、线圈笔记本、圆规、卷笔刀、POS机
	日常用品	烟、电子烟、相框、钥匙、汽车钥匙、锁头、枕头、雨伞、玩具、球、退热贴、暖宝宝、钱、钱包、餐具、衣架、晾衣架、茶具、开瓶器、打气筒、核桃夹、开壳器
	活体动物	活体动物

（二）校企合作开发，实现课岗衔接

校企共同设计开发与使用 X 射线机识图软件，实现课程教学内容与实际岗位的完美衔接。X 射线机图像识别课程采用情景模拟教学，学生在教师的引导及软件的辅助下，模拟开机员岗位。在软件开发设计初期，通过表 2 中新增模块来解决分层教学以及学生学习自主性弱的难题。

表 2　问题及解决办法

存在的问题	解决方法
校企资源共享受限	通过后台上传数据实现校企之间零时差的实时资源共享、定期开展教研活动，学校课程教学内容与现场岗位情况同步更新

（续表）

存在的问题	解决方法
巩固学习缺乏针对性	通过"指明类型"的训练模式创建违禁品热区并选择物品名称。学生可以通过训练反馈与训练情况统计明确自己的薄弱点，通过软件提供的理论知识学习入口进行理论巩固，对症下药；教师能够通过训练情况统计，了解学生的学习情况并进行针对性的教学设计
传统识图训练模式单一枯燥	增设"快检 PK"模块，学生之间随机匹配进行识图比赛，通过赢取比赛奖励"积分"与"金币"（用以兑换 PK 道具，增加 PK 比赛的趣味性）的机制，鼓励学生多训练、多学习；增设教学资源模块，学生可以随时通过该模块进行理论知识的自主学习
学习条件受限	开发手机端 X 射线机识图 App，学生可以随时随地通过 App 进行自主训练以及理论知识的自主学习，识图学习不再局限于课堂
教学忽略学生个体差异	结合学生学习综合情况，进行分层教学（初级、中级、高级），对不同学情的学生发布具有针对性的学习任务，对教学资源难度进行分层

（三）深入实习基地，提升教师专业水平

首先，面对中职安检教师缺乏一线岗位经验，专业能力停滞不前的现状，学校每年安排专业教师深入安检实习基地，开展顶岗实践活动，致力于校企联系日趋常态化。学校充分利用假期时间，组织安检专业教师参加培训，观摩技能比赛，并提供顶岗实习机会：2019 年 7 月，前往深圳宝安国际机场，开展中高职贯通民航安检专业教师岗位学习；2019 年 10 月，前往三亚航空旅游职业学院，观摩"2019 年海南省职业院校技能大赛——民航安检技能赛项"；2021 年 7 月，前往玉树巴塘机场进行顶岗实践活动并协助机场拍摄安检培训教学视频。校方积极与上海机场集团安检保障部门合作，邀请培训科教员来校指导人身检查技能培训工作。学校保障教师了解安检岗位的更新变化和安检行业发展趋势，掌握现场查获物品动态和趋向，为制定教学计划做准备，实现教学计划与职业资格标准逐步衔接。

其次，学校鼓励教师参加各级技能大赛、市级教法竞赛以及市级、国家

级教学能力大赛等,在提升专业知识技能的同时,也致力于提高教师的专业教学能力。

四、实施保障

(一)组织保障

校企合作组织建立领导小组,安检专业教师集体参与,共同研讨设计X射线机图像识别课程建设,更新课程建设内容。领导小组定期组织开展教研活动,全体成员参与探讨课程建设在实际实施中遇到的问题,发挥集体的力量,让课程建设在实践的过程中更契合岗位和学生发展的需求。校企双方建立良好的协作关系,定期共享资源、更新上传图像库,保障教师紧跟一线安检岗位变化,实现学生学习内容与岗位要求零距离对接。

(二)师资保障

校企双方各自拥有一支业务能力强、实践经验丰富且热爱教学工作的师资队伍。校方目前有安检教师5名,此外,校方还聘请了民航业的专家定期开展讲座及进行指导工作。在定期的集体教研中,双方的师资队伍交流课程开展的实际情况,互相帮助提升课程开展效率;研究分析最新的岗位技术要求和工作任务变化,探讨课程内容的形成规律及方式,反复研讨确认相对应的教学资源与教学开展内容。同时,院校双方鼓励教师参与教学改革,在改革实践中提升专业化能力,积极为教师创造下企业及参赛机会,积累丰富经验。

(三)资源保障

校方建有航空服务开放实训中心,该实训中心均按现代民航企业的生产流程及主流生产技术规划设计,所有实训设备技术指标符合民航局安检培训标准。实训中心总面积5 800平方米,配备模拟候机大厅、民航安检实训室、民航安检CBT教室等一系列安全检查实训场所。其中,民航安检实训室配有5条模拟旅检通道,学生可在模拟环境中使用安检设备进行X射线机图像识别的操作,熟悉掌握识图设备操作方法;民航安检CBT教室配有X射线机识图软件,学生可通过软件模拟开机识图,提升识图能力。

五、特色与成果

（一）激发学生学习动力，助力学习习惯养成

学生主动学习，成效显著。在以往的 X 射线机图像识别过程中，学生经常会产生惰性心理。但是，在课程重新建设后，学生的积极主动性显著提升，以识图训练"管制刀具"为例，学生参与度达到 100%，平均训练次数相对原先高于平均值 10~15 次，从识图训练的学习情况数据上可见一斑。不仅基础扎实的学生在识图技能上有极大的提高，原先基础薄弱的学生也逐渐有了进步。学生们反映，在训练完成后平台会及时反馈训练情况，学生可以根据平台反馈，找到相对应的理论知识进行巩固学习。

（二）助推教师专业提升，各类大赛屡获佳绩

教师专业能力提高，教学能力得到提升。通过校企合作，教师能够紧跟一线工作，更加全面地掌握行业知识，切实了解企业对安检专业人才的具体需求，避免了教学与一线岗位之间出现断层。在教学中结合自己的知识技能与企业对于安检人才的需求，整合教学内容，提高了学生的实践能力，为学生未来就业提供有力的保障。教师教学能力得到提升，在上海市第九届"星光计划"信息化教学能力大赛中，学校四位专业课老师的课题"X 光机图像——火种识别"获得二等奖；在 2022 年上海市中等职业学校教师教学能力大赛中，学校三位专业课老师的课题"国内航班旅客携带的行李物品图像识别"获得专业技能课程组特等奖；在 2022 年全国职业院校技能大赛教学能力比赛中，学校三位专业课老师获得三等奖。

六、体会与思考

专业性与技术性极强的安检识图能力，需要学校与企业共同努力，为学生及安检在岗人员创造有效提升 X 射线机图像识别能力的工具。校企合作开发的软件解决了教学模式过于传统和教学条件受限的难题。企业在提供最新现场图像、保证 X 射线机识图软件的实用性与针对性的同时，也为员工培训提供了训练软件的平台，并通过软件实时获取来自学校的教学资源及知识的支撑，取得了校企双方共赢的效果。

学校在与企业合作的过程中，提高了教师的实践能力以及业务素质，

解决了教学内容设置脱离岗位实际的难题。在教学过程中，学校要与企业互帮互助、共同建设师资队伍，有重点地对师资队伍进行能力提升。校方要与企业紧密联系，实时共享资源，帮助学生与安检岗位实现零距离对接，为社会输送高素质技能型人才。

探索课程育人新格局　构建拓展课程新范式

——中高职贯通专业英语课程拓展模块实践探究

上海市航空服务学校　姚晨莅　赵凯芳

摘　要:中高职贯通专业英语拓展课程对培养学生的核心素养有重要作用。教学中此类拓展课程在课程设计实施过程中存在诸多问题。学校因地制宜,结合学校特色,挖掘当地文旅资源,创新性地将黄炎培职业文化思想融入中高职贯通专业英语拓展课程中,通过重构教材、开发配套教学和教研资源、打造可视化的舞台剧等形式,帮助学生提升语言知识水平和运用能力,促进爱国情怀与民族自信精神的培养,同时带动教师资源开发能力和思政育人能力的提高。

关键词:中高职贯通;英语课程;拓展模块;实践

一、实施背景

《中等职业学校英语课程标准(2020 年版)》(以下简称"2020 年课标")界定了中职英语学科核心素养,明确指出英语课程由基础模块、职业模块和拓展模块三个模块构成。拓展模块是为满足学生继续学习和个性发展而安排的选修内容。《上海市中高职贯通教育英语课程标准(试行稿)》(以下简称"中高职贯通课标")也在课程结构中提到基础模块和拓展模块,并对拓展模块占比进行了详细地说明,其中拓展一(基础提升)占 108 课时,拓展二(职业提升)占 36 课时。课标中的课程结构与核心素养是有机统一的,合理开发和利用拓展性课程资源对培养学生的学科核心素养具有重要作用。两个课标均明确提出各地区与各学校可根据地方资源、学校特色、教师特长、专业需要及学生实际等,自主确定拓展模块的教学内容和教学时数。

学校位于川沙古镇,文化底蕴深厚,人杰地灵,名人辈出,有较多可挖掘的文化资源;同时学校毗邻迪士尼旅游度假区和浦东国际机场,职场化场景资源丰富。但现有的拓展性课程研发缺乏系统性,存在课程资源和效果品质偏低、空唱口号、实施低效、评价单一等问题。

为尝试破解综上问题,学校整合川沙地区内文旅资源和学校英语学科成绩较为突出的特色,将黄炎培职业教育思想系统地融入英语拓展课程进行研发,旨在引导学生构建知识、提高跨文化理解能力和可持续学习能力的核心素养。

二、实施目标

首先,本案例在实施过程中明确目标与思路,在课标的指导下将总目标设定为"提升贯通学生综合素养,构建拓展课程新范式",并结合学校特点进行目标细化。其次,目标推进要梳理"零散分项课例",规范课程系统架构。

表 1 目标实施

总目标	子目标	任务集
探索课程育人新格局,构建拓展课程新范式	学习能力目标	整合教学 提升学习动机、兴趣和能力
	职场语言能力目标	整合资源 重构课程 打造适合学生的拓展课程
	跨文化能力目标	讲好中国故事 坚定文化自信
	教师业务能力目标	思政育人 提高资源开发和教科研能力
	学校品牌效益目标	提高学校品牌效益

(一)课程教学目标

1. 学习能力目标

通过定量分析找到学生学习动力不足的归因,激发其学习动机,提升学生学习兴趣;通过可视化和多元化的评价,指导学生改进学习策略;通过自主任务,帮助学生提升可持续学习能力。

2. 职场语言能力目标

中高职贯通教育英语课程是中高职贯通学生的一门必修公共基础课。学校的拓展模块相关课程是在完成基础模块基础上的提升,可以较为有效地检验学生对本学科知识的掌握程度。按照两个课标重构课程,完成语言知识和技能的梳理,使得课程中的文本编排适合学生身心发展规律。在实际教学中引导学生在真实情境中开展语言实践活动,成果输出涵盖整合过的教学资源、教学论文、教学案例若干,以及由学生参与编排、表演的 3 个英文版黄炎培故事的舞台剧剧本,充分检验学生的语言能力,并实现了成果可视化。

3. 跨文化能力目标

跨文化能力是指学生通过对中外优秀文化的感知和理解,掌握文化知识,坚定文化自信等。学校拓展模块课程充分利用所处黄炎培职教思想发源地的地理优势,组织教研室调研黄炎培人文精神和职教思想与当代职业教育的关联,旨在增加职校生对本地优秀文化的认同。在教师团队的指导下,学生自排黄炎培英语舞台剧,用英语讲好中国先辈故事的同时,理解中英文剧本中的文化思维差异,坚定文化自信,最终促进课程目标和立德树人总目标的达成,从而提升了学生人格品质,助力中国优秀文化的对外传播。

(二)教师业务能力目标

通过对教研室教师的个人优势分析,引导教师制定个人三年发展规划。既要不断学习提升教学理论水平,还要关注高效课堂和课堂实践研究,提高教学能力;更要参与各层级的教科研活动,逐步提升英语学科素养。借助基础模块、拓展模块教学,整合资源进行资源的探索、开发、创新与实践,向着教书育人、思政育人的教育总目标,有效地分析教材、分析学生,及时地调整教材、因材施教,在培养教科研能力的同时积累丰富的教学经验和案例。

(三)学校品牌效益目标

通过梳理川沙地区优秀的传统文化和人文精神,进行文教融合的探索与实践,提升学校在本地区的协同效应;通过中英文版舞台剧等艺术形式,提升学校贯通学生的语言能力与人格品质,提升教师的业务能力和人文品味,最终提高学校的品牌价值,带动学校品牌的联动效益。

本案例实施任务明确,拓展性课程实施路径清晰。实施路径分为两种:一是自上而下,从理论到实践。通过师生调研、实地走访、座谈采访,梳理出适合学校特色的拓展课程。二是自内而外,从学校到展馆,协同地区资源,研发可视化舞台剧等多元化展示形式,构建范式。

三、实施过程

按照既定的实施目标和思路,实施过程按步骤逐步完成。

(一)调查先行,多维度确立课程方向

前期调查(2020.10－2021.9)恰逢新课标颁布,学校外语教研室以此契机为抓手,认真研读2020年课标。在新课标指导下梳理新课标中核心素养的具体落地举措,确立教学方法与思路。与此同时,根据学校学生学情设计符合学生认知和情感的拓展课程资源。

在此基础上,教研室向全校发布一系列调查问卷,了解学生英语学习的动机、能力和兴趣;调查学校中高职英语课程拓展改革面临的困惑,为下一步的课程建设奠定基础。将学生提交的问卷经过定量分析提取相关变量后发现:学生对参与性较强的文化类拓展课程比较感兴趣。

在此指导下,学校将拓展模块资源聚焦在川沙区域。通过走访周边的文旅资源,拜访浦东新区文物保护管理所书记、所长等文史专家,访谈黄炎培故居执行馆长等获取相关文史资源支持,深入了解黄炎培生平及其人生与拓展课程的关联,进一步将课程内容聚焦到黄炎培职业教育思想上。在姚晨苈老师的带领下,组内成员深入了解黄炎培生平,并将其思想理念与教材进行初步匹配;查阅国内外相关文献、专著资料,明确黄炎培职业教育思想与中高职英语课程拓展改革的内在契合;确立融入黄炎培职业教育思想的中高职英语课程拓展改革实践的方向。

表2　前期调查阶段主要任务及成果和特色

序号	任务拆解	成果	特色
1	课标解读与学习	参与市教委牵头的全国、市级新课程和新课标(双新)解读讲座十余次; 初步遴选拓展课程课题组成员	自上而下启动,自内而外主动参与

（续表）

序号	任务拆解	成果	特色
2	问卷调查	通过 SPSS 软件分析了解学生的学习困惑和兴趣； 初定黄炎培故居为英语拓展课程主要应用场地	定性与定量分析相结合； "走出去"寻找资源
3	相关访谈	深入了解黄炎培生平及其人生实践，并与课文进行初步匹配； 查阅国内外相关文献、专著等资料，明确黄炎培职业教育思想与中高职英语课程拓展改革的内在契合；确立融入黄炎培职业教育思想的中高职英语课程拓展改革实践的方向	

（二）中期整合资源，完善课程模块

中期创设（2020.11—2022.11）为具体实施期间，时间涉及较长。

首先按照课标要求重新审视课本，将课文内容拆解，与黄炎培的职业教育理念进行匹配，提炼课程资源并研发配套 PPT 等；通过学校联动，将零散的、单一的英语教材课程、社团课程等架构规范化，确定课程目标、研发思路、整体结构和教学安排。接着，在解构和重组课本中集中智慧申报课题。成立课题组，分解课题研究子任务，举行开题论证会，确定研究课题；阅读文献和理论，把握国内外研究状况与动态，撰写开题报告。

其次，确定了拓展模块课程的展示形式。组内成员经过多轮研讨，结合学生特色，研发原创舞台剧——《黄炎培的故事》。团队联合了浦东新区文物保护管理所、黄炎培故居、川沙新镇文化服务中心等文史专家以及资深导演、编剧和外籍人员共同参与《黄炎培的故事》舞台剧的编写创作，编写中英文舞台剧剧本 3 个。

最后，教研室开展教学研讨并形成文教融合的教学案例样板；撰写教学案例和论文、日常教学与反思等。

表3　中期实施阶段主要任务及成果和特色

序号	任务拆解	成果	创新
1	解构课本整合资源	提炼、筛选和渗透黄炎培提出的"因地制宜""务实求真""敬业乐群""服务社会""手脑并用、学做合一"和"耐苦耐劳"六个主题的课内资源包,涵盖课标选修和必修要求的听、说、读、写四大语言技能模块	聚焦课本的优化与深加工,实现跨学科构建; 融入课程思政
2	课题申报	顺利开题,定期进行黄炎培职业教育思想研讨会,完善课题内容	自下而上,提升教师自我效能感和综合素质
3	剧本创作	联合浦东新区文物保护管理所、黄炎培故居、川沙新镇文化服务中心等文史专家以及资深导演、学生编剧和外籍人员共同创作舞台剧《黄炎培的故事》; 舞台剧项目已与上海市浦东新区文化体育和旅游局签订《浦东新区宣传文化发展基金项目资助协议》并获得项目资助经费	提升学生跨学科素养; 实施"请进来"策略,实现学科以及区域资源联动; 践行用英语讲好中国故事

(三) 后期反思与改进,构建课程范式

在完成拓展模块课本环节内容后,鼓励学生参与剧本创作和舞台剧的排练,并请专业舞美和导演老师进行指导,目前已完成各类展演,取得了较好的社会反馈。

此外,2022年10月上旬至2022年11月10日期间,团队针对拓展模块课程的开设情况进行有效性分析和反思性评价,召开成果总结会,起草结题报告,撰写研究论文和教学案例,汇编教学资源,完成成果转化和结题报告。为了深度开发舞台剧《黄炎培的故事》剧本课程化资源,2022年12月至2023年3月期间舞台剧剧本完成编写、修订(共3版),包括配套字词句音频文件、人物小传、导演剧本和舞台剧演绎音频。2023年4月正式完成排练并从学校演出走向社区,进入稳步有序的推广阶段。

表 4　后期阶段任务及成果和特色

序号	任务	成果	特色
1	舞台剧展演	2023 年 4 月 28 日英语舞台剧《黄炎培的故事》在学校第五届外语节闭幕式暨颁奖典礼排演并直播展演,直播覆盖长江三角洲和新西兰兄妹校; 5 月起在职业体验日和各社区进行展演; 配套的音视频资源也相继开发; 该舞台剧已申报"上海·奋进中国式现代化新征程——上海市学习贯彻党的二十大精神微宣讲大赛"	请进来与走出去,主动传播中国文化,坚定文化自信; 构建多模块课程资源,尝试数字化拓展性课程资源; 线上与线下相结合,混合式教与学
2	经验交流	参与各类教学比赛和课标培训,参与各层级教学研讨会,学习其他地方的优秀资源,反思拓展模块的不足; 姚晨茳老师曾代表上海教师团队在全国作主题为《项目引领 文教融合》的案例分享	注重反思与交流、推广

四、实施保障

(一) 组织保障

学校为拓展模块课程资源和案例开发引荐了市级层面的教学专家和文博系统专家莅临指导,并为后期案例的信息化呈现提供了技术支持,最大程度上保障了该课题深入研究黄炎培职业教育思想研究的需要;本团队联合了浦东新区文物保护管理所、黄炎培故居、川沙新镇文化服务中心等文史专家,以及资深导演、编剧和外籍人员共同参与舞台剧的编写创作,为完成本课题的研究和舞台剧成果转化提供了专业支撑。

(二) 人员保障

本团队成员参加过黄炎培职业教育思想理论、德育课题和教育信息技术课题的培训与研究,参加过市级名师名校长基地和名师工作室等人才培育项目,任上海市英语教学指导委员会委员、区级教育教学中心组成员工作,参与过"十四五"国规教材《英语》的编写工作和《上海市中高职贯通教育英语课程标准》(试行稿)的制定工作,并作为专家或授课教师参与了市级在线英语课程视频的录制与开发,在专业杂志上发表过多篇研究论文,有较强的课题的研究能力和执行力,并且前期积累了多样的课题研究所需要的数据与成果,确保了课题的量与质。

舞台剧演职人员均为学校贯通班专业学生,英语基础和形象较好,热爱表演、敢于表现,配合度较高,为舞台剧的顺利演出提供了较好的人员保障。

(三) 资源保障

学校是国家级重点职业学校,市级示范学校,教学设备先进,实训条件优渥,生源较好。同时,学校所处黄炎培职教思想发源地,因而在获取研究素材和资源上有着得天独厚的地理和人文优势,也极大地保障了课题的研究和实践。本次课程开发有幸得到浦东新区文物保护管理所书记、所长等专家,黄炎培故居执行馆长的大力支持,为项目提供了坚实的文史资源保障。

(四) 财务保障

在学校的大力支持下,学校财务方面解决了本课题研究的部分经费;舞台剧项目与上海市浦东新区文化体育和旅游局签订《浦东新区宣传文化发展基金项目资助协议》获得了部分项目资助经费,为本项目的持续研究提供了较为充足的财务保障。

五、特色与成果

(一) 特色

中高职贯通教育英语课程以职业发展为导向,聚焦语言实践,帮助学生拓展国际视野、增强文化自信、厚植家国情怀,进而全面提升学生的学科核心素养。本案例结合学校特色融入创新课程育人新形式,使思政元素渗透课堂、植入人心;借助数字化技术支撑拓展性课程,将教材、教辅、文旅资源有机组合,构建多模态拓展性课程,构建中高职贯通专业英语拓展课程新范式。

1. 创新课程思政表现形式

第一,在本案例中,学校在现有教材基础上充分挖掘黄炎培职业教育思想,探索了中高职英语课程教学面向社会实践的改革路径。以语篇为载体,主题为引领,在核心素养"跨文化能力、学习能力、职场语言能力"的指导下,将黄炎培的职业教育思想贯穿全过程,将"手脑并用""做学合一"为理论依据,编写了《黄炎培的故事》系列舞台剧,将思政教学可视化、文娱化,引导学生在创作表演与反思的过程中感悟黄炎培先生高尚的人格魅力,沉浸式体悟他的爱国情怀,在潜移默化中使思政切入点变得有温度、可感触。

第二,坚持"请进来、走出去"的原则。在拓展课程中吸收和学习世界多元文化,邀请外籍人士带领学生参与课程构建、剧本编写、课程评价等。用英语讲述先辈的革命故事,向世界主动推荐和介绍本土优秀文化。帮助学生开拓国际视野,在中西方思维的碰撞中学会思考和审视本土的优秀文化,坚定文化自信,达到思政教育的目的。并将项目做全国分享,为全国的同仁提供了借鉴的范式,鼓励他们共同参与到讲好中国故事的队伍中来。

2. 融文旅于教学

案例中利用了学校毗邻黄炎培故居的地理优势,在校级层面对资源进行有效整合,通过课程开发以及师生舞台剧排演等多渠道方式将黄炎培职业教育思想与英语语言教学进行了结合。这不仅是一次德育教学实践,更是一次文教融合的大胆探索。这次探索一方面让黄炎培职业教育思想真正走进了学生的心里,提高了学生民族文化的自豪感,也提升了学生的语言能力和职业素养;另一方面也夯实了英语学科的使命与担当,通过充实教学资源和舞台剧排演等方式,教会学生在实践中讲好中国故事。

3. 构建多模态课程资源

本案例中课程资源类型丰富多样,既有实体教材及其配套的视频、音频等数字化学习资源,也充分运用了线上的交流、直播工具,实现了线上线下混合的舞台剧展演方式。课程内容丰富,注重趣味引导,将教材、教辅、文旅资源有机组合,构建多模态拓展性课程,搭建了中高职贯通专业英语拓展课程的新范式。

(二)成果

本项目成果包括有形的课内资源、教案、舞台剧、教学案例、论文等内容,汇总如表 5。

表5　主要成果汇总

序号	分类	主要内容	所获荣誉
1	课内资源	开发课内资源及配套PPT、教案; 通过拓展模块,倒推教师将课程思政贯穿于日常教学中	上海市航空服务学校"英语"课程教学团队被评为课程思政示范团队; 姚晨茳老师负责的"英语"被评为课程思政示范课程(上海市教育委员会;2022.11)
2	教科研成果	完成课题《融入黄炎培职业教育思想的中职英语课程拓展改革实践研究》; 完成两例教学案例	荣获2022年度上海中华职业教育社优秀课题调研成果三等奖; 市级课改课题《中职英语第二课堂融入课程思政的实践研究——以黄炎培职业教育思想为例》于2023年正式立项,已完成中期汇报
3	课外资源	完成舞台剧中英文剧本三个(第二稿); 完成区域舞台剧展演	面向新西兰、长江三角洲兄妹校线上展演; 迎党建、进社区,面向老党员汇演; 面向职业体验日开发演出; 在区委宣传部组织的"纪念黄炎培先生诞辰145周年系列活动"中向全市领导汇演

通过表5可以看出,本次拓展课程的构建不仅仅是表面上的形式展演,在教科研方面也都取得了优异的成绩。

首先,课内资源方面。本项目开发的课内资源共42套,共计42课时,含PPT和教案各一份。教师围绕着课标要求和教学目标,在PPT和教案中渗透黄炎培提出的"敬业乐群"理念、"服务社会"精神、"手脑并用、学做合一""因地制宜""耐苦耐劳"美德和"务实求真"态度,让全校学生在校园学习期间,潜移默化地学习黄炎培先生的优秀品质和职业教育思想。

其次,本项目在完成教学资源开发基础上,鼓励团队成员积极撰写论文和教学案例。姚晨茳老师以《Environmental Protection》一课为例,围绕社会责任主题开展教学并撰写了《社会责任感在英语导入课中的渗透和培养》;黄敏老师以《Making house rules》一课为例,围绕着劳动教育主题开展教学并撰写了《吃苦耐劳精神在英语听说课中的渗透与实践》。

最后,课外资源也不甘落后,已完成舞台剧中英文剧本三个(第三稿),与故事相配套的音视频教学素材一套,包含:人物分析、词句解析和戏剧知识等。三个舞台剧的故事主题分别为:励志求学,担负家庭重任;学好文化,振兴中华复兴;育儿有方,培养国之大器。紧贴"立德树人"的精神根基,学生在展演过程中耳濡目染,通过英语表达出当代青年的奋进精神。

六、体会与思考

本项目整个实施过程耗时长,调动的社会资源多,对学校和团队成员以及学生都有不少挑战。项目能够成功推行,离不开学校领导和各界人士的支持,离不开全体师生的努力,回顾整个过程有许多值得体会和思考的地方。

(一) 体会

首先,英语拓展性课程的研发与实施架构上,必须系统地考虑教育目的、教育价值、知识结构等。教师在拓展模块课程开发之初,要在课标的指导下形成清晰、一致的课程目标和操作框架。在实际操作中应该优选研发资源,彰显课程育人功能。本次课题的实施过程中,学校的"星翔"教师研修团队走出校门,走进黄炎培故居进行了数次访谈与学习。在不断的感悟与探索中,与故居相关负责人以及故居后人等进行深度沟通之后开发了黄炎培故事系列舞台剧剧本,是一次"走出去"在做中学的教育实践。同时,"星翔"团队依托课标,在开发舞台剧的基础上落实立德树人的基本要求;回到校内,在已有的课程中深度挖掘教材的德育内涵,将黄炎培职业教育思想融入课堂,并开发了 42 节德育特色课,是一次"走进来"在做中学的教育实践。

其次,项目推进要梳理"零散分项课例",规范课程系统架构。本项目将课文内容拆解和黄炎培的职业教育理念进行匹配,因地制宜。通过区域联动,将零散课程、分项课程、社团课程等规范架构,确定课程目标、研发思路、整体结构和教学安排。

本项目的开发和实施不仅惠及学生,以情景化、沉浸式的舞台剧展演提高了学生核心素养的外在表达,同时对老师的职业素养也提出了更高的要求。对教师来说,中高职贯通英语教学要从教授语言知识和训练技能转向为营造"以学生为中心"的教学环境,创设真实、有意义的教学活动和任务,引导学生在参与学习活动的过程中培养英语学科核心素养。

（二）思考

美国心理学家波斯纳曾将教师的成长用"成长＝经验＋反思"这一公式加以概括,公式强调了教学反思的重要性。同样适用于本项目的后续反思,首先从项目实施情况来看,课内教学与课外拓展结合,有助于活化知识,学以致用,做学合一;语言教学与项目结合,有利于推动教学成果与研究成果的生成;项目与区域文化资源整合,有助于资源的有效利用与整合,做出精品成果。但是本案例整体还缺乏较为完善的立体评价体系,英语拓展性课程的评价应贯穿整个课堂教学。通过各种正式或非正式的评估形式,对学生的整个学习情况进行跟踪,对教学质量进行反馈,改进教和学。丰富评价的过程,应该采用显性呈现"表现性评价",鼓励学生参与。虽然制定行之有效的评价标准颇有难度,但这将对后续的项目推广有一定的积极作用。

英语拓展课程研发与实施非一日之功,需要拓宽思路、因地制宜开发,拓展性课程是一个不断循环往复、不断反思进步的过程。在核心素养的指引下,英语拓展性课程研发与实施势必促成学生语言能力、跨文化交流能力、学习能力的提升。在实施过程中,应注重多元化的表现形式与信息技术深度嵌入,促成师生素养发展。学校英语拓展性课程虽然取得一定成绩,尚有很多问题留待后续研究中继续探索。

参考文献

[1] 教育部.中等职业学校英语课程标准(2020年版)[M].北京:高等教育出版社,2020.

[2] 上海市教育委员会教学研究室.上海市中高职贯通教育英语课程标准:试行稿[M].上海:华东师范大学出版社,2022.

[3] 胡美如,肖龙海.英语拓展性课程研发与实施[J].课程·教材·教法,2020,40(07):99-105.

[4] 宋海英.英语课程资源的多维度开发与利用[J].教学与管理,2017,No.

　　　701(16):67－69.

[5] 谭欣,罗柳萍.航空服务类专业英语课程中高职衔接路径探析——以柳州职业技术学院为例[J].柳州职业技术学院学报,2021,21(05):95－99.

[6] 张瑾.后续拓展课程背景下大学英语教师的专业发展策略——基于自我效能感提高的视角[J].江苏高教,2016,No.187(03):81－83.

中高贯通优势互补，协力精育安检人才

上海市航空服务学校　郭燕妮

摘　要：机场安检，作为民航安全的首要环节，在民航安全体系中举足轻重。机场安检运作系统是环环相扣的，安全无小事，每一环都牵一发而动全身，来不得半点马虎。民航职业技术学院与上海市航空服务学校共同开设民航安全技术管理专业，面对教学中存在的三大问题，融合力量多措并举，实现协同共赢，用"匠心"引领，以"匠艺"锤炼，为机场安检培养合格的服务人才，实现与民航企业岗位要求的零距离对接。

关键词：安检；实训；学生

一、实施背景

树立安全第一的意识、掌握安检流程规范、具备耐心细致服务态度，这三条综合起来构成一名合格的安检人才必备的基本素质条件。院校双方通过教学实践探索明确安检的专业定位和立身根本，把安全、严谨、服务作为教学聚焦重点。安检工作具有较强的专业性和技术性，特别体现在人身检查等各项基础技能上，在教学实践的过程中，发现存在以下问题：

（一）学生思想行为现状与民航安检的职业道德规范要求有差距

民航安检职业道德规范的基本内容包括安全第一，忠于职守；钻研业务，提高技能；遵纪守法，严格检查；文明执勤，热情服务；团结友爱，协作配合。同时，由于安检工作的特殊性，安检人员要能够树立风险忧患意识、强化安全责任意识、培养文明服务意识、确立敬业奉献意识。中职的学生普遍存在从小娇生惯养、吃不起苦、做事不够细致的情况，在安检实操中往往表现为随意散漫，缺乏严格的自我要求，主动学习的热情不高。学生的思想行为远远达不到民航安检的职业道德规范要求，不能匹配岗位工作原则。

（二）教师常规教学模式与学生所期盼的要求有差距

学生预想的实训学习是设备先进，能满足设备的一对一使用和老师的一对一指导，形式多样丰富的学习。但是以往教师针对人身检查技能通常采用"演示"与"训练"的常规教学模式，一方面，这种教学模式对于学生的吸引力有限，长时间训练导致学生容易出现注意力不集中、敷衍应付的情况，不能提高训练的质量。另一方面，面对有限的训练设备和教师个人的指导，学生的练习次数和练习标准不能保证完全符合相应的要求。这种常规的教学模式与学生预想的实训学习有所差别，不能达到他们对于实训学习的期待，长此以往容易打击学生学习训练的热情和积极性。

（三）学校实训教学与实际岗位需求有脱节现象

在民航安检岗位中，每条安检通道都有固定的人员分配和工作任务，包括证件查验、人身检查、物品检查三个岗位，分工明确，责任清晰。在传统的安检技能训练课上，实训室环境和一般教室的差别就在于座位摆放位置不同，与工作岗位的安排差距较大，这样的实训教学环境在一定程度上阻碍了学生安检岗位意识的养成。例如实训课程学习人身检查这项必备技能时，虽然大部分同学最终能通过考核，但普遍成绩不高，基础不扎实，容易遗忘要点和细节要求，到了上岗时还得重新接受相关技能培训，不能满足安检企业"毕业即上岗"的要求。

二、实施目标

为更好地解决安检教学实践中的问题，培养符合岗位要求的民航安检人才，上海民航职业技术学院和上海市航空服务学校通力合作，积极促进，优势互补，以期达到下述目标：

（一）强化学生思想行为，符合职业道德规范

安检人员职业道德规范既是安检人员处理好职业活动中各种关系的行为准则，也是评价安检人员职业行为好坏的标准。面对目前中职生的思想行为现状，通过院校一体化德育教育，树立学生安检必备意识，强化纪律和规则观念，养成良好的自主学习习惯和吃苦耐劳精神，为成为合格的民航安检护卫做好素质准备。

（二）加强安检师资队伍建设，贴合学生发展

师资队伍是培育人才的关键,安检专业教师的教学能力和专业能力高低会直接影响学生的学习状态和最终结果。传统常规的教学与学生期待的教学模式之间的差距促使安检专业教师队伍必须要时常更新教学策略,丰富教学内容和形式,紧跟行业发展趋势和岗位内容变化,从而满足学生发展需要,为学生职业技能提升提供保障。

（三）优化两校实训资源，契合岗位需求

以往的实训教室设备设施和资源配备与真实安检岗位有一定差距,通过两校合作,将发挥各自优势优化实训资源,打造与课程一体化相匹配、接近实际安检岗位的实训中心,通过实训场景的真实性增强学生对于岗位的体验感,使各项实训操作具象化、规范化、可测评,帮助其牢固掌握各项要点,树立安全责任意识,以更好的训练操作技能达到岗位需要。

三、实施过程

（一）思政融合，坚持以德立人

对人身的检查是旅检通道安检流程的重点,这既是一串枯燥的重复动作,又是一项需要反复练习的技能,要求高标准完成规定的训练量。安全无小事,操作人员必须具备极强的安全意识,认真对待每一个人,每一个细节,不放过任何一个可疑之处,这对于从小娇生惯养,很少吃苦的学生来说显然是困难的。鉴于学生思想行为现状普遍与民航安检的职业规范要求差距较大,院校双方都把思想品德教育放在突出地位,并在中职学习阶段推行了德育学分制的考核机制,坚持以德立人,对学生品德作出严格要求,引领学生充分重视德育课程,树立正确的职业观念,积极弘扬正气,催生正能量。在日常专业和实训教学中,任课教师们都积极探索教学方法,注重将课程思政融入课堂。为加强学生自我管理和自我约束力,培养纪律性和服从性,在中职阶段实行礼仪教育,高职阶段实行了校园"准军事化"管理,从制服穿戴到行为规范,润物无声地传递关爱,播撒匠心。在院校双方的努力下,形成了中高连贯的德育环境,学生可以在其中耳濡目染,逐渐养成服从纪律、一切行动听指挥的良好习惯,学会对自己严格要求,从小事做起,保持一丝不苟的严谨态度,克服浮躁散漫敷衍随意等不良习气,成长为

胜任航空安检岗位的人才。

（二）校企合作，助力师资提升

结合目前安检专业发展趋势和建设需求，院校积极寻求与机场开展校企合作，通过"引进来"和"走出去"，使学生在学习阶段与企业实际岗位要求衔接，实现校企互利共赢。为强化学生和企业之间专业联系的纽带作用，学校派遣专任教师深入安检实习基地，开展实习带教指导工作，使校企联系日趋常态化；推动安检文化进校园，提升学生职业认同感。学院也邀请行业专家参加各专业发展研讨会、就业推进会等，为学院发展建设传经送宝、献计献策。针对中职安检教师专业能力不足的现状，学校充分利用假期时间，组织安检专业教师参加培训，观摩技能比赛，并提供顶岗实习机会：先后与深圳宝安国际机场开展了中高职贯通民航安检专业教师岗位学习交流，到玉树巴塘机场进行顶岗实践活动，参与了贵州龙洞堡机场"全国民航安检技能大赛"，三亚航空旅游职业学院"2019 年海南省职业院校技能大赛——民航安检技能赛项"的观摩体验活动；积极与上海机场集团安检保障部门合作，邀请培训科教员来校指导人身检查技能培训工作。学校通过这些活动，帮助安检专业教师了解专业技能的更新变化和行业发展趋势，开阔了视野，夯实了专业技能，为制定有针对性的教学计划，不断改进教学方案，提升教学技能奠定了基础，促进了教学能力与专业能力同步提升。

同时，学校鼓励教师参加各级技能大赛、市级教法竞赛以及市级、国家级教学能力大赛等，并给予适当奖励。在提升专业知识技能的同时，也致力于提高教师的专业教学能力。

（三）岗位对接，升级实训教学

培养能胜任岗位要求的人才，实训教学是核心。学生通过实训实操，才能实现对岗位特点由感性到理性的认知。在长期实践中，院校双方确立了教学环境注重实际，流程规范注重实训，任务要求注重实践的课程特色。为解决实训问题，两校通力合作研讨论证，对航空服务学校原有实训设施进行升级改造，建成全仿真实训室，设立四条安检通道，配备安全门与 X 光机，所有设备与机场看齐，实训环境与机场安检现场基本相似。同时，更改传统的练习模式，模仿安检现场，通道内人身检查岗位学生连续检查一组 8～10 位模拟旅客。据测算,对比常规顺序交换练习模式,单位时间内训练量增加 3～5 倍。这样的真实现场,真实练习方式,训练量大幅增加的同时,强化了学生安全第一的岗位意识,锻炼了吃苦耐劳的意志品质。为满足不断升级的需要,近年两校又陆续购入最新安检设备,进一步提升安检综合实训室功能,使学生能够在其中模拟全真安检情境,与今后的就业无缝对接。

四、实施保障

(一)组织保障

上海民航职业技术学院和上海市航空服务学校双方在安检中高贯通专业建立之时,以院校专业领导和专业带头人为中心建立了组织领导小组,安检专业教师集体参与,共同制定一体化人才培养方案和课程体系,以文本的形式确定贯通内容、形式以及定期集体教研等,为中高职安检人才的培育建立组织保障机制。

(二)合作保障

院校双方安检专业与上海国际机场股份有限公司的浦东、虹桥安检保卫部建立了良好的协作关系。通过合作,制定并实施在民航安检专门化方向贯穿全程的多段实习工学结合模式;并在招生面试、课程设置、教学管理、评价录用等方面进行一体化培养模式。在院校企三方合作过程中,共同开发了安检微课,在课堂中进行前置教学,实施效果显著,丰富了教学资源。

(三)师资保障

院校双方各拥有一支专兼结合、业务能力强、实践经验丰富的专业师资队伍。目前上海民航技术学院共有安检专业教师 12 名,上海市航空服务学校安检教师 5 名,此外,院校双方还各自聘请了企业专家和外聘教师,这些教师拥有专业类证书和从教经验。在定期集体教研中,双方教师共同交流,互助提升,分析岗位技术要求与工作任务,共同探讨课程内容的形成规律与手段,并经过反复研讨与审核,最终形成相应的培训教材及其他教学资源。同时,院校双方鼓励教师参与教学改革,在改革实践中提升专业化能力,积极为教师创造下企业及参赛机会,积累丰富经验。

(四)实训保障

院校双方各自建有航空服务开放实训中心,并在教学全程投入使用。

该实训中心内的专业实训场所均按现代民航企业的生产流程及主流生产技术规划设计，所有实训设备技术指标符合民航局安检培训标准。实训中心总面积 5 800 平方米，配备模拟候机大厅、民航安检实训室、民航安检 CBT 教室等一系列民航安全检查方向的实训场所，仿真度高。两大实训中心为院校企深度合作提供了硬件基础，也为学生实训创造了高度参与感和体验感。

五、特色与成果

（一）学生综合素质显著提升

在以往的人身检查技能练习过程中，学生经常会产生"惰性心理"。但是在强化思想作风建设后，加上教学环境和模式的转变，学生的积极主动性有显著提升。从人身检查训练数据上看，每一课时检查人数从原来 7～8 人次提升到了 20～25 人次。反复训练的功效也同步反映在了安检初级考证成绩上，16 级安检参考学生通过人数比为 19/30，合格率为 63.3%；17 级安检参考通过数比为 40/56，合格率为 71.4%，合格率和成绩远高于非贯通专业的安检学生。在上海市航空服务学校每年 11 月举办的安检技能比试中，学生们都积极报名，踊跃参与，展示自己的拿手本领，在其他专业同学面前展示安检员工的飒爽风姿。

（二）教师教学能力明显增强

通过校企合作，教师能够紧跟一线工作，更加全面地掌握行业知识，在教学中能依据岗位知识技能与企业需求，合理组织、整合教学内容，设计有效课堂教学，为学生专业技能提升提供有力的保障。教师教学能力提升也体现在教学比赛中，四位安检专业课老师获得上海市第九届"星光计划"信息化教学能力大赛二等奖的佳绩。此外，在教师指导下，提升了学生的练习强度，加快了学生对安检设备的熟悉，实训设备的使用率大幅上升，教学资源得到充分利用。

（三）实习就业表现广受认可

为满足学生毕业后尽快速适应岗位要求，学校实行课证一体制，积极组织学生考取相关证书，以获得岗位的"敲门砖"。贯通合作双方本着对为学生职业生涯负责的态度，充分利用民航职业技术学院的行业优势，通过多方协调共同努力,制定周详的专业培养方案,经市教委批准,为学生创造了课堂实操、岗位实习和职业资格考试相对接的一体化学习实训的完备条件。自 2020 年至今已有两届学生合计 86 人参加安检职业技能鉴定考试,通过率良好。不少学生取得证书后直接进入虹桥、浦东机场安检岗位实习。进入机场安检工作岗位的毕业生也得到了老员工的认可——"这些孩子,上来就能当正式工用",真正实现了与机场安检工作的零距离接轨。

六、体会与思考

(一)校风与学风建设是学生能力发展的基石

主观态度决定行为方式,以安检职业道德规范为基础,加强安检岗位的纪律教育和安全责任意识培养,树立敬业奉献精神,对安检专业学生尤为重要。只有在正确的思想观念引领下,学生才会更专注于自身能力的发展,对专业技能的练习有更高要求,形成主动学习的良好学风,发展终身学习的能力,才能更好地符合安检工作岗位要求。

(二)师资建设是院校企共同合作重点

教师专业能力和教学能力可持续发展,既要有制度机制的保证,也需要敞开校门,与企业主动融合,互助互利。同时以安检教师队伍建设为纽带,结合院校企三方共同要求和人才培养目标,丰富教学资源,最终促进学生安检技能和素养的提升。

(三)民航安检模式创新迫在眉睫

在民航高速发展的态势下,要进一步研究民航安检模式创新的重要性,院校合作,强强联手,建立信息化的共享教学平台,不仅推动院校专业教学资源库建设,还能以大数据的分析优势和精准定位了解行业企业的发展变化趋势,从而优化专业课程教学,这将为民航培养更接地气的安检人才创设更好的空间。

(四)精心设计路径是打造人才的关键

人才培养方案和路径是培养安检人才的关键,要用匠心精神,从最基础、最基本的责任心开始,到能胜任安检岗位,再到具有娴熟高超的安检技能,最后形成一支有安检使命感、有强烈责任心、有高水平安检技能的人才队伍,任重道远。

基于深度产教融合的中高贯通人才培养
研究与实践

——以中高贯通"飞机制造"专业为例

上海市航空服务学校　金展波

摘　要：2015 年起，上海市航空服务学校与浦东职教集团内上海第二工业大学开展"飞机制造"专业中高职贯通培养试点，并与中国商飞上海飞机制造有限公司合作，共同建设高技能人才培养基地。三方集中优势资源，配备一批优秀教师骨干，共同建立"飞机制造"人才培养模式，为国家大型民航飞机制造的发展贡献力量。历经 7 年多的实践探索，该专业学生成绩优异，综合素养较高，在产教融合背景下贯通人才培养取得了一定的成果。

关键词：产教融合；飞机制造；贯通培养；高技能

一、实施背景

国家发展改革委、教育部等 8 部门联合发布《职业教育产教融合赋能提升行动实施方案（2023—2025 年）》指出，"以贯彻落实党的二十大重大部署为引领，以职业教育产教融合赋能经济社会高质量发展为基点，破解长期制约职业教育发展瓶颈，不断优化职业教育类型定位，撬动教育综合改革，对统筹推进科教兴国战略、人才强国战略、创新驱动发展战略意义重大、影响深远。产教融合是衡量职业教育改革成效的重要标志，是实现教育链、产业链、供应链、人才链与价值链有机衔接的重要举措"。目前，中国民航工业正处于全面发展阶段，人力资源及人才素质作为国家航空产业发展的核心要素，已经成为进一步推动国家航空事业发展、实现民航强国战略的关键，如何培养合格的飞机制造专业人才显得越发重要。

随着大型客机 C919 顺利完成首个商业航班飞行，标志其正式进入民航市场，开启常态化商业运行。中国商飞 C919 大型客机落户上海市浦东新区并开启生产模式,作为机械制造业先锋的飞机制造行业人才缺口将会进一步扩大,特别是从飞机总装制造层面和产业链的相关环节出发,中职校如能培养掌握"对口技能"的人才,便可以满足飞机制造企业的生产、检测、实验、返修等岗位需求。但飞机制造专业又是一项高技术性的工作,从技能人员培养层面来看,需要有一定基础知识、理论水平,以及较为熟练的技术能力,懂工艺、看得懂图纸,会操作设计,同时还要达到一定程度的外语水平,因此就对从业者的整体学历提出了要求。在这一背景下,通过中高贯通模式,利用中职校、高职院校和企业的各自优势,强强联合,打造深化产教融合的新高地,集合各方之所长,共同为大飞机机械制造行业培养输送优秀高技能人才,服务区域经济社会发展,也为教育强国和科技强国贡献更大力量。

二、实施目标

上海市航空服务学校以培养高技能人才为目标,与中国商飞共同建立了"高技能人才培育基地",有工具钳工实训室、飞机铆接实训室、飞机钣金实训室等专业硬件设施;上海第二工业大学作为本地区制造专业的品牌学校,在金属加工,特别是飞机制造重点发展的数控加工方面有很强的实力。为发挥平台共建、资源共享的优势,中国商飞、上海第二工业大学高职学院、上海航空服务学校开展了中高职贯通培养试点,设立贯通培养的培养方案和课程,进而培养五年制的"飞机制造"专业技能人才,共同推进专业建设,服务国家大型民航飞机制造的发展。

随着先进制造技术的不断推进和应用,在智能化、信息化的趋势下,飞机制造领域也陆续出现了不少新工艺、新材料、新标准,例如大飞机数字化转型的智能制造、飞机制造工艺装备的柔性化、制造精度、材料性能和标准件配套能力要求不断提升等等,飞机制造领域应用将越来越趋向于高精度、高效率、高自动化,从而对飞机制造专业技能人才提出了更高的要求,对已设定的专业定位和服务面向的要求需要动态调整,也对专业的建设与改革提出了新的任务。如何在产教融合背景下,通过探索与实践,形成特色、可持续的人才培养模式、课程体系、师资队伍、实训基地建设模式,培养具备良好职业道德、创新能力、心理素质,较强专业技能和具有"工匠"精神的高技能人才成为思考与实践的重要课题。

三、实施过程

（一）主动对接飞机制造岗位需求，构建专业课程体系

要按照机械制造技能型人才职业活动的内容、环境开展人才培养，学校教学应该和企业生产相结合，学习与工作相结合，理论与实践结合，充分体现"做中学，做中教"的职业教育理念。通过共同设计教学课程，能有效避免中、高教育断层，有利于教学效能的提升；统筹安排，理论课程和专业技能培训，符合机械制造行业人才培养规律；采用工学交替模式，从而满足大飞机产业的用人需求。组织课程专家和中国商飞培训部门定期对于本专业课程设置进行研讨，逐步改进和完善课程内容体系。例如目前飞机铆接技术，学校训练中仍然以手工制孔为主，但传统的手工制孔的一致性差、精度难以保证，质量受铆接方法、铆钉种类等多种因素的影响，随着ARJ21、C919 等飞机的研制与生产，自动钻铆技术已经开始越来越多的运用，这就促使学校的课程体系要进行动态更新，从而构建以培养技术应用能力为主、适应产业发展、为企业现场服务为目标的课程体系。上海市航空服务学校与中国商飞紧密合作，历经订单式培养、教材开发、合作培训、技能大赛、师徒带教等过程，双方进入了合作开发、互融创新的深化合作阶段，学校也在这些年建立起了适应航企人才培养需求的教学架构，掌握了比较完备的教学方法。

（二）发挥职教集团内部合作优势，共育优质教学团队

企业、中职校、高职院校实现师资互补、共享。产教融合各单位应定期召开飞机制造中高贯通专任教师会议，研究部署相应工作。同时中职校教师分科目参与高职学校的联合教研活动，高职学校也对中职学校的机械制图、外语、数学等重要基础课程进行统一测试，以检测、监督教学成果。高职院校、企业利用自身专业优势可以定期为中职学生开展各类前沿专业讲座，组织教师开展各类培训。部分现场操作性较强又非常实用的课程，例如《危险化学品分析及应急处置》《零件现场的产品保护》等，企业、学校可以会同师资进行共同开发。鼓励专业教师申请商用大飞机职业技能等级证书；同时发挥职教集团优势，积极探索 1＋X 职业技能登记证书标准的

设计,搭建协同联动的建设机制。

(三)优化专业实践育人环境资源,淬炼实践操作技能

在实训教学方面,中职校和高职院校一方面要努力提升教师实践技能,例如多次组织专任教师前往中国商飞培训中心学习飞机制造方面新工艺、新技术,了解新材料、新标准,及时掌握行业发展;或利用暑期前往企业实习,学习各类型飞机维护知识,不断提升操作技能水平。另一方面,中职校和高职院校也可以利用校内实训基地和校外实训基地,积极构建模拟真实的教学场景,形成模拟教学与生产现场实际教学相结合的"双课堂";充分利用多媒体辅助教学手段,积极使用CAI课件,从而在教学过程中按照"做、学、教一体化"的要求,以学生为主体,以项目任务为载体进行能力训练,项目和任务与生产实际有机结合,通过现场工作任务,努力提高学生的综合能力和素质,以达到与岗位零距离对接的效果。企业、高职院校、中职学校可以定期举办技能大赛,作为高技能人才成长的重要平台,学生或者教师都可参赛,以赛促学,不断培养技艺精湛、素质优良的后备高技能人才。

上海市航空服务学校已与中国商飞上海飞机制造有限公司、中国东方航空公司、上海波音等企业建立了校外实习基地。这些公司定期为学生提供专业讲座、操作考核、企业观摩、比武竞赛等教学活动,并成立"中国商飞上海飞机制造有限公司现代学徒试点班",被确立为上海市第三批现代学徒制试点项目,学校还经常给中国商飞上海飞机制造有限公司和中国人民解放军第4724厂的准员工进行培训。教学团队还共同编写了《制冷和空调设备基础与技能》《电气控制线路安装与维修》《飞机维修专业英语教程—飞机主要结构与部件》和《维修电工实训教程》等全新的教材。经过这些年的打磨,其中的一些已经成为相关专业的全国统编教材。

(四)共融共享建设数字信息资源,赋能实践技术升级

数字资源建设在充分体现网络教学特点的同时,也应符合职业教育教学规律,充分考量技能养成的特点,其中虚拟仿真技术能有效解决职业教育教学缺乏技能实践环境的现实困境,这类资源也将是职业教育数字资源的特色与重心。然而虚拟仿真实训资源具有技术含量高、专业性强、满足岗位能力训练要求、成本投入大、开发周期长等难点,学校可按照飞机制造

专业技术核心能力要求,与航空企业密切合作,利用信息技术,共同开发高水平的虚拟仿真实训项目,将生产工艺、人员、设备、工装及工具等资源信息有效集成,使学校的教学过程与企业的生产过程紧密结合,通过仿真教学了解工装、工具和产品的装配过程,从而破解职业教育特色资源难题,促进飞机制造专业的学生实践技能提升。同时,根据中国商飞上海飞机制造有限公司的实训标准添置并更新了"飞机钣铆实训室"。通过校企合作办学多年的探索积累,建立起具有鲜明特色的产教融合体系,形成了基地化培养、岗位式实训、任务型教学为一体的教学模式,学校主动对接、竭诚服务企业,校企双向驱动,融汇发展,实现了双方的良性互动、互惠共赢。

(五)弘扬工匠精神探索育人实践,促进专业内涵建设

飞机制造业是强国之本,工匠精神是兴业之基。培养飞机制造高技能人才队伍建设首先要激发高技能人才的动力,筑就他们的"工匠魂"。职业学校要顺应时代需求,坚守主阵地,利用教育教学的优势和强项,为培育更多具有"匠心"的技术技能人才做好思想引领。学校聘请行业专家和企业"大国工匠"成为学校专业建设指导委员会成员,联合企业开展"航企文化进校园"专题长廊宣传展、"工匠大师进校园"等专题讲座,观摩企业员工职业技能大赛。同时通过思想政治课堂让学生了解"大飞机梦"也是中国梦的一部分,圆梦需要飞机制造产业人员共同的奋斗和努力,并树立对新时代"工匠精神"的感悟,触发学生不断提升自己的专业技能的动力,并在这个过程中思考职业发展规划。另一方面文化层面的交流互动,也进一步促进了校企紧密结合,真正实现产教融合、互利共赢,保证校企合作的可持续开展,聚力推进专业内涵建设。

四、实施保障

(一)实训资源保障

上海市航空服务学校以把"依托航企、服务社会"作为学校发展的定位,学校除了充分利用地域层面的依托外,还非常重视技能层面上的依托和实训资源层面上的依托。建立有中国商飞高技能人才培训中心,与上海飞机制造有限公司、上海波音、东航机务和各大机场都有紧密的合作关系,每年安排专业教师前往长沙航空职业学院、青岛海军航空大学进行航空机

务技能专项学习,这些都为教师专业发展提供了有利的研究环境。

(二)制度保障

学校根据政策精神,将飞机制造、飞行器数字化技术等专业建设放在突出重要地位,制定一系列行之有效的管理措施、奖励政策和激励制度,为专业的建设提供强有力的制度保障。

(三)师资保障

教学团队分工明确,协作共建,以专业带头人为中心、以骨干教师为生力军,以青年教师为后备军,明确团队的发展方向。教学主管部门出台有关规定,对飞机制造、飞行器数字化技术专业教学团队的梯队建设提供有力的人才引进机制和培养计划,积极创造条件组织教师参加培训,有利于更多团队成员成为学科带头人、教学骨干和科研骨干,促进团队的教学与科研水平的提高。

(四)资金、硬件保障

专业建设严格执行学校制订的专项资金管理办法,科学合理地使用项目建设经费,专款专用。同时不断更新和完善教学设施,提供先进的教学硬件条件,上海市航空服务学校机电技术拥有与中国商飞共建的"中国商飞高技能人才培养实训基地",人保局在学校设立了"浦东新区高技能人才培养实训基地",教育局支持学校建设了"浦东新区机电技术应用实训中心"。学校建立了理实一体化电子、电工基本技能、电气控制线路安装、电气排故、PLC、飞机铆接、飞机钣金、飞机维修基本技能、飞机发动机、航空器维修仿真等专业实训室,另外还添置飞机螺旋桨、飞机仪器仪表、飞机起落架等设备,并引进一架运-7 飞机和一架湾流 350 飞机,可提供七百多个实训工位,为教师和学生的成长创造良好的工作、学习和实训环境。

五、特色与成果

专业培养探索基于中高职贯通的产教融合模式,近年来已有 3 名专业教师被聘为中国商飞上海飞机制造有限公司兼职教员,企业、高职院校和中职校共同对 10 门前置课程进行了开发。在近两年共 50 名毕业生中,9人通过专升本考入全日制工学专业本科,20 多名学生进入中国商飞工作,成为一线生产技术技能人才,其余同学也都进入制造维修等行业领域工作。

　　学生在校期间,学校高度重视飞机制造专业学生的培养,整合优质师资力量,学生成绩在同类专业中名列前茅,飞机制造专业 2015 级、2016 级、2017 级毕业生进入上海第二工业大学后,在各科目统测中取得优异成绩,班级总分第一;在专业方面,钳工、钣金、铆接、数控等技能考试通过率非常高。该专业 17 级、18 级班级分别被评为浦东新区优秀班集体,15 级班级被评为上海市优秀班集体;多名同学荣获浦东新区三好学生、上海市奖学金等。学生在各个方面表现突出,多人在上海市星光计划大赛、上海市文明风采大赛中获奖。学校聘请 5 位中国商飞航模协会的技师作为社团指导教师组建"航模社团",促进学生多元化发展,并在市级、区级航模竞赛中获奖。还有学生在毕业进入商飞工作后,直接被航模协会选中,为学生在进入企业后的发展提供了很好的助力。同时学校积极创设条件,组织学生参与"世界人工智能大会""上海制造"技能大赛志愿者等课外活动,让同学们了解专业发展前沿,不断激发专业热情,提升人才培养的质量。

六、体会与思考

　　飞机制造产业是国家高度重视的战略性新兴产业,将在"十四五"期间乃至未来 10 年都是国家重点发展的产业,学校、企业要把握新时代发展的机遇,积极深入推进产教融合,专业教师要主动参与企业实践,不断提升专业水平,拓宽专业视野,同时也要时刻关注大飞机数字化转型的智能制造和飞机数字化装配技术,包括装配工艺规划、数字化柔性定位、装配制孔、自动控制、先进测量与检测等众多技术,以及生产过程中引入新型虚拟现实装备、智能工具箱系统等设备,这些都将会对传统制造工艺流程和技术要求有一定冲击与影响,因此企业和学校要进一步深化产教融合育人机制,探索课程基于技术的深度整合,或构建模块化课程体系,在做好原有工具钳工、飞机钣金、飞机铆接、数控加工等技能的基础上,积极研究探索涂装、焊接、数字化测量等工艺课程,主动适应制造强国发展的新要求。立足于以学生为中心,培养符合社会需求,有较强竞争力的飞机制造的高技能人才,从而在中高贯通领域发挥更大的示范引领作用,提升职业教育的现代化发展水平。

上海市航空服务学校与中国商用飞机责任有限公司一样,成长于浦东,并在这块沃土上践行着大飞机的梦想、航空梦想,也是在积极履行企业社会责任,全力推进航空企业文化工作,希望能进一步激发学生对航空制造领域的探索热情,引导学生全方位、多角度认识飞机制造产业,为我国大飞机事业培育更多的后备人才。

参考文献

[1] 侯光,王芊,李颖超.以人才培养质量为核心,创新构建教学质量保障体系[J].商科教育,2020(1).

[2] 张宁菊,赵美林.智能制造技术与装备的校企协同创新研究[J].轻工科技,2019(3).

[3] 任玉芬,贺校红,王玉林.实践教学在民族班学生成长中的作用[J].浦东教育研究,2018(8).

[4] 曹克刚,山颖.中高本贯通架构下应用型人才培养的研究与实践——以机电一体化技术专业为例[J].报刊荟萃,2018(8).

[5] 陈光华,陈庆华.基于"工学结合、校企合作"教学模式的改革探索与实践[C].职教教改论坛文集,2016(5).

[6] 丁忠.中国大飞机引领中国经济成长[J].空运商务,2018(8).

[7] 崔爽.中国商飞:产大飞机梦想成真[J].科学之友,2018(12).

院校协同 "四维"共育
——破解空乘专业师资发展困境

上海市航空服务学校 刘媛媛

摘 要：上海民航职业技术学院与上海市航空服务学校共建有中高职贯通空中乘务专业，现致力于将其建设为高水平专业，而推动双方专业教师队伍的发展又是不可绕过的一个方面。空乘专业师资队伍的发展面临多重困难，为此本文从"常规培育、专项提升、引入校企技能大赛和行业专家进校"四个维度出发，采取有力的措施全面提升教师教学水平和教学能力，同时给予相应的保障措施，从而最大可能地破解现阶段的困境，推动空乘专业高水平高质量发展。

关键词：院校协同；空乘专业教师；四维共育；破解困境

一、实施背景

根据《上海市教育委员会关于建设中高职教育贯通、中等职业教育—应用本科教育贯通高水平专业的通知》(沪教委职〔2018〕28号)，上海民航职业技术学院与上海市航空服务学校申报了中高职贯通空中乘务高水平专业建设项目，而推动专业教师队伍的高素质发展是提高专业建设水平的一个重要方面，在中高职贯通空中乘务高水平专业建设之前，两所院校空乘专业的教师队伍发展，都面临着类似的问题。

（一）专业教师队伍招聘困难

根据国家的政策要求，中职类学校招聘专任教师要求本科及以上学历，高职类院校则需要博士及以上学历，且基本需要专业对口，以更好地胜任教育教学工作。但是空乘专业的毕业生极少能达到此类学历要求，即便达到要求，他们的第一选择也是到航企就业。基于院校和航企的薪资待遇差距和进入院校严格的层层考核，航企也甚少有空乘人员愿意转行到院校从事教育教学工作,这就导致两所院校在专业教师队伍的招聘中出现了招聘难的困境。

(二)专业教师顶岗实践困难

面对时代的变化和民航业的发展,航空企业对空乘人员的知识能力要求也在不断提高。空乘岗位的特殊性使得院校空乘专业教师真正到岗位上进行实践的可能性几乎为零,这种情况下,空乘专业教师的知识技能如果仅仅来源于理论的培训,就无法与行业要求保持同步。即便是有乘务员岗位工作经历的专业教师,其知识技能若干年后也会滞后,不利于人才培养质量的提升。

二、实施目标

通过"常规培育、专项提升、引入校企技能大赛和行业专家进校"四维并举模式,全面提高上海民航职业技术学院与上海市航空服务学校两校空乘专业教师的教学能力、提升教学水平,进而促进空乘专业人才高质量发展。

三、实施过程

空乘专业实施中高职贯通高水平建设,为院校双方解决以上问题、共同提升教师队伍质量提供了新的契机,通过协同合作主要从以下四个维度(见图 1)提升空乘专业教师的职业能力。

(一)常规培育强化教研能力

面对招聘难的困境,一方面上海民航职业技术学院凭借行业办学的优势,通过行业流动的方式积极聘请行业专家教授到校。另一方面院校双方采取了自培的方式,按照国家的政策要求选择符合学历要求和基本教师素养的专任教师招聘,这类教师具有较强的学习能力和逻辑思维能力,能够在相对短的时间内掌握基本的空乘专业知识技能,胜任专业基础课程的任教工作。

双方院校通过两类常规一体化培育,加强新进教师和青年教师的职业能力培养。一是组织联合教研活动,院校双方结合专业共建过程中出现的问题,定期组织开展教研活动,如学生管理、课程衔接等,互动互享,解决实

图 1 四维师资发展示意图

际问题。二是搭建星翔团队教师发展平台。组织 35 周岁以下的青年教师组成团队,邀请包括民航职业技术学院的骨干教师在内的专家成立教学质量监控督导团队,开展听评课活动,推进课堂质量持续提升改进。在专业课的教授上,民航学院的老师给予学校相关老师相应的指导,帮助厘清学生在中职阶段和大专阶段学习的侧重点,为学生更好地掌握教学内容提供思路。

（二）专项提升对接行业新规则

面对行业的迅速发展,院校双方共同制定方案,组织空乘专业教师参加专项培训。一方面是民航企业培训,每年根据不同航企的新空乘培训计划或空乘师资培训计划,一同组织空乘专业教师参加,近距离接触岗位。例如 2021 年院校共同参加了春秋航空、南方航空公司的专项培训,内容涵盖了方方面面,包括职业形象、客舱广播以及各类应急处置具体操作等,帮助教师及时接触到了行业的最新信息。

另一方面,共同组织空乘专业教师参加技能证书考核。鉴于空乘行业的证书只面对从业人员,目前院校双方参加的主要是 1＋X 空中乘务中级教员和高级教员证书考试,并在此基础上,积极鼓励获证专业教师参加考评员考试,进一步强化专业技能。

1+X空中乘务职业技能等级证书师资培训班是一个培养优秀教师的摇篮和展示个人形象的舞台。对考证的教师来说不仅需要扎实掌握1+X空中乘务专业的基础知识,更需要学习新颖的教学方法,并把它运用到教学中去,从优秀的学员变成一名优秀的教师。教师在参加1+X证书考试的过程中,对空中乘务专业的核心内容有了更深刻全面的认识,包括舱门操作、安全演示、医疗包扎,还包括客舱服务的全流程和应急处置,如:航前准备会、登机前准备、旅客登机及迎客服务、安全检查、餐饮服务及回收、颠簸处置、失火处置、释压处置等。这些将潜移默化地渗透到日常的课堂教学中,进而提升教学效果。

(三) 引入校企技能大赛增强企业认可

在中高贯通空乘专业师资队伍的共同发展中,双方院校积极主动引入行业企业参与技能大赛,通过院校企三方合作,实现三方共赢。2019年至2021年,春秋航空已经连续赞助了上海民航职业技术学院三届"春秋航空杯"客舱服务职业技能大赛。上海民航职业技术学院与春秋航空以技能大赛为契机,深化校企合作,实现赛教融合,促进空中乘务与空保专业与行业、岗位无缝对接的多次合作。大赛突出职业素养和职业精神的融合,既考核学生的职业技能,也考查他们的人文素养。通过推进校企技能大赛,实现"以赛促教、以赛促建、以赛促改"的目标,同时也为专业教师展现自身的职业技能提供了平台。

职业技能大赛已成为校企交流合作的重要平台和教育教学改革的有力"助推器",通过这些职业技能大赛,校企双方合作更加默契,教学效果逐步凸显。大赛在提升教师教学水平和能力的同时,大幅提升了学生的学习能力、职业技能与职业素养等,一些职业技能中关键能力,通过大赛的历练也有飞跃性的提高。

(四) 行业专家进校园引领教师队伍

民航职业技术学院作为民航局下属的高职院校,为积极探索和推进学院的人才柔性引进工作,充分发挥行业专家学者对学院发展和学科专业建设的积极作用,3年来聘请了7位行业背景的外聘客座教授、1位兼职教授。外聘客座教授来自中国航协客舱委、民航地区管理局飞标处、航空公司客舱部全国劳模、民航劳模等。希望能够借助外聘教授的专业优势和资源优势,扎实推进学院的内涵建设。在他们的引领下,院校教师团队能不断提升教学能力和专业技能,充分发挥专家的积极作用,利用自身的技术、平台和资源优势,切实提高学科专业建设和教学科研管理水平。外聘教授们将充分发挥好桥梁、纽带和钉子作用,将自己的专业优势和学院需求结合起来,做好"传帮带"工作,推动学院的专业学科体系建设,进一步提高民航人才培养质量。

此外,在民航职业技术学院的推动下,上海市航空服务学校成立了以全国劳模吴尔愉老师命名的吴尔愉服务法培育基地,定期开设讲座,帮助空乘专业教师更新服务理念和服务技巧,进一步深化教师队伍的职业素养,丰富教学案例和间接的岗位经验。

建设品牌航空服务实训室是上海市航空服务学校创建专业化精品课程的立标之举,是在探索教改创新、策源赋能过程中取得的新成果,引入吴尔愉服务品牌,引入吴尔愉老师关于服务的理念和实践,为学校的服务型教学立起了标杆。学校一直以来以培养"深蓝服务人才"为目标,不断超越自我,以人为本、和谐发展、革故鼎新、追求卓越,不断彰显自己的办学特色,弘扬精益求精的工匠精神。通过不懈努力,学校一定能培养出越来越多可以实现精准就业和高水平就业、富有创造力的高素质服务人才,希望更多的"小吴尔愉"从上海市航空服务学校走出,迈向更广阔的天地!

四、实施保障

(一)健全组织领导机制

上海民航职业技术学院与上海市航空服务学校要成立相应的工作领导小组,负责领导和统筹相关工作、责任到人,解决在合作过程中出现的一些问题,并给予建议和对策,认真组织实施。

(二)建立信息共享机制

上海民航职业技术学院与上海市航空服务学校拥有不同的教育资源和教育环境,院校合作双主体就是要整合不同资源,促使双方资源、技术、信息等方面的融合,培养高技能的人才。基于此,应建立信息共享机制,实现信息共享,保障信息渠道的畅通,增强院校人才培养的质量,从而深度有效地推动双方的合作。

（三）健全监督评价机制

健全的监督评价机制是上海民航职业技术学院与上海市航空服务学校双方深度合作的重要保障,关系人才培养的质量和发展前途。因此,应该严格规范监督评价的主体和监督评价体系、评价标准,通过正强化的引导,促进院校合作的长期有效化的开展。

（四）落实教育经费的投入

要建立和完善经费投入,增强上海民航职业技术学院与上海市航空服务学校双方合作的操作性。制订相关的实施条例或细则,加强相应经费投入的实效性和可操作性。

五、特色与成果

（一）教师专业素养更精湛,斩获好成绩

上海民航职业技术学院与上海市航空服务学校空乘专业教师教学能力有较大的提升,是院校教师团队的中坚力量。同时,专业教师团队把丰富的赛场经验和鲜活的航企案例运用到教学中,提升了学生的学习兴趣和专业素养,深受学生们的喜爱。另外,专业教师凭借扎实的教学功底和职业能力积极参与各类技能比赛,很多教师获得了市级等多项荣誉称号(见表1)。

表 1　专业教师获省市级以上奖项

姓名	获荣誉/奖项时间	荣誉/奖项名称
刘珏高锋	2019	上海市"星光计划"第八届职业技能大赛教学设计一等奖
李力	2019	上海市高等职业院校教师教学能力大赛(交通运输类)说课决赛特等奖
薛路花	2019	2019上海市中等职业学校信息化教学能力大赛获一等奖
谢丽冰	2019	2019年全国职业院校技能大赛二等奖

（续表）

姓名	获荣誉/奖项时间	荣誉/奖项名称
李力 王维 苏佳	2020	2020年上海市高等职业院校教师说课（教学能力）大赛（决赛）二等奖
潘蕾蕾	2020	上海市中等职业学校第八届教师教学法改革交流评优活动二等奖
刘媛媛	2021	第一节届上海市中等职业教育青教赛暨上海市第四届基础教育青教赛中职组选拔赛获二等奖，并授予"中等职业教育教学能手"称号

院校双方空乘专业教师积极探索理实一体的教学模式，持续提高团队建设，提升高质量课堂教学，稳步提高学校办学和育人水平。每一次的教学比赛对空乘专业的教师来说都是展示教学基本功的窗口，更是一个展现能力、展示水平、交流碰撞、互学提升的平台。以赛促教、以赛促学，全面推进学校教育高水平建设，提高教师的师德思政践行能力、专业教学能力、综合育人能力和自主发展能力，推动示范性教学，促进双师型教师成长，让更多优秀的教师脱颖而出。这对于教师提升职业教学理念、彰显职业教育类型特色、增强教师能说、会做、善育人的执教能力都有极大的帮助，也为培育全面发展的高质量民航人才提供了坚实的基础。

（二）"双师型"教师队伍扩大，升级新助力

职业教育高质量发展，"双师型"教师队伍建设是关键。职业教育的提速发展，需要职业院校教师高质量的"服务力"，建设高素质双师型教师队伍刻不容缓，这既包括数量的增多更包括质量的提高。

上海民航职业技术学院与上海市航空服务学校双方积极贯彻落实党中央、国务院关于新时代职业教育"双师型"教师队伍建设改革的决策部署，同时在四维共育的举措下，全力打造一支高素质的"双师型"教师队伍。在院校双方的共同推动下，3年来共有16人次空乘专业教师参与专项考证和企业培训，院校双方双师型教师的比例稳步提升，更好地充实了专业教师队伍。

双师型教师是反映职业院校教师职业生涯中专业素质和能力的一种标志,他们工作在职业教育立德树人、产教融合、三教改革等教育教学重要一线岗位,承担教书育人和改革创新的重要任务职责,发挥骨干和引领等重要作用。

(三) 院校逐渐成为行业的领军者,彰显影响力

凭借专业发展与企业的高度适应性,上海民航职业技术学院与上海市航空服务学校空乘专业教师的职业素养得到国内民航企业的广泛认可,逐渐成为行业的领军者。

目前,上海民航职业技术学院是民航职业教育教学指导委员会空中乘务专业委员会牵头单位,上海市航空服务学校为上海市中职航空服务专业中心组组长单位。2019 至 2021 年,上海民航职业技术学院为合作航空公司培训空乘达 13 169 人(见表 2)。上海市航空服务学校为金鹏航空股份有限公司培训乘务员 24 人。上海民航职业技术学院在 2019 年被教育部确定为高等职业学校空中乘务专业实训教学条件建设标准制定组长单位,同年,被列入中国民航局高水平特色一流专业、上海市市级示范性专业教学资源库、上海市一流高职专业建设项目单位;2021 年教育部中职航空服务专业简介修订组长单位。上海市航空服务学校在 2019 年牵头修订了《上海市中职航空服务专业教学标准》。同时,双方的专家型教师还积极服务上海市以及外省市的兄弟院校,为他们的专业建设、课程教学提供专业建议,有效提升了院校双方的影响力。

表 2 上海民航职业技术学院校企合作航空公司空乘在职培训服务人次统计

年份	春秋					吉祥		浙江长龙		合计
	总人数	初训		复训		水上撤离		复训		
		人数	天数	人数	天数	人数	天数	人数	天数	人数
2019	4171	838	9	3333	2	2752	0.5	342	2	7265
2020	368	368	9	0	2	104	0.5	90	2	562
2021	3245	1024	9	2221	2	2097	0.5	0	0	5342
合计	12329	4266		8063		5201		432		13169

六、体会与思考

(一)常规培育有保障

常规培育是一个长期性的教师发展过程,院校双方要共同制定发展规划,定期研讨、要紧密合作,从上至下做好保障工作。作为小众化专业,空乘专业的师资情况在数量上不占优势,但恰好为"少而精"的质量提升提供了契机。目前,上海民航职业技术学院和上海市航空服务学校两所学校的空乘专业教师的年龄结构合理、教科研互补特点明显、携手并进意愿强烈;与此同时,贯通升入民航学院的空乘专业学生,在专业知识、专业技能和综合素养等方面都有很强的优势,激发了院校双方常规培育的深化,这些在很大程度上有效保障了常规培育的推进。

(二)专项提升有重点

根据行业和民航企业不同的培训计划,院校双方有目的地进行讨论选择,集中参加存在共性问题的培训,利于后续共同开展教研。由于民用航空行业的特殊性,空中乘务专业内涵和外延更新发展的速度远快于教材内容更新修订的速度,专项提升势在必行。鉴于学校教师岗位的特点,寒暑假成为专项培训优选的时间段,利用假期时间集中和人员集中的优势可以有效地解决院校双方存在的问题,有的放矢中为后续工作理清思路。

(三)校企合作共推进

在院校双方共同培养空乘专业教师队伍的过程中,始终与民航企业保持密切的合作,或主动参加企业培训或主动引入企业参与大赛组织,拓展空乘专业教师的专业视野,以更好地服务学生。校企双方的地位已逐渐地从之前的"校主动企被动"的状态转变为现在的"双方均主动"的状态,这充分说明了校企双方合作意愿的强烈和合作深度的增加,这也证明了学校培养的空乘专业的学生已赢得了企业的认可,这本就是合作共赢的益事。

这也再次提醒双方院校在制定人才培养计划时要更贴切地对空中乘务专业岗位职业能力的分析、切实考虑清楚企业所需要和看重学生的能力是什么,从而定位人才培养目标。

聚焦临港发展带 逆向一体化设计
链路培育财管人才

上海电机学院附属科技学校 林凤玉

摘 要:学校中本贯通财务管理专业从 2019 年起正式开始招生。四年来,两校着力立足机电行业背景,培养爱党爱国、有良好的社会责任感、有较强的创新精神、有财会综合实践能力和人文综合素养的高等技术应用型人才。两校严格按照相关贯通教育教学及管理要求,从专业内涵建设、融合共建、协同育人等方面开展了大量的试点工作,该专业学生在文化课学习成绩、技术技能和综合素养等方面取得了显著的提升。

关键词:聚焦临港;一体化培养;财管人才

一、实施背景

(一)贯通的紧迫性——地方经济社会发展对人才的需求

上海浦东临港地区作为上海面向未来发展的重要引擎和战略空间,已经到了得势崛起的关键时期。未来以构建产业生态体系为核心,以建设智能制造中心为抓手,以科技成果转化与产业化为主线,吸引高端产业、研发机构、创新人才向临港地区加速集聚,全力推动科创中心主体承载区建设,需要大量各类各型人才,包括应用型财务管理专业人才。

临港地区作为上海"科创中心主体承载区"和"智能制造主体承载区"的发展定位,是上海作为长三角区域一体化发展的战略思维之一,今后几年浦东临港地区将迎来入驻企业的爆发式增长,区域内对兼具财务知识和相关业务知识的应用型管理人才有迫切需求。

(二)贯通的必要性——上海职教专业布点的不均衡

上海职业教育"财务管理中本贯通试点"布点仅限商业会计学校和天华学院两个,而占上海 GDP 总量 1/3,占上海生源 1/5 的浦东新区,"财务管理中本贯通试点"项目目前还是空白。两校贯通项目的实施对培养一批财务管理技术技能型应用人才兼具必要性,同时具有重大的历史意义。

(三)贯通的可行性——两校良好的合作基础

两校有多个中本贯通、中高贯通试点的成功经验,浦东教育局、临港管委会、临港集团等政府和企业的主要领导对此次"财务管理中本贯通试点"项目尤其关注,多次召开专题会议谋划试点项目的推进和落实;中职的会计专业和高校的财务管理专业都是学校重点发展专业,合作基础良好。

两校中本贯通财务管理专业人才培养方案人才培养规格明确,遵循高等技术应用型人才成长规律,培养方案设计具有前瞻性及科学性,优化整合核心课程,职业能力培养螺旋上升,确保技术技能型财务管理人才培养。

二、实施目标

(一)适应人才市场需求,创新技术技能人才培养

以科学发展观为指导,以职业能力培养为核心,以促进就业为导向,主动适应上海作为创新型城市的定位,建立财务管理专业中职技术应用型本科贯通的人才培养机制,制定符合学生终身发展需要、适应人才市场需求的人才培养实施方案,创新技术技能人才培养的途径和模式。

(二)培养具备财务分析能力的复合型、应用型人才

坚持"技术立校、应用为本"的办学方略,服务上海及长三角区域经济发展,以金融类企业及中小企业的需求为依据,培养德智体全面发展,具备系统的金融和财务理论知识,扎实的专业技能、良好的职业素养,面向资金管理、成本管理、税收筹划等岗位,能够从事筹资、营运、投资等工作,具有财务分析能力的复合型、应用型人才。

三、实施过程

职业教育中本贯通人才培养是构建我国现代职业教育体系中的重要突破和全新尝试,在这一模式不断完善的过程中,要关注影响其实施有效性的三个核心因素,即人才培养定位、专业衔接机制、课程衔接体系。

(一)人才培养定位

依据知识、能力的形成规律,借鉴发达国家应用型人才培养的经验,从

应用型本科教育的基本要求出发,根据财务管理专业相关岗位要求和教学规律,按照逆向思维,一体化设计、系统培养的指导思想来设计人才培养方案,并通过产教融合的途径,培养满足市场需求的本科层次技术人才。

1. 国际理念、终身发展的原则

以 OBE 理念为指导思想,以学生的需求、社会对专业人才的需求为中心,构建"知识、能力、素质"三位一体的课程体系,强调专业培养目标与市场需求相统一、课程标准与专业能力培养要求相统一。同时,根据学生职业生涯发展的需要,并依据知识、能力的形成规律,注重基础知识的学习和通用能力的培养,以便于为学生将来职业转换和迁移奠定基础。

2. 一体化设计、系统培养的原则

按照逆向工程思维,从本科培养目标出发,根据知识、能力的形成规律,一体化设计人才培养方案,采用系统培养的方式,确保课程体系的有效衔接、教学资源的优化、培养目标的一致性。

3. 需求导向、产教融合的原则

以人才市场需求为导向、以应用型财务管理人才为培养目标,按照产业发展对知识和职业能力的要求,强调理论教学和实践教学的融合、行业与学校的融合,通过"理论—实践—再理论—再实践"的工学交替培养过程,使学生的知识和能力尤其是职业素养和技术应用与创新能力得到螺旋上升。

(二)专业衔接机制

1. 课程设置一体化

彻底打破原有中职、本科各自独立的课程体系,去除重合、交叉内容,避免教育资源和智力资源的浪费,有效整合,强化课程结构的合理性、连续性、层递性和技能训练的持久性。

2. 构建模块化课程体系

打破传统的学科导向课程观,从职业能力分析出发,逆向设计,构建以技术应用能力培养为核心的模块化课程体系。根据中职应用型本科人才培养目标,分析其知识、能力与素质结构要求,通过对行业需求、岗位描述、能力描述及专业核心技术的分析,构建课程模块。每个模块均有特定的应用领域或对象,具备核心能力、技术特征。每个课程模块结束时均安排有综合实践项目,提高学生综合运用所学知识的能力,使知识传授与能力培养并重,形成课程模块相互支撑、课程相互融合的人才培养格局。

3. 注重培养长期职业发展能力

在培养方案课程设置上,涵盖了各类职业资格证书所要求的课程模块,学生可以通过限选不同模块的课程,进行课程学习。毕业时,除可以获取毕业证书和学位证书外,还可以获取会计初级职称、证券从业资格证、注册资产评估师、国际财务管理师、CPA 等证书。

4. 提升人文素质和职业素质

设计符合学生不同年龄段的身心特征、认知规律及发展趋势的通识课程结构及教学内容,不断提升学生人文素质和职业素养。

（三）课程衔接体系

1. 中本贯通应用型财务管理专业培养实施路径图

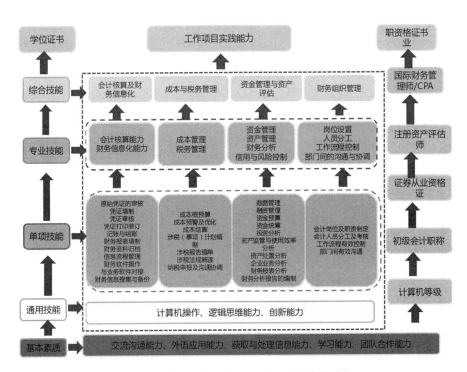

图 1　中本贯通应用型财务管理专业培养实施路径图

2. 专业能力与课程对应关系及实施路径

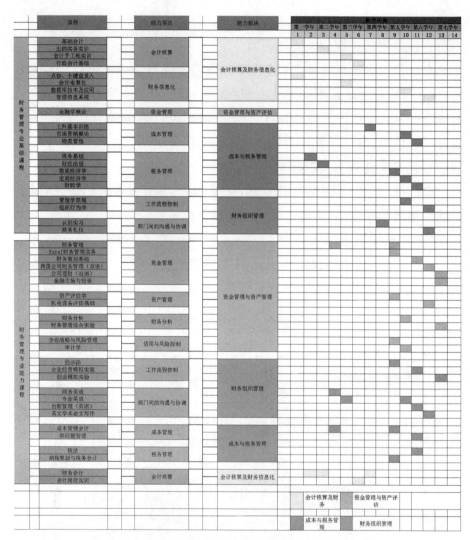

图 2　专业能力与课程对应关系及实施路径图

3. 聚焦"四大核心"能力,全链路培育

1)核心能力及培育链路一:会计核算及财务信息化能力

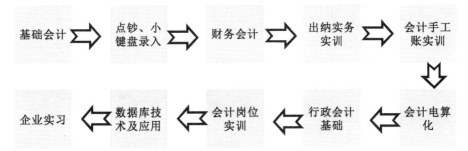

图3　会计核算及财务信息化能力培育链路图

2)核心能力及培育链路二:成本与税务管理能力

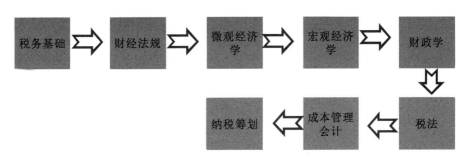

图4　成本与税务管理能力培育链路图

3)核心能力及培育链路三:资金管理与资产评估能力

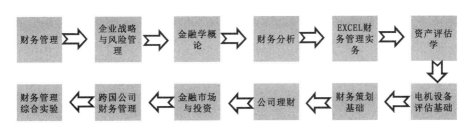

图5　资产管理与资产评估能力培育链路图

4)核心能力及培育链路四:财务组织管理能力

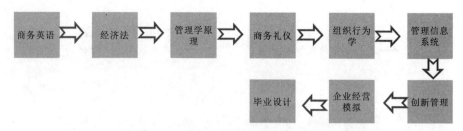

图 6　财务组织管理能力培育链路图

四、实施保障

学校制定了中职应用型本科试点专业建设发展规划和专业建设的多项具体措施,在人员、经费、政策等方面都给予了重点保障。

(一)组织保障

学校成立了中本贯通试点专业建设领导小组、专业建设工作小组、专家指导委员会和贯通培养质量督导、监控小组。贯通试点专业领导小组、工作小组、专家指导委员会各司其职,做好贯通培养的各项工作。质量督导、监控小组,负责指导、检查、监督中本贯通培养执行情况,并及时向工作小组反馈。

(二)制度保障

学校制定和落实中本贯通试点专业建设相关管理制度,形成专业建设领导小组例会制度,及时研究解决建设工作中遇到的困难和问题。根据试点专业项目建设的要求,进一步深化和改革学校内部管理体制、人事分配制度、教师职称评聘制度、科研考核制度、教学工作考核评价制度、实践教学管理制度、人才培养方案开发修订制度、教学质量管理监控体系、教师培养制度等;建立相关合作管理制度强化校企合作、工学结合的长效机制,建立兼职教师管理制度和激励机制,建立用人单位参与的人才培养评价制度。

(三)师资保障

目前财务管理专业共有专职专业教师 21 名,其中教授 1 名,副教授 4 名;拥有硕士学位 7 名,博士学位 7 名,19 位教师来自企业或具有一年及以上的企业挂职经历。教师团队年龄结构、学缘结构、职称结构均合理,具有丰富教学经验和较强科研能力。

财务管理专业的教师除了完成常规的教学工作以外,还在研究教学和科研的实践活动中发挥着重要的作用,自2006年财务管理专业(集团金融服务方向)获批成为上海市教委第四批"教育高地特色专业建设项目"以来,本专业教师立足学院发展,积极参与科学研究工作,以科研提升自身的学术水平和教学水平,并通过科研及时将学科前沿知识向教学内容渗透,向学生传递最新的科学信息,从而提高学生的学习兴趣和积极性,提高人才的培养质量。

(四) 基地保障

中本贯通主要培养适应现代工业技术需要的职业技术人才,以解决某领域中技术问题为主要目标,同时在学习过程中积累比较扎实的职业迁移能力。

1)校内实验实习基地

两校校区比邻,实验资源可以实现充分共享,共建税收仿真实训室有助于发挥一体化设计实践教学的优势,更好地服务于贯通人才的培养。

上海电机学院财务管理专业的实验实训条件良好,商学院的经济管理实验教学中心现有建筑面积2 421平方米,设备总值1 700万余元。

上海电机学院附属科技学校(上海市临港科技学校)建有各类实验室可供教学、实验、实习使用,建筑面积200平方米,投入经费235万余元。

2)校外实习基地

随着这些年校企合作的不断深入,学校进一步深化学校、企业、社会多元化开放办学模式改革,继续开展多种形式的合作,借助教学基地和有关企业、行业的合作力量,还将会有更多的合作企业,这些资源可以保证预设的培养目标得以实现。

(五) 经费保障

学校将加大实施中本贯通专业的专业建设经费投入,按培养计划的实施要求制定相适应的财政预算,保证足够的财政经费。加强财务管理制度,确保各项教学资金到位,做到专款专用。按规划落实项目实施,明确时间节点,并采取建设质量问责制等,加强监管与指导。

五、特色与成果

(一)产教融合共建实训实验室,加强"岗课赛证"融通

在实践教学环节,学校重视培养学生实践动手能力,与多家单位签订校企合作协议,与上海电机学院共建"税虚拟仿真实验室",与中联集团合作,开启"智能财税产教融合实践基地"建设,进行《智能财税职业认知》和《智能财税单项训练》两门课程的建设,探索"1+X"智能财税证书的"书证融通"培养模式,夯实1+X证书的课程基础,并以共建实验室为契机,加快推进专业师资队伍建设和课程建设,助力学生技能培养。

(二)师资共融,协同共育促学生专业素养持续提升

中本贯通财务管理专业教学团队定期在两校开展联合教研活动,中职教师和本科教师面对面交流,在了解学生的认知能力的基础上,根据知识、能力的形成规律,一体化设计人才培养方案,共同探讨贯通课程内容与授课方式、教学方法以及专业课程思政等,确保课程体系的有效衔接、教学资源的优化、培养目标的一致性。从第一届学生开始,就制定了博士讲堂计划,在每学年度的第一学期举办若干期博士讲堂系列活动,邀请商学院财务管理专业的博士老师们给准大学生们进行风格各异的各类讲座。比如有韩超群博士的《数智经济对财会的挑战与应对》,徐荷心博士的《颇具人情味的会计》,张威帆博士的《西行漫记》,介绍中英教育的相同与不同之处以及在外国的见闻,刘立佳博士的《生活、学习与职业》,王子军博士的《新生见面会》等等一系列的博士讲堂,拓宽了学生们的视野,提高了学生学习、探索的积极性。自博士讲堂开办以来,深受学生欢迎,学生与博士之间的近距离互动,让学生从不同的角度对自身的专业有了更深入的了解,真正发挥中本贯通人才培养模式高校引领的制度优势,师资共融,提升学生专业素养。

(三)两校联合社团,"德智体美劳"五育并举

上海电机学院作为临港地区唯一一所开展冰壶运动的高校,早在2020年,学校就正式引入了冰壶课程,并成立了冰壶队。自2021年起,为积极推动"冰壶运动",学校在临港新片区的青少年活动中心举办了8次旱地冰壶体验活动,由校冰壶队的队员们辅导社区青少年进行练习。此外,

学校还主动走进临港新片区的建平中学、建平小学、临港科技学校，大力普及冰壶项目，并免费为这些学校组建冰壶社团、校队，一起纳入陆地冰壶、真冰的训练，目前已基本形成了"大中小学冰壶一条龙"培养体系。

电机学院商学院冰壶队队员分三个层次，一线队员 7 名，是校冰壶竞赛水平最高的同学，也是参加全国锦标赛的队员；二线队员 5 名，具有较高的技战术水平，是我们的后备队员；其余为三线队员，是我们的梯队培养队员。电机学院附属科技学校的财务管理学生有 2292 班 3 位同学，2192 班 3 位同学，成为梯队培养队员。参与电机学院每年开展的冰壶文化月活动，学生队员作"冰壶文化与学校精神"的分享，参加冰壶技战术培训、冰壶项目友谊赛等，让冰壶运动真正融入学校教育体系中去，发挥其促进全民健身和塑造人格的重要作用。

两校除了冰壶联合社团，还有沙盘模拟企业经营联合社团。沙盘社团经常线下交流互动，线上参加联赛，每次联赛后共同复盘，相互取长补短。学校 2092 班 4 位同学、2192 班 8 位同学加入两校沙盘联合社团，并在 2023 年第十届上海市星光计划沙盘模拟企业经营赛项中两个团队参赛分别获得团队二等奖、三等奖。

六、体会与思考

推行中本贯通，进行长学制试点，学校在人才培养定位、专业衔接机制、课程衔接体系、实施保障等方面进行了探索，在产教融合岗课赛证融通、师资共融、学生共育等方面进行了一系列探索，也取得了优异成绩。当前我国职业教育发展到了从规模到质量的"内涵式发展"的阶段转型，现代职业教育体系框架全面建成，但职业教育中本的无缝对接未能真正实现，在中本贯通发展改革过程中，应充分发挥本科对中职标准的提升、引领作用，全面创新、完善教学机制，全面完善各学历层次的制度和机制，从而全面提高各层次的教学质量。

接下去，学校将继续以 OBE 理念为指导思想，不断优化人才培养方案，构建科学合理的理论与实践课程体系，搭建校企合作、协同育人的实践教育平台，加强课程思政建设，五育并举，实现应用型财务管理人才的培养。

参考文献

[1] "真金白银"打造科创中心承载区[N].解放日报,2016-08-24.

[2] 王春絮.职业教育"中、高、本"贯通人才培养教育改革探索[J].现代职业教育,2020,32(08).

[3] 李伟.物联网应用技术专业中高职贯通培养方案的评价和优化研究[D].上海:同济大学,2018.

"中本贯通"专业大国工匠人才培养模式的探索与实践

——以中本贯通电气工程与智能控制专业为例

上海电机学院附属科技学校(上海市临港科技学校)　杨志红

摘　要:本项目是通过企业调研职业能力,分析修订中本贯通电气工程与智能控制专业的人才培养方案,通过教学质量监测、师资队伍建设、与高校共建实验室等措施提升专业内涵,以达到培养中本贯通电气工程与智能控制专业大国工匠人才的目的。

关键词:人才培养;中本贯通;教学质量监测;师资队伍

一、实施背景

为贯彻落实《国务院关于加快发展现代职业教育的决定》以及国家和上海市中长期教育改革和发展纲要,根据《上海市教育委员会关于开展中等职业教育——应用本科贯通培养模式试点工作的通知》(沪教委职〔2014〕29号)的要求,上海电机学院与上海电机学院附属科技学校(上海市临港科技学校)合作开展"电气工程与智能控制专业"中本贯通培养模式试点工作,培养适应区域经济社会发展需要的优秀一线技术人才。中本贯通试点专业学制七年,试点专业拟从2018年开始招生,每年招生人数为30人,2022年起每年招生40人。至今为止已经有三届学生进入电机学院电气学院本科阶段学习。

二、实施目标

上海电机学院与上海电机学院附属科技学校(上海市临港科技学校)经过充分调研,选择专业基础好、行业岗位技术含量高、符合制造业转型升级需求的电气工程与智能控制专业作为试点。试点专业方案遵循人才成长规律,按照"服务需求、系统培养"的原则,充分发挥中职学校、本科院校各自的优势,兼顾中职培养要求,一体化设计人才培养方案,坚持产教融合、校企合作,坚持工学结合、知行合一的培养模式,培养适应上海临港新片区产教融合城经济发展的大国工匠人才。

三、实施过程

(一)人才培养方案修订

1. 企业调研确定人才培养模式

为培养符合社会需求的高素质技术人才,学校与上海电机学院电气学院合作试点中本贯通电气工程与智能控制专业研究大国工匠人才的培养模式。两校教师利用课余时间,对上海电气、上海汽车、上海赟丰机器人等20余家知名企业进行调研,旨在探索与了解电气工程与智能控制专业大国工匠人才培养的先进经验与模式,并深入了解相关企业的需求。通过调研了解电气工程与智能控制行业的企业对人才的需求和期望,探索电气工程与智能控制专业大国工匠人才的培养模式及课程设置,思考将实践环节融入专业课程的有效方法,探讨企业参与大学生实践活动的方式等。

2. "头脑风暴"制定人才培养方案

调研后,两校邀请行业企业专家、能工巧匠、高校课程专家等来校进行中本贯通电气工程专业大国工匠人才培养模式的探讨。通过专家们的"头脑风暴",将实施产学研结合、构建多元化的实践环节、强化职业素养培养、提供实用技能培训、提供导师制度支持、加强国际化交流、进行行业导向的课程设计等环节纳入中本贯通电气工程专业大国工匠人才培养方案中去。通过分析电气工程与智能控制专业的职业能力,为大国工匠人才培养提供了新的思路和创新方向,结合职业素养培养和实践技能培训,制定本中本贯通电气工程与智能控制专业大国工匠人才培养方案。

(二)专业教学质量监测实施

1. 课堂教学督查常态化

为确保中本贯通电气工程与智能控制专业学生的教学质量,学校领导、电机学院领导和专业教师时常到中本贯通班级中"推门听课",课后及时给予任课教师反馈,发现问题并提出改进性建议。这种实时的反馈可以让教师及时了解自己教学过程中的优势和不足之处,有助于他们及时整改;针对不同的教师,给予了个性化的指导和建议,更加精准地指导教师的成长和发展,大幅度地提升了教师的教学能力水平。

推门听课可以及时发现教学过程中存在的问题,并实施相应的解决方案。无论是教学方法上的问题还是课堂管理上的问题,通过这种反馈机制,学校可以快速找到解决问题的方法,以确保中本电气工程与智能控制专业的教学质量。推门听课能让学校观察教师们的教学过程和效果,同时遴选出有潜力的教师并提供更多的培训和支持,进一步发展优秀教师队伍。这种互动式的观摩和指导,有助于形成一个积极向上的教学氛围,促进教师和学生的共同成长。

图 1　领导和专业教师"推门听课"

2. 期中质量检查体现教学效率

为确保中本贯通班级的教学质量,电机学院每学期期中会来学校进行期中质量检查,包括检查授课计划、教案、期中期末考试试卷、补考试卷、课程标准、实验实训等内容,同时进班级随机听课,并对教师和学生进行座谈,了解教师的授课情况和学生的学习情况,询问教师和学生是否有新的需求。通过听课可以了解教师的授课风格和教学效果,及时反馈问题并提供指导,进一步提高教学质量。通过座谈可以让学校了解学生的学习情况、教师的学术需求。通过主动询问教师和学生的意见和建议,学校可以更好地满足他们的学习需求,提供更贴近实际的教学内容和方法。

3. 教考分离体现教学严谨

中本贯通电气工程与智能控制专业一、二年级的语文、数学、英语和物理实行教考分离,与电机学院中本贯通的六所中职校进行联考。由电机学院教师出卷,更加符合专业要求和水平,能够全面考核学生的知识和能力,有助于提供准确的学习反馈。

教考分离有效地将教学过程和考试评估分开。在中本贯通专业中,教学的目标是促进学生对知识的理解和应用,培养他们的实践能力和创新思维。而通过联考的方式进行考试,可以更客观地评估学生的学习效果和能力水平。与电机学院的六所中职校进行联考,可以增加考试的全面性和公正性。六所学校参与监考和批卷,可以避免单一学校评判的主观性和偏见,确保评卷的公正性和一致性,从而更准确地反映学生的真实学习情况。各校之间相互监督和协作,共同完成评分和成绩录入工作,避免了评分标准的差异和偏差,提高了成绩的客观性和可靠性,更真实地显示学生的学习效果和能力水平。

4. 质量监测报告总结优势与不足

通过不定时推门听课和教学检查,监测教师的教学效果和教学方法,监测学生对课程内容的掌握程度和学习效果,鼓励学生积极参与课堂讨论和实验实训以提高学生的综合能力和创新思维,监测实验室设施和教学资源,确保学生拥有良好的学习环境和实践条件。完成每学期的质量监测报告,点评学校优势和不足,督促学校不断整改和完善。

(三) 师资队伍建设

师强则专业强。为此学校搭建有效的培养平台,采取了形式多样、行之有效的师资培养方式,让教师在同外界交流和沟通以及工作实践中,不断获取信息、拓宽视野,更新教育教学理念,提高综合职业能力。

1. 校本培养

采用专题报告和讲座形式,就师德修养、职业教育最新形式以及职教理念等方面,对教师进行培训。学校通过开设专家讲座、微课制作、教育教学论坛等系列活动和培训引导教师以德立身、以德立学、以德施教、以德育德,坚持教书与育人相统一、言传与身教相统一,同时满足了一线教师掌握先进的信息化教学技术的迫切需要。

图2 校本专题报告和讲座

2. 引进培训

学校不定期邀请企业管理及技术专家、高校教授开设讲座,让教师了解行业企业、专业学科的发展趋势以及前沿技术应用,了解企业人才需求,以加深和拓展教师专业知识的深度和广度。

图3 企业专家、高校教授开设讲座

3. 派出学习

学校派遣专业骨干教师参加市教委组织的骨干教师培训,赴国外培训,进入国内知名高校进行专业能力培养,深入企业,参与行业、企业专业培训与生产实践,鼓励、支持专业教师参加职业资格证书培训与技能竞赛,提高教师专业能力与职业能力。

1)参加国内外培训

学校派出专业教师赴德国学习双元制职业教育,通过国内培训和国外培训,既开拓了国际视野又提升了能力。

2)职业技能竞赛

学校鼓励教师挑战自我,积极参加各类技能比赛。如世界技能大赛上海选拔赛、上海市星光计划技能大赛、全国职业院校技能大赛等比赛。

3)专项技能培训

学校鼓励教师参加各种技能培训,提升教师的实践操作能力。近些年,学校组织专业教师参加电工中级证培训并考证、参加"工业机器人操作与示教"和"工业机器人编程与维护"项目培训并获得职业能力证书。技能培训,不仅充实了教师的理论知识,更让教师开阔了视野、提高了专业技能。

图4　专项技能培训

4)深入企业实践

下企业锻炼是培养"双师型"教师、提高实践教学能力的有效途径。教师以集中或分散形式到企业实践锻炼,学校每年暑假派遣专业教师下企业实践,让教师了解最新的技术发展和行业趋势,通过教学成果转化将企业新技术、新知识、新方法、新工艺带入教学内容中,丰富自己的教学材料和案例,提高教学质量。

(四) 两校资源共享

上海电机学院与临港科技学校共建"现代电力系统仿真实验室"和"智能技能实验室"。经过几年的合作,实验教师互通,实验教材共建,中本贯通培养模式得到市教委、社会的普遍认可,影响力不断提升,起到了示范引领作用。针对中本贯通学生学科竞赛,建立了两个学习型社团:数学建模大赛社团和智能电气社团,两个学习型社团均收获颇丰。为了保障中本电气专业学生参加技能转段考试的顺利进行,解决电气实验设备型号不同的问题,学校与电机学院开展了师资和设备共享的合作。电机学院为学校中本电气专业提供了实验室带教实验导师,负责指导学校学生进行实验操作和实验报告的编写。电机学院实验导师拥有丰富的实践经验和专业知识,能够为学生提供专业指导和解答疑惑,确保实验过程的顺利进行和实验结果的准确性。

图5　两校资源共享

为了拓宽学校教师的知识面和资源获取途径,电机学院为每位教师提供了一张图书卡,使他们能够借阅电机学院图书馆的书籍。图书资源共享能够激发教师们的学习热情,不断更新自己的知识储备。这项措施有助于促进教师之间的合作与交流,提高他们的专业素养和教学水平。

（五）大学生结对帮学

为了使中本贯通班级的部分学业基础薄弱学生的统考成绩能有所提升,电机学院大学生与学校中本贯通班级部分学生结对帮学。结对帮学活动进行后,中本贯通班级学生各科平均分在原有基础上有所上升,使得学校在六所联考学校中能名列前茅。大学生通过面对面或在线方式与学生进行交流和指导,负责帮助学生查缺补漏、巩固学过的内容,预习即将学习的内容,帮助学生克服学习困难、解决问题,并提供适当的学习技巧和方法。此外,他们还分享自己的学习经验,拓展学校学生的学科视野,激发他们对未来大学生活的兴趣和向往。除学习成绩外,学生通过提前与师兄师姐接触,提前了解未来的大学生活和大学的基本情况,增加对本专业的归属感。

四、实施保障

（一）组织保障

学校成立领导小组,组长为书记、校长,组员为副校长、教务科长;工作小组组长为教务科长,组员为教务科室成员、专业主任、教研组长。中本班级的师资配备安排学校最好的师资。

（二）机制保障

监督机制:校长室—教务科—专业部—教研组长—班主任—任课教师。中本班级管理严格,课时紧凑,有学习委员记录班级日志,反馈上课情况。中本班级实施期中、期末、月考制度,每次考试都能显示学生的学习成绩是否上升,学习是否有效。通过推门听课、期中期末考试和月考竞赛、教研活动等定期反馈教师和学生的问题并解决问题。

激励机制:制定任课教师和班主任的奖励方案,激励教师全身心投入教学和教研中。有了大学生结对帮学后,学生的学习如虎添翼,也提升了平时的上课效率。

五、特色与成果

（一）通过调研和职业能力分析，制定大国工匠人才培养方案

通过调研,了解国内外先进的电气工程与智能控制专业大国工匠人才

培养模式,包括课程设置、实践环节安排等。通过企业校企合作产教融合,探索将实践环节融入专业课程的有效教学方法,提高学生的实际动手能力和解决实际问题的能力。通过行业企业专家、能工巧匠、课程专家的"头脑风暴",分析贯通电气工程与智能控制职业能力,制定职业能力分析报告。学校联合电机学院电气学院及行业企业专家、高校课程专家根据电气工程与智能控制专业市场调研和职业能力分析,制定中本贯通电气工程与智能控制专业大国工匠人才培养方案。

（二）通过教学质量监测,增强教师教学教研能力

学校和电机学院建有完善的质量监测机制,对教师的教学质量进行定期评估和监督。通过推门听课、期中检查、教考分离、质量监测,教师之间相互观摩和交流,评估教师的教学情况,还可以通过开展教师培训和专业发展活动,提供教学资源和支持,激励教师积极参与教研活动,提高其教学教研能力。

1. 教学标准制定

为了规范和评估教师的教学质量和学生的学习成果,确保教育教学达到一定的水平和要求,学校制定中本贯通电气工程与智能控制专业的教学标准,确定教学目标、分析学科特点、制定能力要求、设定知识体系、确定评估方式和标准、制定教学方法、定期评估和优化,为学生的学习和发展提供准确的指导和衡量。

2. 课程标准制定

为了规范并指导课程开发与实施,确保教育教学达到一定的质量和水平,学校制定《电工基础》《电子技术基础》《电气控制与 PLC 课程》等 16 门中职阶段专业课程的课程标准;电机学院制定《电机与拖动基础》《电气工程及智能控制概论》《高电压与绝缘技术》等 11 门专业课程的课程标准。课程标准定义课程目标、分析学科特点、确定核心知识和能力、设计课程结构、制定课程教学活动、确定评估方式和标准、定期评估和更新,为学生的学习和发展提供准确的指导和衡量。

3. 校本讲义编写

为适应中本贯通电气工程与智能控制专业学生的实际教学需求和专业特色,学校专业教师和电机学院电气学院专业教师协同企业共同编写适用于中本贯通电气工程与智能控制专业的校本教材如《电工技术基础》《电气控制与 PLC》等 8 学校本讲义。

4. 微课、PPT 等资源建设

为满足教师的教学需求,学校鼓励教师制作微课、PPT、动画等课程资源,丰富学校的资源库。根据教学需要和学生学习特点,教师们纷纷利用现代技术手段进行教学资源的制作和开发,制作了《机械制图》《电气控制与 PLC》等课程的微课、PPT、动画等资源。

(三)通过共建实验室和创新型社团,提升学生的综合素质

1. 共建实验室

共建实验室是新工科背景下贯通人才培养过程中专业建设的重要成果,是一体化贯通人才培养体系中的重要组成部分。两校今后会进一步深化合作,继续加强共商共建共享共育。

图 6　两校共建实验室

2021 年中本贯通专业电气工程与智能控制新建智能技能实验室后,根据新建实验室设备的要求对电气器件、控制系统、PLCnext 控制技术等方面开展研究,撰写完成适合学生训练的案例集。利用智能技能实验室设备,聘请菲尼克斯电气工程师来校培训,中本贯通专业学生及教师可以参加现场培训。挑选 10 名中本贯通的学生(两组)参加 2022 年全国自动化挑战赛。参赛作品分别为基于 MAX100 的多电机调速系统设计及实现和基于 PLCnext 平台的电力设备故障检测系统设计及实现,并获得了二、三等奖。

图 7　学生比赛获奖

2. 共建创新型社团

针对中本贯通学生学科竞赛,建立了两个学习型社团,一是数学建模大赛社团,一是智能电气社团。两个学习型社团均收获颇丰:2022 级中本贯通电气工程与智能控制专业 2211 班同学王硕的项目"基于 Fisher 线性判别模型的玻璃文物分类研究",参加全国大学生数学建模竞赛,获上海市三等奖;2020 级中本贯通自动化专业 2011 班同学董弈清的项目"基于机器视觉的采煤机采煤量检测系统设计",参加第十五届大学生节能减排社会实践与科技竞赛,获校级二等奖。

(四) 通过大学生结对帮学辅导,提高学校学生基础学科成绩

通过大学生帮学结对项目的实施,不仅提高了学校学生基础学科的学业成绩,更激发了学生的学习动力和兴趣,培养了他们的自主学习能力。大学生志愿者通过辅导他人增强了他们的责任感和教育意识,提升了沟通和领导能力,为两校学生共同营造了积极向上的学习氛围。近三年学校学生的联考成绩有了明显的提升,有的科目考试名列前茅。

六、体会与思考

在中本贯通电气工程与智能控制专业大国工匠人才培养过程中,实践导向、创新能力、校企合作产教融合、师资队伍建设是关键因素,缺一不可。

(一) 实践导向是培养大国工匠人才不可或缺的重要环节

注重将学生送入实习实训和真实的工程项目实践中,让学生了解并掌握各种电气工程与智能控制技术和工艺。通过实践,学生们能够把所学的理论知识与实际操作相结合,培养出解决问题的实践能力。

(二) 综合创新能力也是培养大国工匠人才的重要目标

电气工程与智能控制专业涉及多个学科领域,需要学生具备跨学科的综合能力。为此,鼓励学生参与科研项目和各类竞赛,激发他们的创新思维,并提供相应的支持和指导。通过开展科研项目和竞赛,学生们可以在实践中探索并解决实际问题,培养出独立思考、创新设计和团队协作等能力,为电气工程与智能控制领域的发展做出贡献。

(三) 与行业的对接、深入产教融合是培养大国工匠人才的必然需求

为了确保学生具备符合行业要求的能力,学校与企业建立紧密的合作关系。通过与企业合作,了解到行业最新的需求和发展趋势,并根据这些信息进行课程设置和实践基地建设。同时,鼓励教师和学生积极参与企业实训和项目合作,与企业技术人员进行互动和交流,提高他们的实践能力和适应工作环境的能力。

(四) 师资队伍建设也是培养大国工匠人才的关键

高水平的师资队伍能为学生提供专业的指导和教育,在他们的成长过程中起到重要的推动作用。因此,注重对教师的培训和选拔,吸引更多优秀的教师加入中本贯通电气工程与智能控制专业。同时,邀请行业专家和企业技术人员来讲座和实践指导,丰富教学内容,提高教学质量。一支高水平高素质的师资队伍,才能更好地满足学生的学习需求,并为他们提供更好的教育环境和学术支持。

打通中高职衔接　提高人才培养质量

——以振华—思博中高职贯通"关务与服务贸易"专业建设为例

上海思博职业技术学院　吴彬斌

摘　要:两校在关务与服务贸易中高职贯通专业建设中所获成果显著。通过打通中高职衔接,培养学生具备国际贸易单一窗口操作、现场通关操作等综合职业能力;与企业建立紧密合作关系,为学生提供实践机会和就业机会;取得教学科研成果,为行业发展做出贡献;未来将继续完善教学计划和课程设置,加强教学资源建设和师资队伍建设,探索新的合作模式和教学方法,提高人才培养质量和效益。

关键词:关务与服务贸易;中高职贯通;专业建设;成果

一、实施背景

（一）行业背景

随着全球经济一体化的深入发展,国际贸易和物流行业的重要性日益凸显。关务与服务贸易作为国际贸易和物流行业的重要组成部分,涉及进出口货物的报关、通关、国际货运代理、跨境电商等多个方面,对经济发展的影响越来越显著。特别是在上海自贸区成立后,浦东新区作为自贸区的重要组成部分,积极推进贸易自由化、便利化,对关务与服务贸易专业人才的需求更加旺盛。

（二）职业教育改革背景

为了适应经济社会的发展需求,我国职业教育不断推进改革和创新。中高职贯通专业建设是职业教育改革的重要举措之一,旨在打通中高职之间的衔接,提高技能人才培养的连续性和针对性。通过中高职贯通专业建设,可以更好地对接市场需求,提高专业的实用性和适应性,为学生提供更加完善的教育和培训体系。

(三) 区域经济发展背景

浦东新区作为上海自贸区所在地,积极推进经济发展和产业升级。浦东新区明确提出了建设国际一流的自由贸易试验区的目标,加强与国际先进规则接轨,探索更多可复制、可推广的经验。在这个背景下,关务与服务贸易中高职贯通专业建设显得尤为重要。通过中高职贯通培养,可以为自贸区内的企业提供更多具备专业技能和创新精神的人才,为促进区域经济发展提供有力支撑。

(四) 两校合作背景

上海思博职业技术学院是一所全日制高等职业技术学院,拥有雄厚的师资和教育教学资源;而上海第二工业大学附属浦东振华外经职业技术学校是上海第一所外经贸类中等职业学校,两校致力于在专业建设和教学改革方面开展多种合作。因此,两校在关务与服务贸易中高职贯通专业建设上的再次合作将进一步推动职业教育改革和创新,提高人才培养质量和效益。

二、实施目标

本专业在建设过程中坚持立德树人、德技并修、学生德智体美劳五育全面发展,主要面向关务、外贸服务、国际货运代理等职业领域的企业,培养具有一定的文化水平、良好的职业道德和人文素养,具有国际贸易单一窗口操作、现场通关操作、关务服务、关务数据处理、外贸业务处理、货运代理服务等综合职业能力,具备良好的职业素养,能从事关务专员、预归类专员、外贸销售、外贸客服、货代操作等相关工作,具有职业生涯发展基础的知识型、发展型、高素质技术技能型人才。

(一) 本专业的人才培养目标

1. 职业素养

(1)具有良好爱国主义、集体主义、社会主义思想和良好的品质品德;

(2)具有良好的职业心理素质;

(3)具有爱岗、敬业、诚实、守信、遵守跨境电商行业相关法律法规的职业道德及法律意识;

(4)具有团队合作、协同创新职业意识;

(5)具有一定创新创业意识精神。

2. 职业能力

(1)能进行计算机及网络、办公软件应用；

(2)能进行较好的商务英语交流沟通；

(3)能具备较好的语言表达与文字写作；

(4)能应用计算机进行 EDI 系统操作及电子单证制作；

(5)能独立开展报关和报检业务；

(6)能操作一定的报关预归类业务；

(7)能进行国际贸易的经济分析、经济核算、成本核算等

(8)能拟定外贸合同、审核信用证、缮制货物出口结汇单据、审核货物进口单据等；

(9)能处理货物进出口贸易相关的托运、承运等业务；

(10)能履行货物进出口贸易合同的综合操作能力；

(11)能开展国际货运代理业务操作和过程管理；

(12)能实施一定的市场策划和市场开拓。

（二）本专业人才培养的核心岗位（群）

核心岗位（群）	相关工作岗位	岗位描述	职业能力要求
外贸服务	销售	市场的调查与需求分析、目标市场营销、解决方案的制定	1. 有敏锐的市场洞察力,可以根据市场需求创新项目宣传点； 2. 能拓展对外业务合作渠道,实现宣传推广及业绩增长； 3. 有一定的数据分析能力,具备市场调研与消费者需求分析、市场细分与目标市场定位、外贸服务组合与开发、客户关系管理等方面的职业能力
	客户服务	了解客户需求,解决客户问题	1. 能够正确处理客户订单； 2. 能够进行货物状态的跟踪查询及信息更新； 3. 能进行异常状态的沟通及处理； 4. 能进行回单的追踪及管理,服务信息反馈

(续表)

核心岗位(群)	相关工作岗位	岗位描述	职业能力要求
关务管理	预归类专员	商品归类	1. 熟悉商品归类的原则; 2. 掌握商品归类的方法
	关务专员	进出口货物报关	1. 熟悉国际商贸法律法规; 2. 国际贸易单一窗口操作、现场通关操作; 3. 掌握最新报关流程,具备无纸化通关能力
国际货代	货代操作	订舱、装箱、单证缮制与签发	1. 熟悉进出口操作流程; 2. 熟悉进出口相关单据要求,具备熟练制作和审核单证的能力; 3. 具备订舱、配载、转运、集拼等实际操作技能; 4. 能计算各种运输方式的运杂费并进行报价

三、实施过程

为了实现上述专业建设目标,两校采取了一系列举措以有效地推动职业教育的改革和创新,提升中高职贯通专业建设的整体水平,力求为区域经济的发展培养一批高素质的关务人才。

(一)共同制定培养方案

两校共同制定了关务与服务贸易专业的中高职贯通培养方案,同时两校教师还深入企业调研,了解企业对人才的需求,结合职业教育的特点,共同制定了具有针对性、实用性和连续性的培养方案。

(二)课程体系的衔接

为了实现中高职之间的顺畅衔接,两校在课程体系方面进行了深入的探讨和研究。通过优化课程设置,整合教学资源,形成了连贯的课程体系。同时,针对不同阶段学生的学习特点和需求,对课程内容进行合理安排,确保教学的有效性和针对性。

(三)实践教学体系的构建

关务与服务贸易专业具有很强的实践性,因此两校在合作中特别注重实践教学体系的构建。通过加强校内外实训基地的建设,为学生提供真实的业务场景,帮助学生掌握实际操作技能。此外,两校还通过开展技能竞赛、社会实践等活动,提升学生的综合素质和实践能力。

(四)双师型师资队伍的建设

为了提高教学质量,两校共同建设了一支双师型师资队伍。这支队伍既具备扎实的理论基础,又有丰富的实践经验。通过教师互派、共同开展教学研讨等活动,不断提升教师的教学水平和专业素养。

(五)行业企业的参与

两校在实施过程中积极引入行业企业的参与。通过与相关企业合作,共同开发教材、参与教学、提供实践机会等方式,实现了学校与企业的深度融合。这不仅有助于提高人才培养质量,还为学生的就业提供了更多机会。

(六)质量监控与评价

为确保中高职贯通专业建设的质量,两校建立了完善的质量监控与评价体系。通过定期进行教学检查、学生评教等活动,及时发现问题并加以改进。同时,积极收集企业和行业的反馈意见,以市场需求为导向不断完善培养方案和教学方法。

除上述措施之外,两校还专门根据上海市关于中高贯通学生的管理规定,在实践操作中建立了如下两种评价考核机制,以确保本专业人才选拔和目标培养的有效性:

(1)甄别与转段机制。中高贯通学生入学后,第一学年期末考试成绩作为甄别考成绩,第三学年进行转段考,转段考科目由两校商定后确认为:英语、报检实务、加工贸易实务、单证员考证。

(2)职业资格考证。两校结合中职教育特点以及进入高校后的课程安排,中高贯通学生入学后,在中职阶段需参加信息技术考证、普通话考证及国际商务单证员能力考试。

四、实施保障

(一)组织保障

两校合作建立了中高职贯通培养领导小组、专业指导委员会、试点工作组、教学管理工作组、联合教研室、学生管理工作组、质量监控工作组、实习实训协调组来协调中高职贯通整个进程。在中高职贯通教育体系中,发挥组织保障作用,实现中职学生向高职领域继续深造和学历提升,更好地满足市场对国际商务高素质技能型人才的需求,充分体现中高职贯通的优越性。

(二) 师资保障

上海第二工业大学附属浦东振华外经职业技术学校拥有一支素质优良、学科结构、年龄结构以及专兼职比率合理的师资队伍;专业师资方向齐全,有外贸单证、报关助理、国际货代、外贸报检、跨境电商等专门化方向。目前该专业有任课教师 59 人,专任教师 22 人,双证率达到了 81%,双师型教师比例达到 65%;绝大多数专业教师拥有国际商务师、报检员、电子商务师、FIATA /IATA、创业咨询师、物流师等职业资格证书。多位教师有报关公司、货代公司企业实践经历。近年持续积极参加市级、国家级类别的教学理念、教育信息化、跨境电商专业等方面培训,综合教学水平能力不断提高提升。

上海思博职业技术学院师资队伍以本专业姚大伟教授为领军人物,拥有一批具备丰富的实践经验和较高的技能水平的"双师型"师资团队,该专业共拥有专任教师 22 名,中高级职称 19 名,比例达 86.4%;有 13 名以上教师具有硕士研究生及以上学历,比例近达 60%;而且年龄结构也非常合理。"双师型"教师占专业教师比例为 81.82%。其中姚教授作为上海市高校教学名师,在全国外贸行业和高职外贸教育领域具有较大的影响力,是全国经贸类行业、外贸教育等领域深有研究成绩斐然的综合型学者型专家。

两校合作贯通后,共享教学资源,将优化师资结构,创新师资贯通授课形式,组成一支教学经验丰富并在全国中职高职和外贸行业具有一定的专业集群优势的教学团队,共同推动着具有较丰富国际商务理论并拥有很强外贸操作技能的专业人才的教育和培养。

与此同时,两校按照发展需求,积极从外经贸企业聘请兼职教师,从企业实战实践角度,讲授商品认知、报关实务、商务礼仪、外贸单证操作等课程,以便引入企业真实发展需求及前沿知识,对学校人才培养目标达成优化、师资团队完善及实训课程建设方面具有重要意义和作用。

（三）教材、课程资源保障

（1）选用教育部"十三五"国家规划教材、校企合作编写的校本教材；

（2）利用在线现场教学，方便、实时地与企业兼职教师互动，让学生掌握企业新技术；

（3）专业实训室拥有局域网，根据教学要求学生可随时、便捷地浏览相关网站的学习资源及进行模拟仿真学习；

（4）利用电子图书阅览室支持学生自主学习和浏览相关知识的精品课程网站。

（四）校内外实训实习条件保障

两校均拥有资源齐备的实训中心，按照企业工作岗位的实际要求配备了先进的硬件设备，围绕关务与服务贸易专业技能培养，均建设有综合实训基地（中心），涵盖外贸业务实训室、国际货代实训室、电子商务实训室、语音室、国际商务综合实训区等主要功能区。同时两校还设有国际商务模型展示厅、培训专用教室、报告厅、计算机基础培训教室、商务英语实训室等专用区域。多功能的实训室配置以及齐全、规范的实训管理制度。为专业实践课程开设创造了优越的实训条件。同时根据新的专业行业发展及需求需要，两校还不断地进行实训室新增改建等，如跨境电商、图文制作实训室、商务体验馆、外贸实训室，更新信息化教学设备及系统。通过数年努力，到目前为止，基本构建成了高规格、便利开放的互联网网络加先进科学完善的专业技能实训室环境，为专业技能培养提供了良好的校内外实训实习条件保障。

五、特色与成果

经过近五年的深耕合作，两校在专业建设上取得了一些骄人的成绩。

（一）主持省部级专业教学标准的情况

类别	具体时间	标准全称	授予单位
市级专业教学标准	2020.6—2022.12	主持中高职贯通《关务与外贸服务》专业教学标准制订	上海市教育委员会

（二）获得省级及以上精品课程（精品在线课程）的情况

结项时间	课程全称	授予单位	等第
2020.2	国际货运代理实务	上海市教育委员会	上海高职高专院校市级精品在线开放课程

（三）编撰省部级规划教材数量及获奖的情况

出版时间	教材全称（十三五、十四五）	授予单位	等第
2021.11	主编《国际货运代理实务（第二版）》	教育部	"十四五"国家规划教材

（四）制作省部级专业课程教学资源库建设的情况

结项时间	教学资源库全称	授予单位	等第
2022.9	主持国家级教学资源库子项目《国际货运代理实务》课程升级改进建设任务	教育部	优秀

除此之外，本专业历届学生也在学业能力和技能大赛上的表现不俗。

（五）学生学业成绩优良率（各科平均成绩 80 分及以上的优良率）

类别	2018—2019 学年	2019—2020 学年	2020—2021 学年	2021—2022 学年
所有专业核心课	30.67％	31.53％	39.39％	50.00％

（六）学生应届就业率、专业对口率

类别	2018—2019 学年		2019—2020 学年		2020—2021 学年		2021—2022 学年	
	就业率	对口率	就业率	对口率	就业率	对口率	就业率	对口率
应届毕业生	100％	79％	96.61％	76.9％	100％	72.1％	92.00％	71.9％

（七）学生满意度

毕业生跟踪调查对本专业满意度	2018—2019 学年	2019—2020 学年	2020—2021 学年	2021—2022 学年
	89.3％	92.9％	93.7％	95.4％

（八）学生获得技能大赛奖项的情况（部分）

年份	竞赛名称	奖项	主办单位
2018—2019 学年	2019 上海市"星光计划"第八届职业院校技能大赛	一等奖	上海市教育委员会
2018—2019 学年	2019 年全国职业院校技能大赛	三等奖	全国职业院校技能大赛组织委员会
2018—2019 学年	2018 年第八届 POCIB 全国外贸从业能力大赛	三等奖	中国国际贸易学会
2019—2020 学年	2019 年第六届全国职业院校"IECC"报关业务技能网络竞赛	二等奖	全国报关职业教育教学指导委员会
2020—2021 学年	2020 年全国职业院校技能大赛"互联网＋国际贸易综合技能"上海选拔赛	二等奖	上海市高职高专经济类专业教学知道委员会
2020—2021 学年	第六届 OCALE 全国跨境电商创新创业能力大赛	一等奖	全国外经贸职业教育教学指导委员会中国国际贸易学会
2020—2021 学年	2020 年全国行业职业技能竞赛"科越云通关"第二届全国报关与国际货运职业技能竞赛	三等奖	中国报关协会
2022—2023 学年	2023 年全国职业院校技能大赛"互联网＋国际贸易"综合赛项	三等奖	教育部

六、体会与思考

在两校多年的交流与合作下,关务与服务贸易的中高职贯通专业建设取得了一定的成绩,在此过程中,我们也总结出了一些宝贵的经验。

第一,明确培养目标是中高职贯通专业建设的关键。在制定培养方案时,必须紧密围绕职业教育的特点和市场需求,结合区域经济发展和行业企业的需求,确定清晰的培养目标。这有助于确保教学计划的针对性和实用性,提高人才培养质量和效益。

第二,重视实践教学是中高职贯通专业建设的重点。关务与服务贸易专业具有很强的实践性,因此必须重视实践教学体系的构建。通过加强校内外实训基地建设、实践教学管理、实践教学师资队伍培养等方面的工作,提高学生的实践能力和综合素质。

第三,加强师资队伍建设是中高职贯通专业建设的核心。优秀的师资队伍是保证教学质量和人才培养质量的关键。在中高职贯通专业建设中,应注重双师型师资队伍的建设,通过教师互派、合作开展教学研讨、企业实践等方式,不断提升教师的教学水平和专业素养。

第四,引入行业企业参与是中高职贯通专业建设的重要途径。通过与行业企业的合作,可以更好地了解市场需求和行业动态,及时调整培养方案和教学方法。同时,企业可以提供实践机会和实习基地,帮助学生更好地掌握实际操作技能,提高人才培养质量和就业率。

第五,完善质量监控与评价体系是中高职贯通专业建设的保障。通过建立完善的质量监控与评价体系,可以及时发现问题并加以改进,确保中高职贯通专业建设的质量。同时,应积极收集企业和行业的反馈意见,以市场需求为导向不断完善培养方案和教学方法。

参考文献

[1] 亚玫,樊晓光.中高职贯通国家专业教学标准开发策略的思考[J].青岛职业技术学院学报,2021,34(05):33-37.

[2] 朱小丽,刘秋民.高职关务与外贸服务专业课程思政实施的路径研究[J].对外经贸,2023(06):62-65.

[3] 张雅文.中高职教育贯通人才培养模式研究[D].上海:上海师范大学,2023.

[4] 王宇,邱悦,张晓秋.中高职贯通培养"三二"分段衔接研究[J].产业与科技论坛,2020(11):2.

基于人才培养的中本(高)贯通学生德育案例研究
——将生涯规划和中华优秀传统文化融入育人活动的实践

上海第二工业大学附属浦东振华外经职业技术学校　李颖

摘　要:随着新时代中国特色社会主义进入新阶段,国家政治、经济、文化等方面的飞速发展,对于要培养什么样的人、如何培养人等提出了新要求、新目标。在中本(高)贯通学生的培养中,将生涯教育理念和中华优秀传统文化理念融入全过程、全方位育人之中,关注学生的全面发展,改善传统育人模式的弊端,强化教育引导、实践养成、情感认同和行为习惯,做到厚植家国情怀、弘扬工匠精神,真正实现立德树人这一中心要务。

关键词:生涯规划;优秀传统文化;育人;人才培养

一、实施背景

中本(高)贯通培养模式是指为加速培养高素质技能型人才,对具有相同专业方向的中等职业教育和高等职业教育专业进行教学计划、教学实施方案和师资管理等一体化设计。2010 年《国家中长期教育改革和发展规划纲要（2010－2020 年)》中提出"统筹中等职业教育与高等职业教育发展"的战略思想,为贯彻此纲要,上海市教育委员会在《上海市中长期教育改革和发展规划纲要(2010－2020 年)》中提出"促进中等职业教育与高等职业教育衔接,构建中等职业教育与高等职业教育课程培养模式和学制贯通的'立交桥'的发展任务"。

两个纲要都提出实行中等职业与高等职业两个分段职业教育的贯通,不仅仅是中等学校与高职学校两个学校之间的形式上的贯通,而是需要多方面的"贯通"。有学者提出中本(高)职贯通是全面贯通,是从培养方案、课程教材、学生管理、协调机制、师资队伍等方面的贯通。当前,上海市中本(高)贯通模式一般为采用"七年一贯制"或"五年一贯制"模式,即以专业为主线,相关专业对应中本(高)两所院校联合培养的模式,一般学习年限为 7 年或 5 年,学籍管理前 3 年在中等职业学校,后 4(2)年在高等职业学校。

二、实施目标

基于中职学生的入学特点,许多中职学校培养学生的目标很明确,通过养成教育结合学校专业教育加强学生的培养,即以培养学生养成良好的行为习惯为基础,加入专业的学习。高职学校都是以职业教育为目标,即通过专业知识的学习开展高级技能教育,培养应用型高级技能人才。中高职贯通的目标是对具有相同专业方向的中等职业教育和高等职业教育专业进行教学实施方案、师资管理、学生管理等一体化设计,因此中高职贯通模式的培养目标既不同于中职院校的"养成教育结合专业教育",又不同于高职院校"职业教育",它应该更接近于高职院校的培养目标,但又不是压缩版的职业教育。这里主要从砺行致远、文化育人角度来分析中本(高)贯通学生的德育贯通培养。

中华优秀传统文化是中华民族的文化基因,是中华民族的精神血脉,是社会主义核心价值观的重要源泉。学校是弘扬和传承中华优秀传统文化的主阵地,将中华优秀传统文化融入学校课程建设势在必行。学校秉承"德技并重,上进达人"的办学理念,坚持"现代、高尚、和谐、创新"的价值追求,为培养复合型技术技能人才作出更大贡献,将生涯教育理念和中华优秀传统文化理念融入全过程、全方位育人之中,确立了课程建设整体目标:立足学校,放眼未来,有效落实立德树人。学校将中华优秀传统文化和社会主义核心价值观融入课程、融入课堂、融入学生活动,培养人格健全、思维活跃、个性鲜明、素质全面的优秀人才。

三、实施过程

学校协同高校合力做好学生的职业生涯规划:通过明确"七年(五年)一贯制"总体职业生涯规划,最终达到中本(高)培养目标的"贯通",并以职业生涯目标促进德育育人实践。

(一) 重视职业生涯规划，提升学生职业素养
——以职业生涯目标促进育人实践

1. 中职—高校联合举办入学仪式，初定生涯规划

通过入学仪式，学生了解目前专业发展动态，了解中职—高校专业培养方式，了解毕业生就业情况及发展情况，在了解的基础上为自己初步定下生涯规划。

2. 协同高校开展参观高校活动，近距离了解高校

第一学年结束会安排学生去所属高校参观学习，全方位了解学校的各方面情况，并组织振华毕业的学长进行近距离的交流。

3. 协同高校开展下企业活动，学生模拟上岗

在学年结束时，学校会协同高校组织下企业活动。参观上海嘉定京东亚一仓就是一个常规活动。京东是学校的校企合作单位，在参观中，学生可以将理论与实践相结合，学习物流相关知识、京东的发展与文化，参观实训活动中，会分组学习入库收货、入库上架、在库补货、内配发货、地狼拣选、人工拣货、分配逻辑、打包复核、Rebin 打包、在库盘点基本的物流相关知识。开拓了同学们的眼界，拓宽了知识面。让同学们近距离感受京东企业的魅力。

图 1　2019 级学生在上海嘉定京东亚一仓进行参观

图2 2021级学生在上海嘉定京东亚一仓进行参观

4. 职业生涯规划设计大赛,提供展示平台

在"职教心中的二十大"活动职业生涯规划设计部分,学校结合学生所学专业、爱好特长、性格特点为学生做好职业规划。2201班杨蕴秋同学的《时代赋责青年,盛世成就青年——成为一名国际外派税务官》、2214班吴文雯同学的《与时代同心同向,让青春绽放光芒——做一名外贸外销员》、2208班陈佳瑜同学的《为学应须毕业力,攀登贵在少年时——成为一名物流工程师》等学生作品获得了好评。

5. 毕业生榜样的力量,注入目标动力

在职业教育榜样征集中,学校邀请了往届毕业生,现任复旦大学马克思主义学院教学研究的曹金龙先生撰写了他与振华的故事《在振华立志,立志振华之志》,以及往届毕业生上海馨道文化艺术发展有限公司创始人傅安娅女士撰写了她与振华的故事《青春由磨砺而出彩,人生因奋斗而升华》,为振华的学子注入榜样的力量。

(二)传承艺术经典,塑造美好心灵
——将中华优秀传统文化融入育人活动

中国传统文化教育越来越受到社会的认同与关注,它在素质教育、人格塑造和品德修养等方面显示出强大的作用力。特别是中(本)高职贯通院校,更应重视德育,因为现在的用人单位对应聘者品德的要求远远高于专业技能、学历和社会经历等因素。因此,如何提高中高职生的思想品德素质是学校德育工作的重中之重。学校将中华优秀传统文化融入育人活动,充分利用文化资源,深究中华文化艺术,做到厚植家国情怀、提高审美能力、弘扬工匠精神、传承经典技艺、塑造美好心灵。

纵观当代文化载体,层出不穷的国漫电影《大鱼海棠》《哪吒之魔童降世》大型歌舞表演《洛神水赋》等深受青少年喜爱,其成功因素除深厚的创作功底外,离不开鲜明的时代特色和文化内涵。目前对于中职校,将中华优秀传统文化融入育人活动,搭建学生与中华文化艺术会面的桥梁,使之成为传承优秀文化的载体,意义非凡。课程育人体系方面:通过文化艺术案例的加入引起学生兴趣,提高课堂效率的同时,有利于激发学生爱国热情,坚定学生文化自信;实践育人体系方面:积极开展高雅艺术进校园、校园艺术节活动,开设艺术类社团,参与校外比赛,便于拓宽学生的文化视野,提升学生感受美的能力和人文素养,力求有效弘扬、继承中华优秀传统文化。

1. 中华优秀传统文化融入课程育人的基本思路

1)情景探究,融会贯通

情景教学在于创设生动形象的场景,开拓学生想象空间,做到启迪、暗示和陶冶情操,为学生对于传统文化的理解打下地基。如:艺术鉴赏《山水合璧,小中现大》——黄公望与《富春山居图》赏析,以手卷形制角度赏析《富春山居图》,通过实物展示,认识到《富春山居图》手卷欣赏的特色;结合语文课的《富春山居图》文言文解读,对学生的学习思维进行引导,促进学生多学科融合,更加深刻理解传统文化的表达方式。

2)任务驱动,传递精神

教师在设计探究任务时可结合竞赛方案,将教学目标转化为教学任务分配给学生,驱动学生自主、合作、探究学习,激发学生动力。如:广播电视技术专业——短视频制作课程中的纪录片制作《怒放》,记录女篮夺冠的过程,表达女篮合作精神,向学生传递团队意识。

3)多元评价,继往创新

传统文化融入课堂后,是以职业素养、原创能力为主。如:动画专业教学时关注学生设计理念、模型等资料,了解学生设计思路与成果,借助小组互评、结合企业教师观点提出建设性建议及评价,让学生感受创新创意的重要性。

中本(高)职育人教育应加强优秀传统文化教育,把深邃内容通俗化,将博大内容简约化,将精深问题兴趣化,融入课程、实践、文化三方育人,开展优秀传统文化艺术体验活动,将传承作为发展的基石,把创新当成发展的动力,切实做到将中华优秀传统文化融入育人活动。

四、实施保障

(一)组织保障

保障活动经费,强化组织领导。学校把生涯规划和中华优秀传统文化融入育人活动作为教育工作的重点,与其他工作一起部署、一起检查、一起考核。成立学校全员育人工作领导小组,负责对全校全员育人工作的策划领导、组织实施和监督考核。

(二)督导保障

定期组织活动,加强督导检查。定期组织经验交流会、育人案例、论文、反思、家访随笔评选等活动。定期组织课外活动、社团活动和社会实践活动。定期或不定期对生涯规划和中华优秀传统文化融入育人活动开展情况进行督导检查,防止工作流于形式。根据检查测评情况适时召开会议查找不足、总结经验。

(三)制度保障

建立评价体系,挂钩评优。学校根据生涯规划和中华优秀传统文化融入育人活动情况,把教师的教学工作和参与育人活动情况等联系起来,把学生评价、家长测评、教师互评和校领导评价结合起来,建立多元化、多层次的考核评价机制。考核评价结果纳入教师百分制考核,激发教师参与的激情和创造热情。

五、特色与成果

在学校"德技并重,上进达人"的办学理念和"一好三强"的学生培养目标下,为进一步强化学生拥有"清晰的思维、专精的技能、健康的身心、适当的行为",学校倡导学生积极参加各项社团活动和才艺展示,构建"上达风采六个一"主题活动课程,也形成了一定的育人特色和成果。

1. 中华优秀传统文化融入实践育人的亮点实施

1)"社"想未来,"团"聚精彩

作为学校的品牌社团——岁月剪纸社团和拾光影视社团首当其冲,肩负着传统文化艺术的普及与传承,培养传统文化的保护意识。岁月剪纸社团以传统剪纸技艺教学为主,开拓创意剪纸思维,通过每人不同的代表作,向校园展现剪纸文化。剪纸作为传统民间工艺,呈现关于"对称"和"空间"的美,需要"后浪"传承,传统红纸的经典寓意和流动中的剪刀走线,行云流水、相互交融,是生活艺术的表达;剪纸艺术依附于民间特定的文化背景与生活环境,其本身具有纯净的特质,同时表达了中华民族追求平衡、团结一心的优良品质和传统文化,值得向学生传递。

拾光影视社团以专业技能的定向培训、完成学校各类活动的录制任务为主要内容。摄影的本质可谓化历史瞬间为永恒,拾光影视社团将情怀注入生活,提取汉服元素拍摄组图,感受纪律性、约束性、感悟传统美、古典美;以篆刻技艺作为切入点,进行《传承中国传统文化之篆刻技艺》纪录片制作,体会中国篆刻在当今社会依旧散发着独特的魅力,体现传统技艺值得被传承发扬。

2)以赛促学,斩获佳绩

"选自己所爱,爱自己所选,忠于自己所选。"中职生对于学习的专注程度,取决于自身的热情。学校目前有影视、动画专业,该专业学生涌现出对艺术表达的欣赏和热爱,培养了执著的工匠精神。在教学中关注中华传统元素,将优秀传统文化有效融入美育,有效培养、提高学生的审美素养的同时,借助多项平台,结合当代时事动态,积极鼓励学生勇于尝试各项校、区、市赛,例如《我的中国梦——上海市中小学生喜迎建党 100 周年影视作品展》、开展"新时代好少年·红心向党"主题教育读书活动等,效果显著,屡获佳绩,部分获奖情况如表 1。

表 1　部分获奖情况

级别	奖项	获奖等第	类别	作品名称	参赛学生
市级	2021 文明风采	二等奖	视频作品	《少年中国说》	夏颖 苗扬 ……

（续表）

级别	奖项	获奖等第	类别	作品名称	参赛学生
市级	2021 文明风采	二等奖	摄影作品	《跨越百年,致敬英雄》	钱佳盈
市级	2021 文明风采	三等奖	语言类	语言《青春中国》	瞿思婕 曾希元 ……
市级	2021 文明风采	三等奖	绘画展演	《与病毒抗衡,向国家致敬》	杨佳意
市级	2021 文明风采	三等奖	绘画展演	《四海一家亲,共创中国梦》	杨佳意
市级	2021 文明风采	三等奖	摄影作品	《瞻仰》	夏颖
市级	喜迎中国共产党成立100周年系列活动	二等奖	绘画类	砥砺前行	刘皓嘉
市级	喜迎中国共产党成立100周年系列活动	三等奖	绘画类	忆岁月,望今朝	罗秋玥
市级	《我的中国梦——上海中小学生喜迎建党100周年影视作品展》	一等奖	影评	实现个人梦,成就中国梦	周颖颖
市级	《我的中国梦——上海中小学生喜迎建党100周年影视作品展》	二等奖	影评	《八佰》观后感	朱晨茜
市级	2020 文明风采	优胜奖	器乐展演	古筝《忆江南》	吴煊
市级	上海市学生艺术单项比赛	金奖	展演	茶艺	董吉沁

……

3)职业体验,感知匠心

职业体验活动作为促进职业教育与普通教育沟通、协调发展的纽带,也是学生感知工匠精神的最佳途径。学校职业体验日的项目中的"小小设计师"，用彩绘画扇的方式普及传统文化，学生以志愿者身份参与活动指导绘画，彰显文化自信，展现别样风采，同时在体验中感受工匠精神，做到敬业、精益、专注、创新。

2. 以中华优秀传统文化为文化育人亮点的展现

（1）提炼民族精神，营造高品质校园文化。

和谐的校园文化对中职学生具有强大的感染力和重要的育人功能，故从校园物质文化、精神文化、活动文化等各个方面，注入中国优秀传统文化特色，提升学校内涵文化建设品质。校园的布局需要精心设计，凸显文化育人氛围，名人名言、传统文化经典故事等形成环境与文化相融合，板报、班级读书角蕴含古色古香氛围；校园积极开展红歌比赛、诗朗诵展示等活动，参与"互联网＋大赛"红旅赛道，由此形成弘扬传统文化的良好氛围，使师生身处其中，时时接受传统文化启迪，处处感受传统文化洗礼，让学生耳濡目染，德行天成，自然传承。

图3　振华职校红歌比赛　　　　图4　创业社团参加互联网＋红旅赛道校外展览

（2）把握关键契机，开展特色教育。

学校要把握好进行优秀传统文化的时间节点和教育契机，以特色活动为载体，设计系列的优秀传统文化教育活动，有效激发学生学习潜能。如：利用社会资源，开展"追寻红色记忆 传承红色基因"——线上夏令营活动，激起学生心中对先烈无限的崇敬。

学校2021年6月开展"达人展风采，青春献华诞"校园艺术节汇演，教

育引导学生衷心拥护党的领导和我国社会主义制度,以实际行动迎接中国
共产党成立100周年,向党献出一份礼物,其中红色短剧、经典朗诵等节目
受到广泛好评。

图5　戏剧社团红色短剧《一张老照片》　　　图6　朗诵社团表演《少年中国说》

六、体会与思考

中高职贯通德育培养模式相比传统的中职和高职教育模式,可以结合
两者的优点,运用中职和高职的合力,以职业生涯规划为引导,提高学习兴
趣,提高学生学习积极性,形成内在的驱动力,从而树立坚定的职业目标。

校园文化是以校园为主要空间,以校园精神为主要特征的一种群体文
化。一所优秀学校的校园文化需要数十年甚至上百年的不断沉淀、积累、
提炼,而校园文化活动正是校园文化的载体,学生通过不断参加校园活动,
从而在活动中耳濡目染逐步吸收校园文化的精髓,不断提升学生的综合
素质。

但是,在各种活动的组织和实施过程中,还是有部分学生表现出学习
目标缺失、对自身专业就业规划不清的现状,缺乏进步的动力,存在"躺平"
的思想。因此,努力让每一位学生都能够根据自身实际找准学习目标和制
定职业规划,是德育贯通培养工作中的重要任务。为此,本学期开设了以
培养学生的优秀职业态度和专业精神为主要目的大国工匠精神德育课程,
来提升学生的核心素养。要更积极地开展各项校园活动,提高参与的人数
和辐射面,锻炼学生的实践能力,也使学生正确认知自己的短板,提升学生

的创新意识与能力。

　　作为新时代中本(高)职学校的教师,必须用新的德育标准来审视和培养学生,充分认识到中本(高)职学生的德育特点,不断改进德育方法,使德育工作取得实质性的进展,培养德才兼备的合格人才。

参考文献

[1] 徐国庆.中本贯通的合理性[J].职教论坛,2015(9).

[2] 兰小云.现代职教体系内部有机衔接的现实思考——以上海中高职贯通为例[J].职教通讯,2015(7).

[3] 刘亚龙.职业教育高质量发展的探索与实践——以上海城建职业学院数字建造学院为例[J].现代商贸工业,2022(43).

产教融合视域下的影视动画专业教学改革
探索与实践

——以振华—东海中高职贯通影视动画专业为例

上海第二工业大学附属浦东振华外经职业技术学校　　刘若菲

摘　要：为了满足当前动画行业对应用技术型和创新型人才的需求，基于中高职贯通培养模式，两校需要对影视动画专业教学模式进行改革。在产教融合视域下，将教学课程与"1＋X"证书制度、岗位技能相融合，教学内容与赛事活动、创新创意相融合。通过设置模块化课程，理实一体化教学，"岗课赛证"融通，校企共同育人、职业体验、展览参观等多种方式，提升影视动画专业教学质量，满足人才市场需求，提高毕业生就业率和升学率，实现教育产业协同发展。

关键词：产教融合；教学改革；影视动画；理实一体

一、实施背景

《国家职业教育改革实施方案》（职教二十条）提出："提高中等职业教育发展水平，促进产教融合校企'双元'育人，推动校企全面加强深度合作。"《2023年上海市教育委员会职业教育工作要点》指出："深化产教融合、校企合作，推进产教协同育人机制，依托本市'1＋X'证书专家委员会，选用符合上海产业需求、适合学生发展的'X'证书，指导学校完善人才培养方案。"

基于产教融合背景，国家对产教融合人才培养模式予以肯定，因此影视动画专业教学中需要以职业为导向，强化能力培养，构建产教融合的人才培养模式，可见探究结合课程内容进行教学改革势在必行。

二、实施目标

为了进一步满足动画产业对于高水平人才的需求，中高职贯通影视动画专业课程需改革传统的教学模式,从不同维度注入"产教融合"教学理念,优化中职、高职课程结构,创新人才培养模式,以提高学生就业竞争力,促进动画产业发展。

(一)教学课程与"1＋X"证书、岗位技能相融合

随着我国教育改革的不断推进,社会对职业院校毕业生职业技能的认证越来越重视,"1＋X证书"也成为职教领域中的热词。《职业教育提质培优行动计划(2020—2023年)》指出,要深入推进1＋X证书制度试点,提高职业技能等级证书的行业企业认可度。影视动画专业课程也需要落实"1＋X证书"制度,参考企业典型设计案例,主动对接行业、企业岗位标准,让"岗、课、证"三者融通。

(二)教学内容与赛事活动、创新创意相融合

影视动画专业作为艺术与技术相结合、理论与实践并重的学科专业,在人才培养上一直以培养创新型应用人才为己任。专业技能内容应与市、区创新创意大赛、校职业体验日等赛事活动融合,以赛促学、以学促用。

三、实施过程

(一)落实"课证"融通,课程体系模块化

1. 调整课程内容,落实"1＋X证书"制度

随着"1＋X证书制度"的不断推进,职业院校需要填补职业技能证书所规定的应试能力与工作岗位所要求的操作能力之间的空白,"X"证书的类别直接影响相关专业课程标准、教学内容、实施方案、授课模式等。学校影视动画贯通专业学生可以考取的"X"证书有由中摄协国际文化传媒(北京)有限公司主办、北京良知塾数字科技有限公司承办的"数字影像处理职业技能等级证书"和唯乐屋(北京)软件有限公司主办的"3D引擎技术应用职业技能等级证书"。在课程设置中加入"X"证书课程,将实训任务通过任务驱动教学设计法植入课堂,让学生在日常学习过程中熟悉考证流程及内容,参考职业技能等级标准转化为学习成果评价标准,掌握行业相关知识点和技能点,提升考证通过率。

2. "课、赛、证"三元融合的模块化课程体系

中高职贯通学制为五年,实行"3＋2"模式,将"1＋X"证书技能考核项

目和星光计划比赛项目作为教学项目载体,细分在不同学段,根据现有教材基础上加入实训案例,由简至难深入课堂教学,形成模块化课程体系。该体系以数字艺术设计、影视动画行业标准为基础,设置包括平面插画师、三维动画制作师初级、中级的基础知识技能模块,以及以技能比赛内容、设计工作坊为主的创意设计训练模块。

表 1　影视动画(中高贯通)专业模块化课程授课内容

模块类型	模块名称	学段	模块课程名称	模块内容
基础知识技能模块	课程初级内容	中职	数字影像处理（初级）	1. 图像管理 2. 图像修饰 3. 图像增效 4. 图像输出
			3D 引擎技术（初级）	1. 3D 引擎工具初级应用 2. 3D 引擎脚本编程初级应用 3. 项目开发初级应用
	课程中级内容	高职	数字影像处理（中级）	1. 3D 引擎工具中级应用 2. 3D 引擎脚本编程中级应用 3. 项目开发中级应用
			3D 引擎技术（中级）	1. 广告宣传类图像处理 2. 时尚媒介类图像精修 3. 风景写真类图像精修
创意设计训练模块	大赛实训	中职	数字绘画	参考市文明风采、市动漫画大赛、区香山杯绘画书法艺术作品比赛等活动要求
			三维动画基础	参考市星光计划 动画片设计与制作项目比赛内容
		高职	三维动画项目实践	参考市星光计划 动画片设计与制作项目比赛内容
	设计工作坊	高职	数字绘本工作坊	根据当年企业项目设置
			创意建模工作坊	根据当年企业项目设置

（二）关注学生学情，教学理实一体化

中职学校应注重培养具备相应职业素质、文化知识、专业知识和职业技能的高素质劳动者和技能型人才，为高校提供具有一定专业技能基础的合格生源。中高职贯通学制下的中职生对于所选专业也有着更为浓厚的学习兴趣和学习偏好，易聚焦于实践操作和技能活动，部分同学具备较强的手绘能力，但对于理论知识的掌握需要通过理实一体化教学，结合多种教学手段、教学情景及理论题库不断强化，才能为高校专业技能学习打下良好基础。因此笔者归纳以下教学案例，促进学生精进专业知识。

1. 情景模拟探究，树立文化自信

情景教学在于创设生动形象的场景，开拓学生想象空间，达到启迪、暗示和陶冶情操的目的，为学生对传统艺术文化的理解打下地基。如：艺术鉴赏《山水合璧，小中现大》——黄公望与《富春山居图》赏析，以手卷形制角度赏析《富春山居图》，借助企业教具，展示仿真版迷你实物，使学生认识到《富春山居图》手卷欣赏的特色，阐释手卷形制的特殊性与优越性；学生使用木炭条模拟概括画面轮廓，引入散点透视概念，强化中国山水画中的"三远法"构图概念，对学生的学习思维进行引导，促进学生更加深刻理解传统艺术文化的表达方式，树立文化自信。

2. 实践翻转课堂，增强师生互动

"翻转课堂"主要是以微视频为工具，让重难点理论课前消化，在课堂中，学生经教师引导将理论用于实践操作，提高动手能力、创新能力的授课方式。以《数字影像处理》课程为例，本课程存在很多专业枯燥的知识点，例如：如何对图片进行色彩调整，对于"直方图""色阶""曲线"等概念与使用方法让学生无从下手，降低了学生学习兴趣。通过"1+X"证书配套微课，运用"翻转课堂"教学手段，学生可以观察"直方图面板"和"色阶"案例，教师在课堂中可以对比不同图片，提问检查学生课前学习成果，并让学生结合理论，自行操作调整素材亮度，最后学生互评，便于教师及时关注学生对于重难点的理解，同时提高学习效率与学生积极性。

3. 变化教学策略，展现作品个性

以《动画角色设计》课程为例，同学们了解一定人体结构、掌握动画速写技巧后，直接根据设定好的文字角色形象转化为视觉化形象，直接实现

动画角色造型的"定制化",对于中职生难度较大。相较而言,单体的塑造比整个角色定位塑造更易上手。如:《人物角色练习——头部造型》,将人物的面部分解为脸型、发型、五官等部分,鼓励大家头脑风暴,塑造出规定部位的多样化形式,先用 Photoshop 软件将作品素材进行组合拼贴,再使用 Midjourney 软件输入关键词细化人物特征,形成动画人物角色造型。通过改变传统教学策略,引入"打散－重组"概念,让学生进行单体元素设计再组合,再借助 AI 优化,打破想象力的屏障,创造出不常见、个性化的动画角色造型。

(三)"校企赛"三联合,教学方式多样化

1. 技能赛事着手,激发团队动力

"星光计划"作为中高职贯通学生展现一技之长的平台,样题与素材库接轨影视动画行业要求,向学生提供企业最新案例。教师在课堂中,需结合专业类比赛方案设计探究任务,将教学任务转化为教学项目,为学生制定小目标,落实"课赛融通"势在必行。以《三维动画基础》课程为例,设计项目内容《小女孩与机器人》,教师按照项目流程,需分为分镜绘制、模型制作、UV 拆分和贴图、灯光摄像及渲染四板块,让小组同学自行选择两项擅长板块完成,实现能力与优势互补。教师要求各项目团队定时上交项目任务单,学生汇报项目内容、项目进展与整体思路等内容,合理分工协作完成。通过任务导向结合项目教学,实施项目化教学,动态化管理,让学生对企业标准、制作流程有更清晰的认知。

2. 创意活动着手,发挥教育艺术

为培养中职生创意、创新意识和实践能力,上海市通过中职生创新创业大赛,上海市动漫画大赛,浦东新区香山杯书法绘画比赛等活动赛事,发挥艺术教育,多维度培养德技并重的上进达人。教师在课堂中,需结合相关活动细则,指导学生参赛。以《数字绘画》课程为例,布置结课任务内容:以"阳光下成长——传承"为主题,激励学生学习优秀传统文化,树立家国情怀,独立绘制 4 开作品。笔者将作业分为"元素提取－草图设计－线稿确认－小色稿绘制－明暗细化－画面定稿"六大环节,执行能力本位、行动导向的任务驱动教学法,制定明确计划按时交稿并进行点评交流,关注学生学习状态,培养学生养成良好时间观念,保质保量参与活动,同时落实项

目化教学,以赛促教展风采。

3.校企强强联合,产教协同育人

(1)采取"企业引入"、专业教师与企业教师共同培养的育人模式,导入企业项目实案进课堂,根据企业的实际需求,实现专业教师与企业教师共同教研,将最前沿的信息呈现在学生面前,最终培养出能满足企业需求的专业人才。如:《影视特效合成》《动画视听语言》《日语》课程目前由企业教师、高校教师或专业教师共同担任,达到产教融合,实现校企一体化。

(2)"体验一次企业实践"是学校育人文化品牌项目"上达风采六个一"中一项内容,也是影视动画专业同学的一堂必修课。学校曾与上海鸣锣影视科技有限公司、上海曼恒数字技术股份有限公司联系沟通,带领同学前往参观学习,走出校园,感受真实工作场景与氛围,提升职业技能素养。

(四)参与职业体验,劳动意识自主化

"职教二十条"规定:"鼓励中等职业学校联合中小学开展劳动和职业启蒙教育"。学校积极配合开展职业体验日活动,开设"绘画定格美好时光"AI绘画项目、"小小摄影师"拍摄项目和"不一样的世界"VR体验项目,立足影视动画专业特色。平时对于实操课程充满热情的贯通专业同学们化身为亲切的志愿者,在老师的指导下热心帮助低年级同学完成相关技能实践,在服务中巩固知识点,在无形中流露奉献精神。活动过程也记录于学生综合素质平台,真正从思想、实践中提高贯通专业学生的品德修养,强化劳动意识,培养正确的人生观、价值观。

(五)走进大师殿堂,史论概念实体化

上海作为国际大都市,拥有丰富的文化氛围,也是艺术家们选择交流展览的胜地。两校多次组织影视动画专业同学"走出去",这种教学方式促进学生更深入地了解艺术史,包括不同时期、风格和艺术家的作品,并用专业眼光观察和细节捕捉,有助于培养学生的审美感觉,让他们将所学融入自己的作品之中。

(1)参观浦东美术馆:亲眼观赏"来自提森—博内米萨国立博物馆的杰作",品味文艺复兴时期的真迹,了解画作中人物的动作、服饰的细节等背后的故事。

(2)走进上海图书馆东馆:欣赏"神笔开悟——2023第四届丁聪全国

漫画插图大赛"展览,参与艺术沙龙,用眼睛去阅读,用心灵去感受。

(3)踏入高校殿堂:在中职学段参观高校实训设施设备,了解3D打印技术,感受插画工作室、动画实训机房、影像工作室内的别样氛围。

四、实施保障

(一) 资源保障

实训机房、摄影棚、美术室能够在课余时间开放,让同学们充分利用实操平台,精进专业技能;学校积极与相关企业进行沟通联系,有序组织学生参与各项企业实践、社会实践、志愿服务服务、讲座等,不断跟进反馈学生情况;学校已成功申报为"1+X数字影像处理职业技能等级证书全国认证考核站点",便于学生能力有效提升。

(二) 师资保障

鼓励教师下企业学习,与企业导师开展知识技能、教学方法的交流与探究,共同研讨课程教学;教师积极参与各项影视动画专业培训,区教师工作坊培训等,目前两校已有多位教师次获得1+X数字影像处理职业技能教师资格证、3D引擎技术应用职业技能教师资格证;两校专业教师定期于高职院校进行联合教研,确保中高贯通影视动画专业教学可持续发展。

五、特色与成果

(一) 知识维度:理论实践一体,积累教学经验

通过不断实践与探索,目前中高职贯通影视动画专业以全面贯彻理实一体的教学模式,向学生提供更全面和综合的教育体验。本贯通专业学生的培养成效较以往也有了很大的改变与提高。

(二) 职业维度:落实"课证"融通,提升专业技能

在人才培养方案中实行模块化课程,落实"课证"融通,让课程内容基于产教融合,选择适合学生技能训练的真实工作项目作为教学载体和教学案例,通过任务引领、学做一体、校企共育,有效对接职业岗位标准。目前中高职贯通影视动画专业中职学段学生全员参与"1+X"数字影像处理职业技能等级证书(初级),通过率100%。

(三) 学习维度:在活动中对话,收获丰硕成果

坚持借助多元化渠道打开学生眼界,提升创新思维,为学生插上翅膀,

多与学生在活动中对话,激励学生在多方面取得优异成绩。近五年来,动漫影视专业学生获得各种奖项 60 余项,其中市级等级奖 30 项,星光杯等级奖 11 项。

六、体会与思考

两校目前仅有三届中高职贯通影视动画专业学生,都就读于中职学段,但曾在动漫与游戏制作专业培养了许多掌握相关专业技术技能的高素质复合型技术技能人才,部分为在读研究生,多数已踏上工作岗位。基于产教融合背景,下阶段可以邀请两校优秀毕业生回校反哺在校生,尝试开设"学长漫谈"系列分享会等,展现作品集,直观向同学们介绍行业要求与标准。

当前,我国影视动画产业飞速发展,国家从政策层面加大扶持力度。《长安三万里》《茶啊二中》等优秀国漫电影的背后,需要一批具有职业道德和创新意识,工匠精神和可持续发展能力的复合型动漫人才。以"产教融合"为背景和途径进行中高职贯通影视动画专业教学改革,是职业院校培养复合型动漫人才的必经之路。通过"1+X"证书制度、理实一体教学方式,以"岗、赛、证"为载体融入课堂教学,以创新培养模式引领人才发展,期待学生能够自主学习,真正掌握所需的专业理论知识和职业技能,最终达到国家和社会对职业院校人才的需求。

参考文献

[1] 邓泽民.职业教育教学设计[M].北京:中国铁道出版社,2016.

[2] 包文君.基于深度产教融合的中高贯通培养模式的革新与探索[J].大学:教学与教育,2021(8).

[3] 林旭东.分解与重构:动画角色设计实践教学中的新策略[J].装饰,2020(09).